手绘中国

西安城事绘
XI'AN CHENG SHI HUI

马达 著

手绘西安

青岛出版集团 | 青岛出版社

目录

第一章　白话西安

西安建置　004

周文王眼光毒辣，丰镐始为京　009

防民之口，甚于防川　011

烽火戏诸侯：有的游戏不能玩　013

商鞅变法在栎阳　015

火烧阿房宫是真是假？　017

西汉都城，本不是长安　019

"八水"明着绕长安，暗中"通"长安　021

太学与大学，多出来的"一点"是什么？　025

丝绸之路？玉石之路？　027

"老外"在唐朝长安　029

日本京都：山寨版的长安城　031

西安为什么没成为明朝都城　033

慈禧太后西逃记　035

西安围城：苦难的八个月　037

西安事变中的蒋介石　039

河南人来西安　041

西安交大的"交通"史　043

第二章　西安风俗

"洞房"和"丈夫"都是怕媳妇跑了　047

"狼吃娃"游戏棋：小游戏，大智慧　049

儿歌"长大"，成了民谣　051

五福临门：蝙蝠带福气的秘密　053

老西安的这些年俗，你忘却了吗？　055

这家有个"木犊娃"　057

鲁迅到易俗社连听三天秦腔　059
西安十大怪，怪你不明白　061

第三章　西安景致

秦始皇陵为什么建在骊山脚下？　069
兵马俑到底是谁的陪葬品？　071
王重阳的活死人墓　073
陕西历史博物馆里会讲故事的文物们　075
秦始皇他爹"睡"得好不好　077
大雁塔与小雁塔，西安人的邻居　079
碑林石碑们的冒险史　081
华清宫：与唐玄宗杨贵妃共荣衰的离宫　083
大唐芙蓉园的前世今生　085
钟鼓楼：朝闻"景云钟"，暮击"闻天鼓"　087
西安老街巷故事　089
圆形的城墙西南角　095
细数西安老城门，说说城门老故事　097
刻碑立传的长安八景　101
八仙宫的酒鬼们　107
古城西安的古寺香火　109
西安公园的年代感与时代感　113

第四章　西安物产

品西安小吃——面、馍、饼、点　119
陕菜：我不做大哥好多年　125
老店必出好味道　127
鸟为媒的临潼石榴和火晶柿子　133
稠酒，惹得贵妃醉　137
有种锅巴叫"太阳锅巴"　139
西安人的冰峰汽水　141
种玉蓝田得姻缘　143

西安皮影，爱的结晶　　145
长安画派：时势造英雄　　147
来西安要买哪些伴手礼？　　149

第五章　西安情趣

泾渭分明：泾水清还是渭水清？　　153
过灞桥，为什么要折柳？　　155
梨园：唐玄宗是校长　　157
钟馗：做进士不成，去做捉鬼大仙　　159
桃溪堡的一面桃花缘　　161
酒壮尻人胆，醉打金枝　　163
仁兄，你可知终南捷径？　　165
大小学习巷：超越千年的统治智慧　　167
消失的西安"鬼市"　　169
北院门：老西安的民俗窗口　　171
八十岁的西安火车站　　173
灵感来自半坡的北京奥运五福娃　　175
老行当中不外传的同行隐语　　177
来自长安的"二百五"官衔　　179
土气但好听的陕西方言　　181

第六章　风云人物

苏武牧羊，为什么不吃羊？　　185
杜如晦："房谋杜断"挽救不了坑爹的儿子　　187
王昌龄：孟浩然不是我害死的　　189
颜真卿：一句话证明我来过　　191
许巍——没有什么能够阻挡　　193

第一章 白话西安

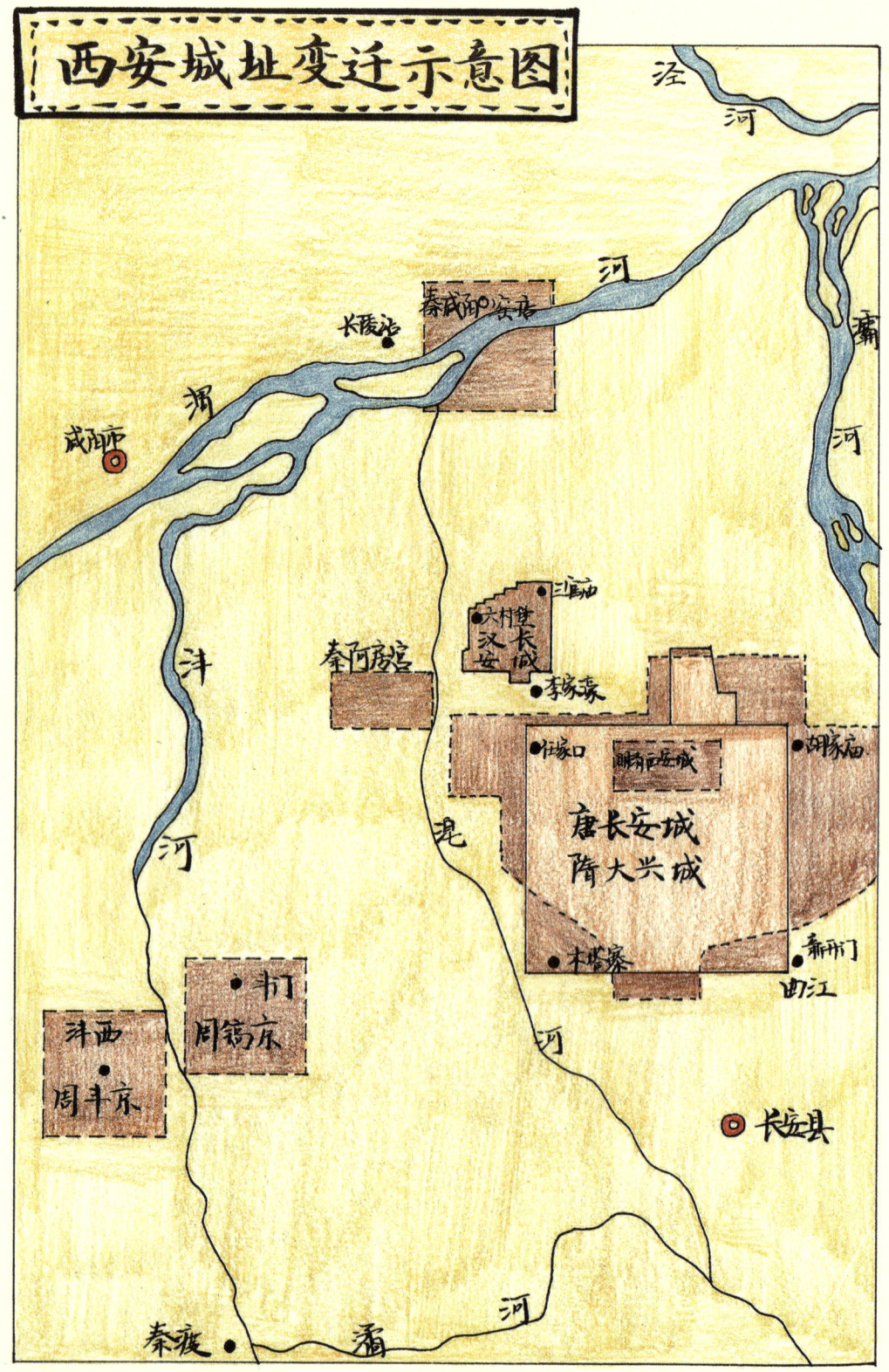

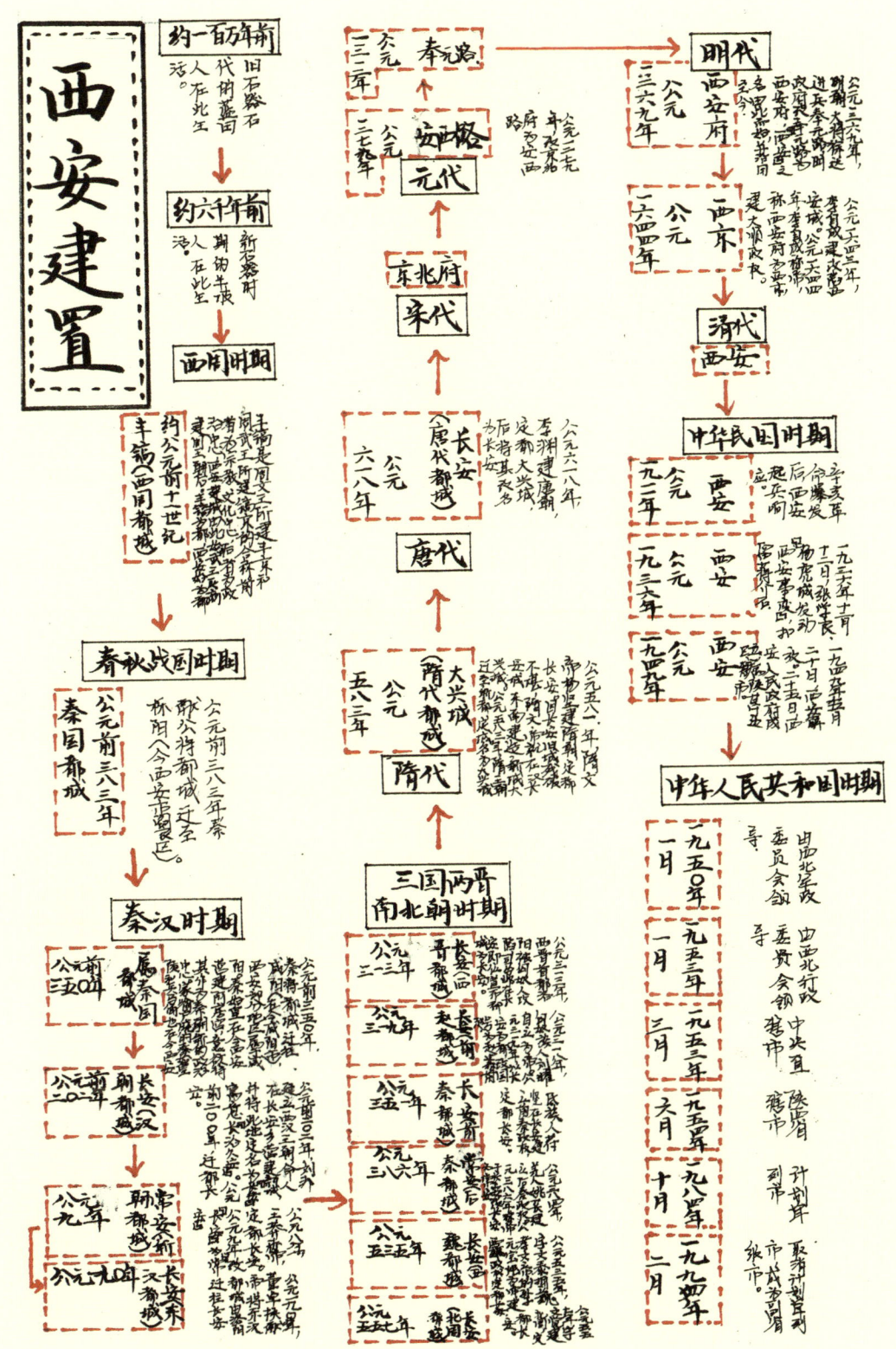

西安建置

约100万年前
● 旧石器时代的蓝田人在此生存。

约6000年前
● 新石器时期的半坡人在此生活。

西周时期
● 约公元前11世纪　丰镐（西周都城）：丰镐是周文王所建丰京和周武王所建镐京的合称。前者为宗教、文化中心，后者为政治中心，西安建城由此始。武王灭商建周王朝后，丰镐为都，西安始为都。

公元前841年，镐京爆发"国人暴动"，周厉王逃走，朝政由周公、召公共管。这年中国开始纪年记事，因此公元前841年被视为中国历史有确切纪年的开始。

公元前770年，周平王迁都洛邑（今河南洛阳），开东周历史。

春秋战国时期
● 公元前383年　秦国都城：公元前383年，秦献公将都城迁至栎阳（今西安市阎良区）。

● 公元前356年，使中国进入封建社会的重大社会改革——商鞅变法在此进行。

秦汉时期
● 公元前350年　属秦国都城：公元前350年，秦将都城迁往咸阳（在今咸阳市），西安部分地区属于咸阳。秦始皇在今西安营建阿房宫，意欲将其作为秦朝新的政治中心。家喻户晓的秦始皇陵和兵马俑也在今西安。

● 公元前202年　长安（汉朝都城）：公元前202年，刘邦建立西汉王朝，命人在长安乡营建新城，并将此地定名为"长安"，寓意"长治久安"。公元前200年，迁都长安。

● 公元9年　常安（新朝都城）：公元8年，王莽称帝，定都长安。公元9年，改"长安"为"常安"。

● 公元190年　长安（东汉都城）：公元190年，董卓挟献帝，将东汉都城由洛阳迁往长安。

汉武帝时，张骞两次从长安出发出使西域，开通了从长安通往地中海东岸、全长7000千米的"丝绸之路"，长安也由此成为东方文明中心，史称"西有罗马，东有长安"。

三国两晋南北朝时期

● 公元313年　长安（西晋都城）：公元313年，西晋首都洛阳被匈奴人攻陷，司马邺在长安即位，宣布都城为长安。

● 公元319年　长安（前赵都城）：公元318年，匈奴族人刘曜自立为帝。公元319年，以长安为都，改国号为赵，史称前赵。

● 公元351年　长安（前秦都城）：氐族人苻坚在长安建立前秦政权，定都长安。

● 公元386年　常安（后秦都城）：公元384年，羌人姚苌建立后秦政权。公元386年，称帝于长安，改长安为常安。

● 公元535年　长安（西魏都城）：公元535年，宇文泰拥立魏孝文帝的孙子元宝炬为帝，建西魏政权，定都长安。

● 公元557年　长安（北周都城）：公元557年，宇文觉建北周，定都长安。

隋代

● 公元583年 大兴城（隋代都城）：公元581年，隋文帝杨坚建隋朝，定都长安。因长安旧城残破不堪，隋文帝就在汉长安城东南建造新城大兴城。公元583年，隋王朝迁至新都，定城名为大兴城。

唐代

● 公元618年 长安（唐代都城）：公元618年，李渊建唐朝，定都大兴城，后将其改名为长安。

经过公元582年至公元654年共72年建设的西安城，城市布局规划整齐，东西严格对称，在中国建筑史、城市史上影响巨大。

公元756年，安禄山叛军攻入长安，烧杀抢掠；公元881年，黄巢起义军攻入长安，长安再次遭到破坏；公元904年，朱温劫持唐昭宗迁都洛阳，并拆长安宫室和民舍，迁往洛阳，长安城遭到毁灭性破坏。

宋代

● 京兆府

赵匡胤统一中国后，曾经打算迁都长安，后来经过多方分析，放弃此方案。

元代

● 公元1279年 安西路：公元1279年，改京兆府为安西路。
● 公元1312年 奉元路

明代

● 公元1369年 西安府：公元1369年，明朝大将徐达进兵奉元路，明政府改奉元路为西安府，"西安"之名由此而始，并沿用至今。

● 公元1644年 西京：公元1643年，李自成攻陷西安城。公元1644年，李自成称帝，称西安府为西京，建大顺政权。

公元1391年，朱元璋长子朱标西巡西安后，曾提议迁都西安，但不久朱标病死，迁都之事未成。

清代

● 西安

清政府在城东北修建满族驻防城，城东南修建汉军驻防城，增加了钟楼西南的总督布院署等。

公元1900年，慈禧太后和光绪皇帝西逃西安。

中华民国时期

● 1911年 西安：辛亥革命爆发后，西安起兵响应。

● 1936年 西安：1936年12月12日，张学良、杨虎城发动"西安事变"，扣留蒋介石。

● 1949年 西安：1949年5月20日，西安解放。25日，西安人民政府成立，属陕甘宁边区辖市。

抗战时期，河南等地失守，大批难民曾沿陇海路涌入西安。

中华人民共和国时期

● 1950年1月 由西北军政委员会领导

● 1953年1月 由西北行政委员会领导

● 1953年3月 中央直辖市

● 1954年6月 陕西省辖市

● 1984年10月 计划单列市

● 1994年2月 取消计划单列市，成为副省级市。

历史上不乏血气方刚的人，这些人的故事十分精彩，但还有一批隐忍的人，他们受得了委屈，忍得了胯下辱，给人留下深刻的印象。周文王就是这样一个人。

商朝后期周族逐渐强大起来，周文王的父亲季历执政时因族势力不断扩张，引来商王猜忌。商王为了除后患，就将季历召到殷都，以莫须有罪名将其杀害，周文王此时还是襁褓中的婴儿，多亏祖父古公亶父和母亲的照料才得以长大成人。

周文王接过父亲的担子后，礼贤下士励精图治，众多诸侯能人都来归附。

周文王安全返回沿地，一方面继续施行仁政，暗中争取诸方大肆征伐。不仅与周族蒸蒸日上的势力。另一方面对殷方大肆征伐。不仅如此，周文王还调集了大批奴隶，在沣水西岸营建新城丰京，将都城从岐山迁至丰京，仿佛一把利刃正靠近商朝中心。

周文王忍着杀父之仇，囚禁之仇和杀子之仇，却没有急于建功立业，师出无名，为儿子周武王灭商打下坚实的基础。

长子伯邑考在殷都做人质，封王所说至人当不食子羹，就将伯邑考杀死做成肉粥给周文王吃。商纣王心里盘算本来周文王被拘，心里愤愤不平，再看到刚自己儿子做成的肉粥，恐怕可趁机静地端起碗来，将肉粥吃了。脸上无泪，却痛除掉周文王并没有那样一上。但周文王不是没有可能，他彼可趁机来，当纣王试验完毕，放松了对周文王的警惕。后来不光赦免了周文王，还赏征伐的权力给了周文王。

八卦图

文王演周易

相传在上古时，伏羲氏创造先天易，神农氏创造连山易，轩辕氏创造归藏易。后来周文王将其规范化，条理化，演绎成六十四卦和三百八十四爻，卦辞，爻辞和图像和数字，人称《周易》。它以简单的变化来阐述纷纭繁复的社会现象。

周文王眼光毒辣，丰镐始为京

周文王眼光毒辣，丰镐始为京

历史上不乏血气方刚的人，这些人的故事十分精彩。但还有一批隐忍的人，他们受得了尝胆罪，忍得了胯下辱，给人留下深刻的印象。周文王就是这样一个人。

商朝后期，周族逐渐强大起来。周文王的父亲季历执政时，周族势力不断扩张，引来了商王的猜忌。商王为除后患，就将季历召到殷都，以莫须有的罪名将其杀害。周文王此时还是襁褓中的婴儿，多亏祖父古公亶父和母亲的照料才得以长大成人。

周文王接过父亲的担子后，礼贤下士，励精图治，众多政治能人都来归附。周族蒸蒸日上，与因纣王残暴无道而江河日下的商朝形成鲜明对比，这又一次引起了商纣王的不安，于是商纣王将周文王囚禁了起来。当时周文王的长子伯邑考在殷都做人质，纣王听说"圣人当不食子羹"，就将伯邑考杀死，做成肉粥给周文王吃。商纣王心里盘算，本来周文王被拘，心里就愤愤不平，再看到用自己儿子做成的肉粥，恐怕血性一上来，当场拔剑也不是没有可能，他便可趁机除掉周文王。但周文王并没有那样做，而是平静地端起碗来，将肉粥吃了。脸上无泪，却痛彻心扉。商纣王试验完毕，放松了对周文王的警惕。后来不光赦免了周文王，还将征伐的权力给了周文王。

周文王安全返回治地，一方面继续施行仁政，暗中争取同盟军，瓦解商朝势力；另一方面对敌方大肆征伐。不仅如此，周文王还调集了大批奴隶，在沣水西岸营建新城丰京，将都城从岐周迁至丰京，仿佛一把利刃正靠近商朝中心。

周文王忍着弑父之仇、囚禁之仇和杀子之仇，却没有急于报复，也没有急于建功立业，而是步步为营，为儿子周武王灭商打下坚实的基础。

防民之口，甚于防川

抡耳盔铃这种事几所起来好笑，但历史上这类改事却屡见不鲜。

而周建立后，经过武王和康王的得力治理，周朝内被视为"成康之治"的盛世。可惜的是此后执政者只想怎么敛财肥廉，弄得民不聊生。同厉王时为了维持奢侈生活，甚至实行"专利法"。这个专利法并不是今天为奖励发明创新设立的专利法，而是同厉王为敛财所作的难命，专利法规定，全国的土地、山林、河流等资源，都是同厉王的，军民百姓种地、打猎、伐木、捕鱼都要纳税，就连喝水、走路也得交税。凡是不肯纳税的都会被抓进监狱。

专利法一出台，立马就引来一片骂声，举国上下都在骂，同厉王听得心烦，就想消除这些声音。但同厉王不是取消这个荒谬的专利法，而是任命一个巫师为大臣。这个巫师以算卜为名，带着猎子在镐京城(今西安)到处打探。凡巫师到有对厉王和专利法发表过不满言论的人，就立刻抓起来。这下镐京城呈公开议论同厉王和专利法的声音是没有了，但心中愈加气愤。召公告知同厉王说："防民之口，甚于防川，川壅而溃，伤人必多，民亦如之。是故为川者决之使导。"但同厉王一想，这样到手的钱就没了，所以年不理会。

公元前841年，民众实在忍不下去了，国人(在周代，居住在国都城内的平民被称为"国人")愤慨整是死，还不如跟同厉王同归于尽，于是拿起武器涌向王宫发动暴动，愤恨如滔天洪水，成王一片汪汪同厉王为了保命，慌忙逃走。

公元前841年也是中国现存史料中有确切纪年的开始。

国人暴动

防民之口，甚于防川

掩耳盗铃这种事儿听起来好笑，但历史上这类故事却屡见不鲜。

西周建立后，经过成王和康王的得力治理，周朝出现了"成康之治"的盛世。可惜的是此后的统治者只想着怎么敛财奢靡，弄得民不聊生。周厉王时，为了维持奢侈生活，甚至实行专利法。这个专利法并不是今天为鼓励发明创新设立的专利法，而是为周厉王敛财做的准备。专利法规定，全国的土地、山林、河流等资源都是周厉王的，平民百姓种地、打猎、伐木、捕鱼都要纳税，就连喝水、走路也得交税。凡是不肯纳税的都会被抓进监狱。

专利法一出台，立马就引来一片骂声，举国上下都在骂。周厉王听得心烦，就想消除这些声音。但周厉王不是取消这个荒谬的"专利法"，而是任命一个巫师为大臣。这个巫师以算卜为名，带着探子在镐京城（今西安）到处打探。只要探到有对周厉王和专利法发表过过激言论的人，就立刻抓起来。这下，镐京城里公开议论周厉王和专利法的声音是没有了，人们在街上见面，只是相互使眼色，这也就是后世所说的"道路以目"，但心中愈加气愤。召公苦劝周厉王说："防民之口，甚于防川。川壅而溃，伤人必多，民亦如之。是故为川者决之使导，为民者宣之使言。"但周厉王一想，这样到手的钱就没了，所以并不理会。

公元前841年，民众实在忍不下去了，国人（在周代，居住在国都城内的平民被称为"国人"）想横竖是死，还不如跟周厉王同归于尽，于是拿起武器涌向王宫发动暴动，愤恨如滔天洪水，城中一片混乱。周厉王为了保命，慌忙逃走。

烽火戏诸侯：有钱的游戏不能玩

西周时期，丰镐（今西安）作为都城已经有四百余年的历史，虽然周朝日渐式微，但诸侯依然拥护王室，周王朝的正统似乎还很遥远，可是这一切却因为一个人而改变，她就是褒姒。

周幽王的父亲周宣王励精图治四十余年，改革朝政，惹得荒唐的诸侯对王室重新恭敬起来。可这对王朝的复兴一点用也没有，因为周幽王继位后，任用虢石父等对臣工商下的大奸局面迅速破坏。而此时褒姒的出现更加剧了君臣之间的矛盾。

褒姒的身世是个谜，但她绝对是个美人，而且是不爱笑的"冰山美人"。对于拥有江山的帝王来说，让佳人都笑不出来，但褒姒却从来不奇对周幽王笑一下。千是周幽王苦恼了，他猜到的不是江山社稷百姓民生，所是什么方法博取美人一笑呢？就在他出了个主意，点燃烽火台。让诸侯们烽烟而起，骗得博取美人一笑。某然，烽火一燃，诸侯们纷纷快马驰骋，聚在骊山脚下乱戎一团，人仰马翻。褒姒看着下面的热闹场面，哈哈大笑。周幽王见这个办法有效，又玩了好几次这个游戏，且到褒姒不玩烽火了为止。正因如此，在犬戎真的打过来的时候，突然点燃了烽火却再没有不诸侯前来救驾，西周也就这么灭亡了。

是否红颜祸红这个故事过于荒诞，似乎将江山当成了一场游戏的随意。其实的历史元人知就，也没有足够分量的史料作为参考。但可以肯定的是，美女绝对不是江山灭亡的原因。夏朝灭亡有妹喜作祟，商朝灭亡归祖己为柄，同朝火亡轻褒姒不足关至同朝,灭亡都怪别人在盛世都是配角到了乱世就成了同朝火亡轻褒姒不失关至同朝，罪为红颜"上头，老祖的女人在盛世都是配角到了乱世就成了

中国十大红颜祸水
1. 妹喜
2. 妲己
3. 褒姒
4. 西施
5. 貂蝉
6. 赵飞燕
7. 贾南风
8. 杨玉环
9. 陈圆圆
10. 慈禧

烽火戏诸侯：有的游戏不能玩

西周时期，丰镐（今西安）作为都城已经有四百余年的历史，虽然周朝日渐式微，但诸侯依然拥护王室，周王朝的灭亡似乎还很遥远，可是这一切却因为一个人而改变，她就是褒姒。

周幽王的父亲周宣王励精图治四十余年，改革朝政，总算挽回了诸侯对王室的信任，重新稳定了周朝江山。没想到周幽王即位后，任用虢石父等奸臣，致使朝政败坏，百姓怨声载道，周宣王留下的大好局面被迅速破坏。而此时，褒姒的出现更加剧了君臣之间的矛盾。

褒姒的身世是个谜，但她绝对是个美人，而且是不爱笑的"冰山美人"。对于拥有江山的帝王来说，任何美人都是予取予求，但褒姒却从来不肯对周幽王笑一下。于是周幽王苦恼了，他烦恼的不是江山社稷、百姓民生，而是有什么方法能博美人一笑呢？虢石父给他出了个主意，点燃烽火台，让诸侯们蜂拥而至，自会博得美人一笑。果然，烽火一点燃，诸侯们便纷纷快马驰援，挤在骊山脚下乱成一团，人仰马翻。褒姒看着下面的混乱场面哈哈大笑。周幽王一见这个办法有效，又玩了好几次这个游戏，直到褒姒玩够了为止。正因如此，在犬戎真的打过来的时候，虽然点燃了烽火却再没有一个诸侯前来救援，西周也就这么灭亡了。

史书上记载的这个故事过于荒诞，似乎将江山当成了一场游戏的赌注。真实的历史无人知晓，也没有足够分量的史料作为参考。但可以肯定的是，美女绝不是江山灭亡的原因。夏朝灭亡有妹喜作祟，商朝灭亡因妲己为祸，周朝灭亡怪褒姒不笑，甚至明朝灭亡都怪到吴三桂因陈圆圆"冲冠一怒为红颜"上头。为什么女人在盛世都是配角，到了乱世就成了祸水红颜呢？

商鞅变法在栎阳

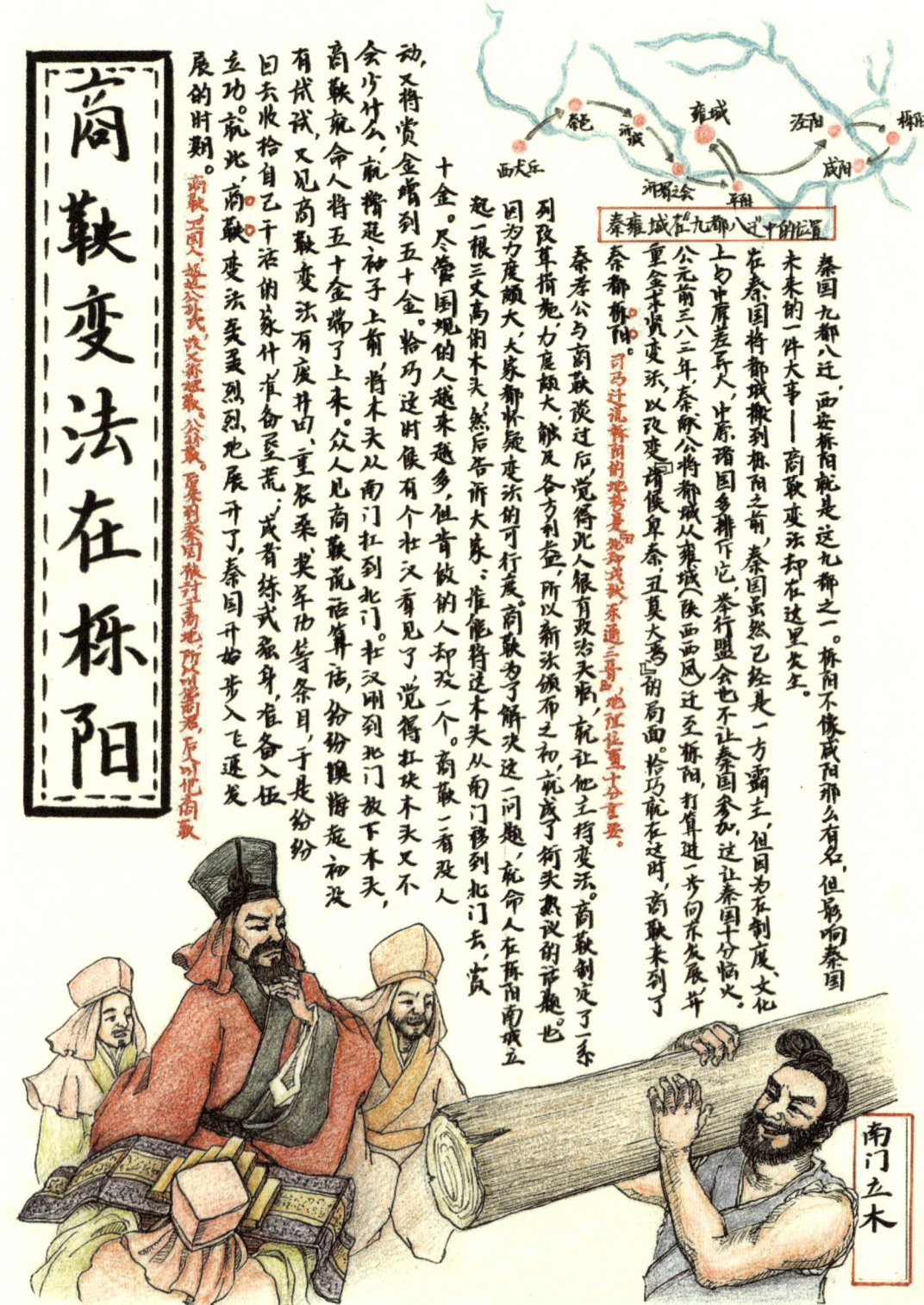

秦雍城在"九都八迁"中的位置

秦国九都八迁，西安栎阳就是这九都之一。栎阳不像咸阳那么有名，但影响秦国未来的一件大事——商鞅变法却在这里发生。

在秦国将都城搬到栎阳之前，秦国虽然已经是一方霸主，但因为在制度、文化上与中原差得太远，中原诸国多排斥它，举行盟会也不让秦国参加，这让秦国十分恼火。公元前383年秦献公将都城从雍城（陕西凤翔）迁至栎阳，打算进一步向东发展并重金千金求变法，以改变"诸侯卑秦，丑莫大焉"的局面。

秦都栎阳"司马迁说栎阳的地理是"北却戎翟，东通三晋"地理位置十分重要。拾巧就在这时，商鞅来到了秦国。

秦孝公与商鞅谈过后，觉得此人很有成为天才，就让他主持变法。商鞅制定了一系列改革措施，力度颇大，涉及各方利益，所以新法颁布之初，就受到了守旧势力的阻挠，也

十金。尽管围观的人越来越多，但肯做的人却没有一个。商鞅又将赏金增到五十金。拾巧这时候有个壮汉看见了，觉得扛块木头又不会少什么，就背起袖子上前，背木头从南门扛到北门。把汉刚到北门放下木头，商鞅就命人将五十金端了上来。众人见商鞅花言算话，纷纷议论开开，重拾柴，买军功等条目，于是纷纷有试试，又见商鞅变法有度开田，或者练式敬身，备人伍日去收拾自己千活的家什，有备垦荒，立功。就此，商鞅变法变受烈烈地展开了，秦国开始步入飞速发展的时期。

商鞅又想，越公分长，没之新变法，公欲截，厚到秦国，缺升商地，执罚商君，后刑化商鞅

动，又将赏金增到五十金。拾巧这时候有个壮汉看见了，觉得扛块木头又不会少什么，就背起袖子上前，背木头从南门扛到北门。

南门立木

商鞅变法在栎阳

秦国"九都八迁",西安栎阳就是这九都之一。栎阳不像咸阳那么有名,但影响秦国未来的一件大事——商鞅变法却在这里发生。

在秦国将都城搬到栎阳之前,秦国虽然已经是一方霸主,但因为在制度、文化上与中原差异大,中原诸国多排斥它,举行盟会也不让秦国参加,这让秦国十分恼火。公元前383年,秦献公将都城从雍城(陕西凤翔)迁至栎阳,打算进一步向东发展,并重金求贤变法,以改变"诸侯卑秦,丑莫大焉"的局面。恰巧就在这时,商鞅来到了秦都栎阳。

秦孝公与商鞅谈过后,觉得此人很有政治头脑,就让他主持变法。商鞅制定了一系列改革措施,触及各方的利益,所以新法颁布之初,就成了街头热议的话题。也因为力度颇大,大家都怀疑变法的可行度。商鞅为了解决这一问题,就命人在栎阳南城立起一根三丈高的木头,然后告诉大家:谁能将这木头从南门移到北门去,赏十金。大家都不敢相信,搬块木头就能得十金?所以尽管围观的人越来越多,但肯做的人却没一个。商鞅一看没人动,又将赏金增到五十金。恰巧这时候有个壮汉看见了,觉得扛块木头又不会少什么,就撸起袖子上前,将木头从南门扛到北门。壮汉刚到北门放下木头,商鞅就命人将五十金端了上来。众人见商鞅说话算话,纷纷懊悔起初没有试一试,又见商鞅变法有废井田、重农桑、奖军功等条目,于是纷纷回去收拾自己干活的家什,准备垦荒;或者练武强身,准备入伍立功。就此,商鞅变法轰轰烈烈地展开了,秦国开始步入飞速发展的时期。

阿房女

秦始皇是中国历史上第一位拥有「皇帝」称号的帝王,他在世时主持工程完成、修建的万里长城、始皇陵、秦直道和阿房宫并称为「秦始皇的四大工程」。两千多年来,其他三项工程仍然有迹可循,只有阿房宫已经成为废墟,也因此显得神秘莫测。

探究阿房宫毁灭之前,先说说它的崛起。阿房宫建筑于公元前二一二年,既高秦始皇驾崩只有两年。秦驰皇的统治平奇而残暴,据说骊山陵和阿房宫是他征骤七十万修建的。在阿房宫修建中途,秦始皇就在东巡时病死继位的秦二世将所有刑徒都调走,骊山陵填土。七个月后,骊山陵主体工程完成,秦二世又调回一部分人继续修建阿房宫。但是此时的秦帝国已经危在旦夕,陈胜吴广起义的风潮很快席卷整个帝国,短视的秦二世甚至将反对修建阿房宫的李斯等重臣处死,仍然里持阿房宫工程,不惜劳民伤财,做着千秋万世的美梦。终于三年后,秦二世死在赵高于里,秦朝因而灭亡。阿房宫从开始修建到停工只有不到五年,根本不可能完工。既然没有完工,又何来项羽火烧阿房宫呢?这是从修建时间不足的度提出的疑问。

最《史记》记载,秦朝一灭亡的时候,项羽进入咸阳,曾经火烧秦宫室,大火三月不火,后世史料大多默认项羽烧毁的是阿房宫,然而现在考古发现的消多,房宫,然而随着考古发现的消多,是阿房宫曾经辉煌金碧辉煌,这才是令人感兴趣的地方。

火烧阿房宫是真是假?

这个时候花开始动摇数据料显示,发生过火灾的地面今留下红烧土和草木灰,这些东西在阿房宫的遗址中并未发现,反倒是秦咸阳宫的遗址中发现了大片的红烧土,那么,没有留下火烧痕迹的阿房宫是不是从未被烧毁过呢?这又提出的疑问。

然而此起探究阿房宫是在被烧毁过,更多的人是列的是阿房宫曾经辉煌的金碧辉煌,这才是令人感兴趣的地方。

阿房宫复原图

火烧阿房宫是真是假？

秦始皇是中国历史上第一位拥有"皇帝"称号的帝王，他在世时修建的万里长城、始皇陵、秦直道和阿房宫并称为"秦始皇的四大工程"。两千多年来，其他三项工程仍然有迹可循，只有阿房宫已经成为废墟，也因此显得神秘莫测。

探究阿房宫的毁灭之前，先说说它的崛起。阿房宫建设于公元前212年，距离秦始皇驾崩只有两年。秦始皇的统治严苛而残暴，据说骊山陵和阿房宫是他征徒70万修建的。在阿房宫修建中途，秦始皇就在东巡时病死，继位的秦二世将所有刑徒都调往骊山陵填土。七个月后，骊山陵主体工程完成，秦二世又调回一部分人继续修建阿房宫。但此时的秦帝国已经危在旦夕，陈胜、吴广起义的风潮很快席卷整个帝国，短视的秦二世甚至将反对修建阿房宫的李斯等重臣处死，仍然坚持阿房宫工程，不惜劳民伤财，做着千秋万世的美梦。终于三年后，秦二世死在赵高手里，秦朝随后灭亡。阿房宫从开始修建到停工，只修建了不到五年，根本不可能完工。既然没有完工，又何来项羽火烧阿房宫呢？这是从修建时间不足角度提出的疑问。

据《史记》记载，秦朝灭亡的时候，项羽攻入咸阳，曾经火烧秦宫室，大火三月不灭。后世的史料中大多默认项羽烧毁的是阿房宫，然而随着考古发现的增多，这个结论开始动摇。据资料显示，发生过火灾的地面会留下红烧土和草木灰，这些东西在阿房宫的遗址中并未被发现，反倒是秦咸阳宫的遗址中发现了大片的红烧土。那么，没有留下烧毁痕迹的阿房宫是不是从未被烧毁过呢？这是实地考察后提出的疑问。

然而，比起探究阿房宫是否被烧毁过，更多的人想看到的是阿房宫曾经的金碧辉煌，这才是更让人感兴趣的地方。

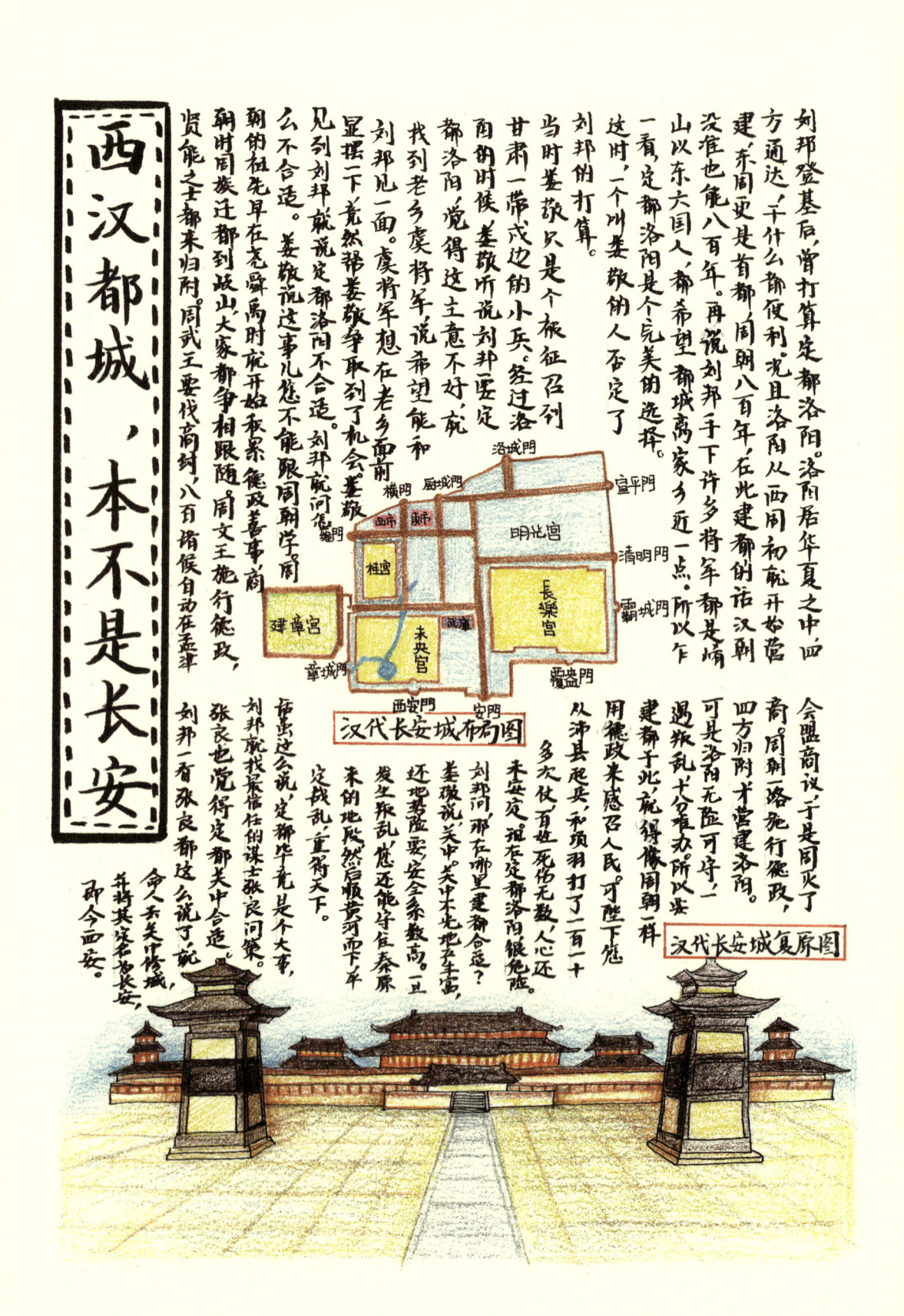

西汉都城，本不是长安

刘邦登基后，曾打算定都洛阳。洛阳是华夏之中，四方通达，什么都便利。况且洛阳从西周初就开始营建，东周更是首都，周朝八百年，在此建都的话汉朝没准也能八百年。再说刘邦手下许多将军都是崤山以东六国人，都希望都城离家近一点。所以乍一看，定都洛阳是个完美的选择。

这时，一个叫娄敬的人否定了刘邦的打算。

当时娄敬只是个戍卒，征召列甘肃一带戍边的小兵，经过洛阳的时候，娄敬所说刘邦要定都洛阳，觉得这主意不好，就代刘邦说希望能和我到老乡虞将军说见一面。虞将军想，在老乡面前显摆一下竟然帮娄敬争取到了机会。娄敬见到刘邦就说定都洛阳不合适。刘邦问怎么不合适。娄敬说这事儿您不能跟周朝学。周朝的祖先早在尧舜时就开始积累恩德善事，商朝时周族迁都到岐山。大家都争相跟随周文王施行德政，贤能之士都来归附。周武王要代商纣，八百诸侯自动在孟津

汉代长安城布局图

会盟商议，于是同灭了商、周创制、洛邑施行德政，四方归附才营建洛邑。可见洛阳也不是可守。遇叛乱十分难办，所以要建都于此，就得像周朝一样用德政来感召人民才行。您从沛县起兵，和项羽打了二百多次仗，百姓死伤无数，人心还未定。未定祖先定都洛阳很危险。

刘邦问，那在哪里建都合适？娄敬说，关中四面大山之中，关中水丰地土丰饶，还能要塞，要么发生叛乱也能守住秦原来的地盘。您仍然后能黄河而下平定战乱，重箭天下。

刘邦听娄敬这么说，定都华竟是个大事，刘邦就找最信任的谋士张良问计。张良也觉得定都关中合适，张良一看张良都这么说了，就

汉代长安城复原图

令人去关中修城，当年将其定名为长安，即今西安。

西汉都城，本不是长安

刘邦登基后，曾打算定都洛阳。洛阳居华夏之中，四方通达，干什么都便利。况且洛阳从西周初就开始营建，东周更是首都，周朝八百年，在此建都的话汉朝没准也能八百年。再说刘邦手下许多将军都是崤山以东六国人，都希望都城离家乡近一点。所以乍一看，定都洛阳是个完美的选择。

这时，一个叫娄敬的人否定了刘邦的打算。

当时娄敬只是个被征召到甘肃一带戍边的小兵。经过洛阳的时候，娄敬听说刘邦要定都洛阳，觉得这主意不好，就找到老乡虞将军，说希望能和刘邦见一面。虞将军想在老乡面前显摆一下，竟然帮娄敬争取到了机会。娄敬见到刘邦，就说定都洛阳不合适。刘邦就问怎么不合适。娄敬说："这事儿您不能跟周朝学。周朝的祖先早在尧舜禹时就开始积累德政善事，商朝时周族迁都到岐山，大家都争相跟随。周文王施行德政，贤能之士都来归附。周武王要伐商纣，八百诸侯自动在孟津会盟商议，于是周灭了商。周朝一路施行德政，四方归附，才营建洛阳。可是洛阳无险可守，一遇叛乱，十分难办。所以要建都于此，就得像周朝一样用德政来感召人民。可陛下您从沛县起兵，和项羽打了110多次仗，百姓死伤无数，人心还未安定。现在定都洛阳，很危险。"

刘邦问："那在哪里建都合适？"娄敬说："关中。关中不光地产丰富，还地势险要，安全系数高。一旦发生叛乱，您还能守住秦原来的地段，然后顺黄河而下，平定战乱，重得天下。"

话虽这么说，定都毕竟是个大事，刘邦就找最信任的谋士张良问策。张良也觉得定都关中合适。刘邦一看张良都这么说了，就命人去关中修城，并将其定名为长安，即今西安。

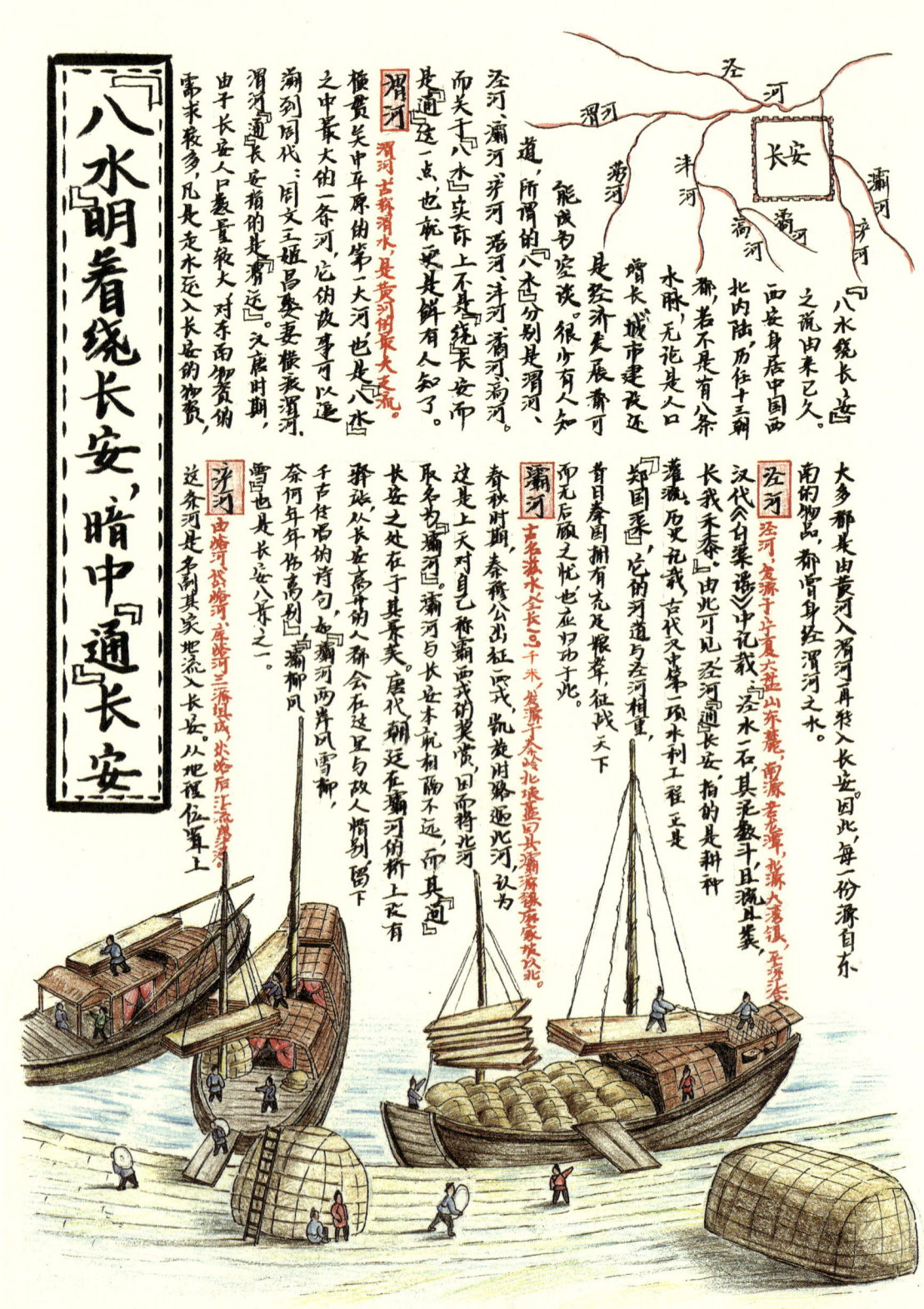

"八水"明着绕长安，暗中"通"长安

"八水绕长安"之说由来已久。

西安身居中国西北内陆，历任十三朝大多都是由黄河入渭河，再由渭河入长安之水。因此，每一份源自东南的物品，都得苦身经渭河之水。

汉代《句芝谣》中记载，"泾水一石，其泥数斗，且溉且粪，长我禾黍"由此可见泾河通长安，指的是耕种灌溉。历史记载，古代又中第一项水利工程正是"郑国渠"，它的河道与泾河相连，昔日秦国耕有充足粮草，征战天下而无后顾之忧，也正归功于此。

所谓的"八水"分别是渭河、泾河、沣河、涝河、潏河、滈河、浐河、灞河。其实在上不是"绕长安"而是"关于八水"实际上不是"绕长安市"之中某大的一条河，它的故事可以追溯到同代，周文王建昌娶妻横渡渭河，"渭河通长安"的背景。又唐时期，由于长安人口基数较大，对东南物资需求最多，凡是走水运入长安的物资，都得走渭河，这一点，也就是解有人之通。

渭河
渭河，古称渭水，是黄河的最大支流。

泾河
泾河，发源于宁夏六盘山东麓，南源老龙潭，北源大汤镇，至泾水镇汇流，长二百公里，发源于太岭北坡蓝田其灞源镇麻家坡入北。

灞河
古名滋水全长一百公里，发源于秦岭北坡蓝田其灞源镇麻家坡入北。春秋时期，秦穆公出征江戎，凯旋归路逐北河，认为这是上天对自己称霸西戎的奖赏，因而将北河取名为"灞"。灞河与长安本城相隔不远，而其"通"长安之处在于其桑美。唐代朝廷在这里与故人惜别，留下千古佳名的诗句，每"灞水两岸风雪柳"，"灞柳风雪"也是长安八景之一。

沣河
由潏河、滈河、涝河三者组成，流入长安。从地理位置算上这条河是多剂其实，地流入长安的物资。

"八水"明着绕长安，暗中"通"长安

"八水绕长安"之说由来已久。西安身居中国西北内陆，历任十三朝都，若不是有这八条水脉，无论是人口增长、城市建设还是经济发展都可能成为空谈。很少有人知道，所谓的"八水"分别是渭河、泾河、灞河、浐河、涝河、沣河、潏河、滈河。而关于"八水"实际上不是"绕"长安而是"通"这一点，也就更是鲜有人知了。

渭河

横贯关中平原的第一大河，也是"八水"之中最大的一条河，它的故事可以追溯到周代：周文王姬昌娶妻横渡渭河。渭河"通"长安指的是"漕运"。汉唐时期，由于长安人口数量较大，对东南物资的需求较多，凡是走水运入长安的物资，大多都是由黄河入渭河再转入长安。因此，每一份源自东南的物品，都曾身经渭河之水。

泾河

汉代《白渠谣》中记载："泾水一石，其泥数斗，且溉且粪，长我禾黍。"由此可见，泾河"通"长安，指的是耕种灌溉。历史记载，古代汉中第一项水利工程正是"郑国渠"，它的河道与泾河相重，昔日秦国拥有充足粮草，征战天下而无后顾之忧，也应归功于此。

灞河

春秋时期，秦穆公出征西戎，凯旋时路遇此河，认为这是上天对自己称霸西戎的奖赏，因而将此河取名为"灞河"。灞河与长安本就相隔不远，而其"通"长安之处在于其景美。唐代，朝廷在灞河的桥上设有驿站，从长安离开的人都会在这里与故人惜别，留下千古传唱的诗句，如"灞河两岸风雪柳，奈何年年伤离别"，"灞柳风雪"也是长安八景之一。

浐河

这条河是名副其实地流入长安。从地理位置上而言，浐河离长安最近，唐

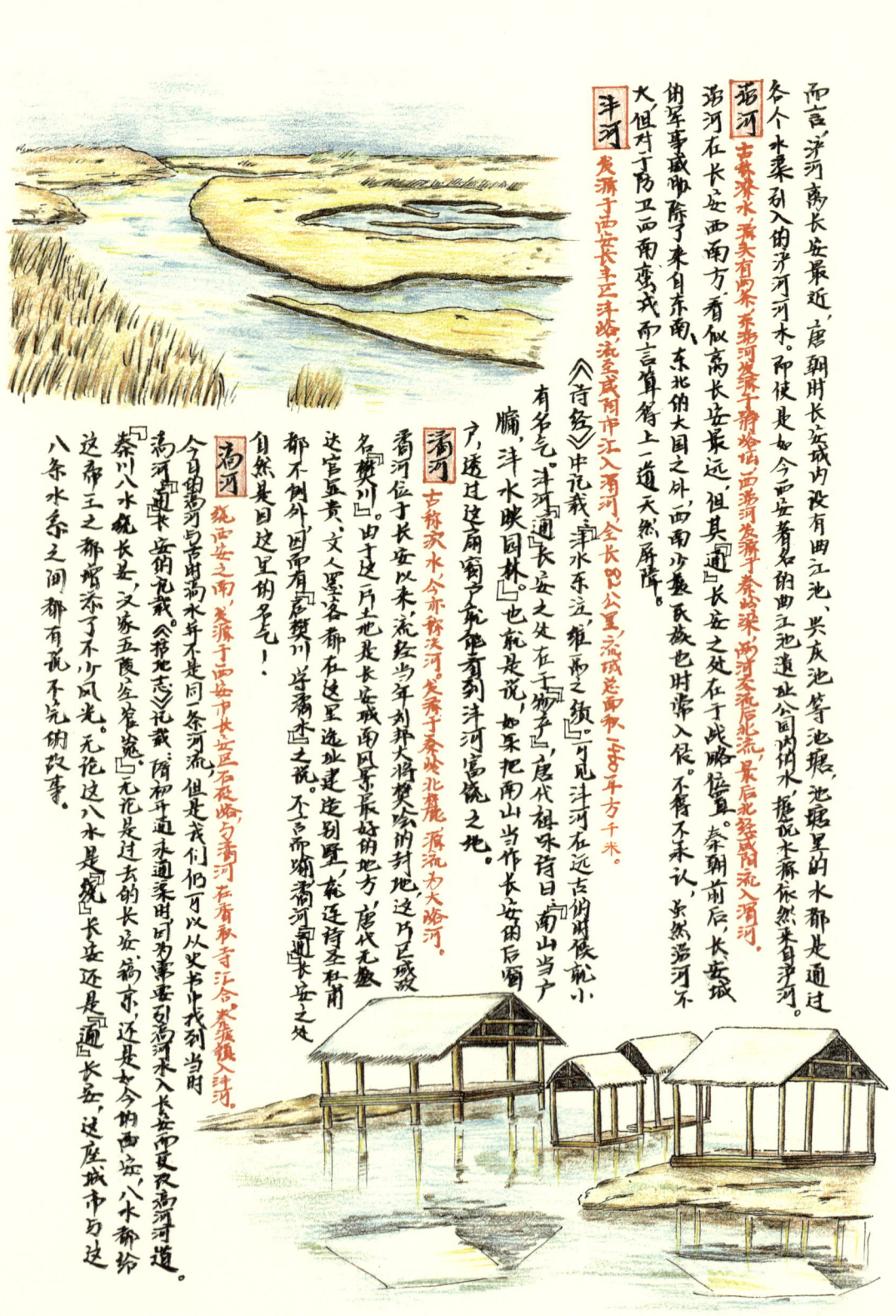

而言，浐河离长安最近，唐朝时长安城内设有曲江池，芙蓉池等池塘，池塘里的水都是通过各个水渠引入的浐河河水。即使是如今西安著名的曲江池遗址公园内的水，据说水源依然来自浐河。

滈河 古称滈水，源头有四条，滈河发源于秦岭梁，即朝天流后汇流，最后北经戎闸流入渭河。秦朝前后，长安城的军事威胁除了来自东南、东北的大国之外，西南少数民族也时常入侵。不管承不承认，秦岭浐河不大，但对于历史上西南蛮戎而言算得上一道天然屏障。

沣河 发源于西安市长安区沣峪，流至咸阳市汇入渭河，全长82公里，流域总面积1386平方千米。《诗经》中记载，"沣水东注，维禹之绩"，可见沣河在远古的时候就已有名气。"沣水通"长安之池，雍雨之馆"。也就是说，如果把南山当作长安的后花园，沣水映日林"也就可以是出离鄠户就能看到沣河富饶之地。

潏河 就西安之南，发源于西安市长安区东嘉岭与潏河庄有秋寺汇合，东流镇入沣河。古称泬水，今亦称泬河，发源于秦岭北麓，源流为大峪河。潏河位于长安以南，流经当年刘邦大将樊哙的封地，这片区域名"樊川"。由于这一所之地是长安城南风景最好的地方，唐代无数达官显贵、文人墨客都在这里选址建别墅，龙还诗圣杜甫的故居"少陵塬"，文家五陵之金粟堆"。无论是过去的长安、镐京，还是如今的西安，八水静伴这座城市，为这"秦川八水绕长安"的"樊川"。

滈河 古称泬水，今亦称泬河。今日的滈河与古时的滈水并不是同一条河流，但是我们仍可以从史书中代到当时滈河的足迹。隋初开通永通渠截取滈水入长安市及沿河河道，无论是过去的长安还是如今的西安，八水静伴这座城市为这八条水系之间都有说不完的故事。

朝时长安城内设有曲江池、兴庆池等池塘，池塘里的水都是通过各个水渠引入的浐河河水。即使是如今西安著名的曲江池遗址公园内的水，据说水源依然来自浐河。

涝河

涝河在长安西南方，看似离长安最远，但其"通"长安之处在于战略位置。秦朝前后，长安城的军事威胁除了来自东南、东北的大国之外，西南少数民族也时常入侵。不得不承认，虽然涝河不大，但对于防卫西南蛮戎而言算得上一道天然屏障。

沣河

《诗经》中记载："沣水东注，维禹之绩。"可见沣河在远古的时候就小有名气。沣河"通"长安之处在于"物产"，唐代祖咏诗曰："南山当户牖，沣水映园林。"也就是说，如果把南山当作长安的后窗户，透过这扇窗户就能看到沣河富饶之地。

潏河

潏河位于长安以南，流经当年刘邦大将樊哙的封地，这片区域故名"樊川"。由于这一片土地是长安城南风景最好的地方，唐代无数达官显贵、文人墨客都在这里选址建造别墅，就连诗圣杜甫都不例外，因而有"居樊川，守潏水"之说。不言而喻，潏河"通"长安之处自然是因这里的名气！

滈河

今日的滈河与古时滈水并不是同一条河流，但是我们仍可以从史书中找到当时滈河"通"长安的记载。《括地志》记载：隋初开通永通渠时，因为需要引滈河水入长安而更改滈河河道。

"秦川八水绕长安，汉家五陵空崔嵬。"无论是过去的长安、镐京，还是如今的西安，八水都给这帝王之都增添了不少风光。无论这八水是"绕"长安，还是"通"长安，这座城市与这八条水系之间都有说不完的故事。

太学与大学，多出来的"一点"是什么？

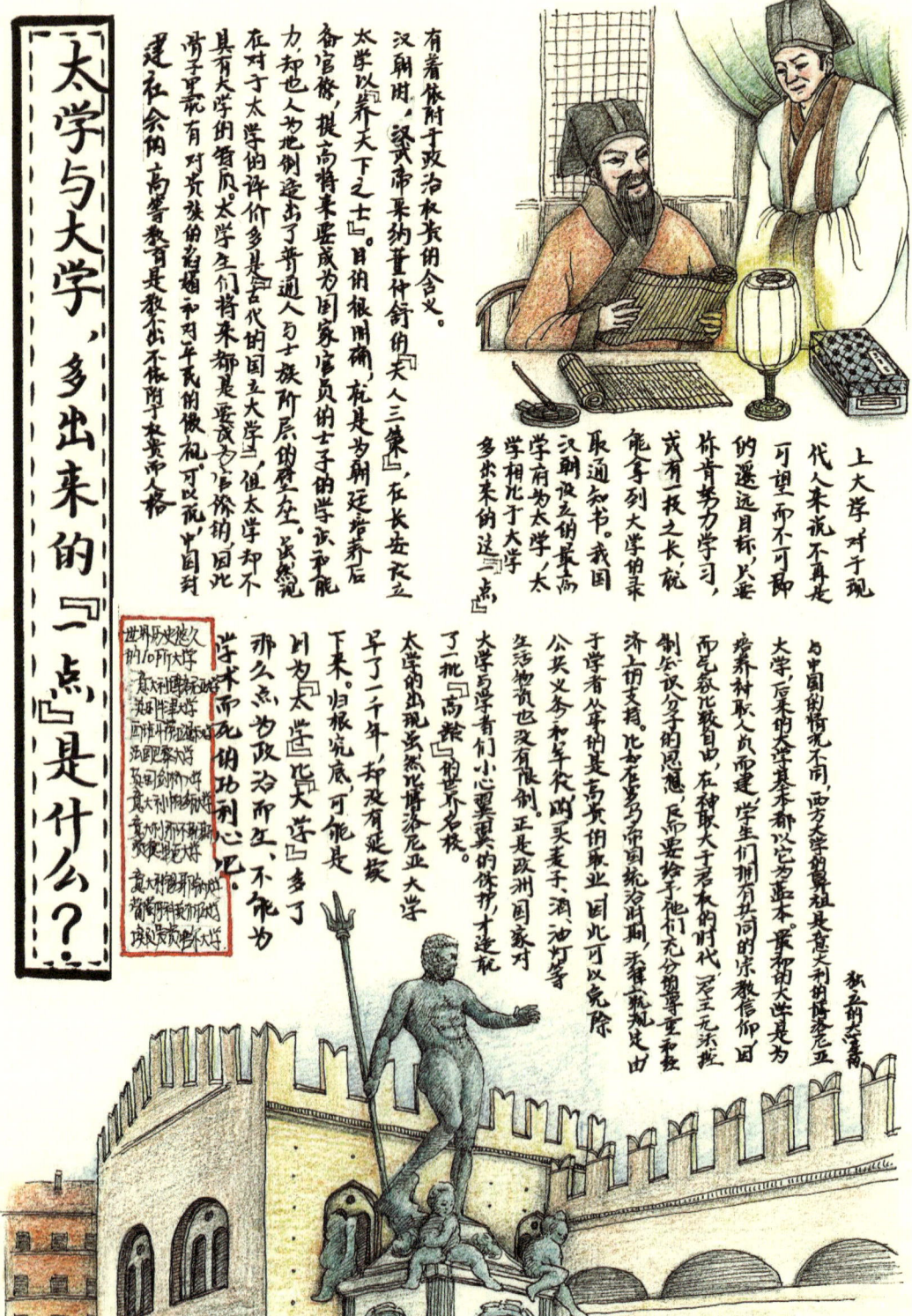

上大学对于现代人来说不再是可望而不可即的远远目标，只要你肯努力学习，能拿到一张大学的录取通知书。我国学有列数最高的机构为大学，太学相比于大学，多出来的这"一点"有着依附于政治权贵的含义。

汉朝时，汉武帝采纳董仲舒的《天人三策》，在长安设立太学以"养天下之士"。目的很明确，就是为国家延揽养备官僚。提拔优秀要成为国家官员的士族所属的学子，更能力，却也把制造出了普通人与士族所属的阶层。虽然在对于太学的许多评价中是古代的国立大学，但太学却不具有大学的真义。太学生们将来却都是要成为贵族的一份子，就算是有对贵族的调和平民的微讽，也可以说，中国在建社会的高等教育是教不出不依附于教育而人格独立的学术而死的地位心吧。

[红框内：世界历史悠久的10所大学]
意大利博洛尼亚大学
英国牛津大学
法国巴黎大学
英国剑桥大学
意大利帕多瓦大学
意大利那不勒斯大学
意大利锡耶纳大学
意大利马切拉塔大学
葡萄牙科英布拉大学

那么点，为政为所文，不能为川为"太学"比"大学"多了一个"高校"的世界名校，大学与大学有们小小翼翼的"终身"才建成了一批"高校"的世界名校，大学与学有们小小翼翼的"终身"才建成下来。归根结底，可能是早了二千年，却没有延续太学的出现虽然比博洛尼亚大学下来。归根结底，可能是大学学者们有们小小翼翼的"终身"才建成了一批"高校"的世界名校。

公共义务和年金的限制，反却要舍弃他们充分勤奋著章，经济上的支持。比起在罗马帝国统治时期，希腊、罗马规定由制定议论分子的思想，在神权大于君王的时代，"君王元永控于学者从事的是高贵的职业，因此可以免除"而已显然比较自由。

培养的教信人员而建立。学生们抱有共同的宗教信仰，中国的情况不同，西方文学的鼻祖是意大利的博洛尼亚大学，后来的大学基本都以它为蓝本，最初的大学是为

公元前太学

太学与大学，多出来的"一点"是什么？

上大学，对于现代人来说不再是可望而不可即的遥远目标，只要你肯努力学习，或有一技之长，就能拿到大学的录取通知书。我国汉朝设立的最高学府为太学，太学相比于大学多出来的这"一点"在于依附于政治权力。

汉朝时，汉武帝采纳董仲舒的"天人三策"，在长安设立太学以"养天下之士"。目的很明确，就是为朝廷培养后备官僚，提高将来要成为国家官员的士子的学识和能力，却也人为地制造出了普通人与士族阶层的壁垒。虽然现在对于太学的评价多是"古代的国立大学"，但太学却不具有大学的特质。太学生们将来都是要成为官僚的，因此骨子里就有对贵族的谄媚和对平民的傲视。可以说，中国封建社会的高等教育是教不出不依附于权贵、人格独立的大学生的。

与中国的情况不同，西方大学的鼻祖是意大利的博洛尼亚大学，后来的大学基本都以它为蓝本。最初的大学是为培养神职人员而建，学生们拥有共同的宗教信仰，因而气氛比较自由，在神权大于君权的时代，君主无法控制知识分子的思想，反而要给予他们充分的尊重和经济上的支持。比如在罗马帝国统治时期，法律就规定，由于学者从事的是高贵的职业，因此可以免除公共义务和军役，购买麦子、酒、油灯等生活物资也没有限制。正是欧洲国家对大学与学者们小心翼翼的保护，才造就了一批"高龄"的世界名校。

太学的出现虽然比博洛尼亚大学早了一千多年，却没有延续下来。归根究底，可能是因为"太学"比"大学"多了那么点为政治而生、不能为学术而死的功利心吧。

丝绸之路？玉石之路？

如今丝绸之路闻名世界，但古时候并不是这么称呼它的。"丝绸之路"这个名字是1877年德国地理学家李希霍芬提出的。由于中国通过西北方商路运到欧洲的商品主要是丝绸而北方学者将其称为"丝绸之路"。不过丝绸之路最早其实被称作"玉石之路"。

中华文明的玉石崇拜由来已久，玉石独有的颜色和质地往往会让人产生许多美好的联想，比如君子温润如玉，所以众人皆爱玉。考古证实，三千多年前，新疆一带就有采玉、琢玉的部落。他们将和田玉开采出来，远往东西两个方向。向东的玉石经甘肃、宁夏、山西进入河南；向西的玉石则经乌兹别克斯坦到达地中海沿岸的欧亚各国，这就是最早的玉石之路。西晋时期出土的古简《穆天子传》就记载了三千年前周穆王从中原出发，经甘肃、内蒙古和新疆，抵达昆仑山的西边游猎之事。当时的母系社会部落首领西王母，不仅好吃好喝盛情款待了周穆王，还赠他八车宝石。周穆王满载而归，随他的西返游猎之路，

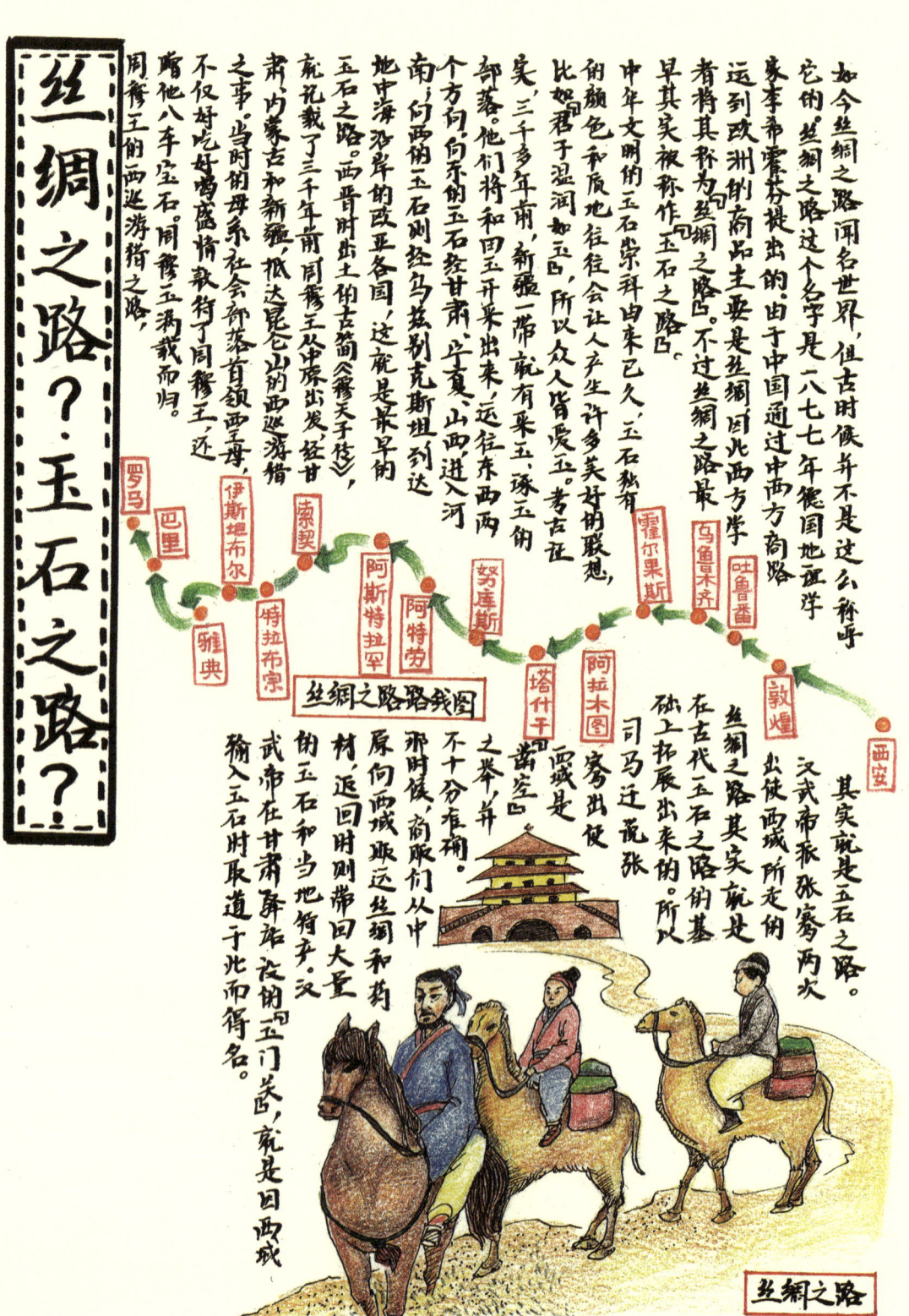

其实就是玉石之路。

汉武帝派张骞两次出使西域，所定的丝绸之路其实就是在古代玉石之路的基础上拓展出来的。所以司马迁夸张之举并并不十分准确。那时候，商贩们从中原向西域贩运丝绸和当地的玉石和药材，返回时则带回大量的玉石。汉武帝在甘肃敦煌、夜的西门关，就是因西域输入玉石时取道于北而得名。

丝绸之路路线图

罗马 巴里 伊斯坦布尔 雅典 索契 特拉布宗 阿斯特拉罕 阿特劳 努库斯 阿拉木图 塔什干 喀什 霍尔果斯 乌鲁木齐 吐鲁番 敦煌 西安

西城

丝绸之路

丝绸之路？玉石之路？

如今丝绸之路闻名世界，但古时候并不是这么称呼它的。丝绸之路这个名字是1877年德国地理学家李希霍芬提出的。由于中国通过中西方商路运到欧洲的商品主要是丝绸，因此西方学者将其称为"丝绸之路"。不过丝绸之路最早其实被称作"玉石之路"。

中华文明的玉石崇拜由来已久，玉石独有的颜色和质地往往会让人产生许多美好的联想，比如"君子温润如玉"，所以众人皆爱玉。考古证实，三千多年前，新疆一带就有采玉、琢玉的部落。他们将和田玉开采出来，运往东西两个方向。向东的玉石经甘肃、宁夏、山西，进入河南；向西的玉石则经乌兹别克斯坦，到达地中海沿岸的欧亚各国，这就是最早的玉石之路。西晋时出土的古简《穆天子传》，就记载了三千年前，周穆王从中原出发，经甘肃、内蒙古和新疆，抵达昆仑山的西巡游猎之事。当时的母系社会部落首领西王母，不仅好吃好喝盛情款待了周穆王，还赠他八车宝石。周穆王满载而归。周穆王的西巡游猎之路，其实就是玉石之路。汉武帝派张骞两次出使西域，所走的丝绸之路其实就是在古代玉石之路的基础上拓展出来的。所以司马迁说张骞出使西域是"凿空"之举，并不十分准确。

那时候，商贩们从中原向西域贩运丝绸和药材，返回时则带回大量的玉石和当地的特产。汉武帝在甘肃驿站设的"玉门关"，就是因西域输入玉石时取道于此而得名。

「老外」在唐朝长安

唐朝国都长安是一座魅力四射的城市,许多"老外"慕名而来。

唐朝实力雄厚,很多小国纷纷三面衣带地做了一面接受唐朝的册封。众多外国商人沿着丝绸之路来到大唐,为的是唐朝的瓷、丝、茶。汉字院早富义教具美感,儒家文化令人睿智优雅,引得很多国家何庭朝派遣留学生。作为唐朝国都的长安,就成了他们的首选地。当时的长安完全一副国际大都会的模样。不仅接待外国使者、宾客的机构鸿胪寺内老外众多,街上也满是胡商。连李白出生来逛街,都说阳姬貌如花,当炉笑春风"。军民居住区里的异国人,不乏族人亲居。而正是这些人,引起了长安社会风尚的变化。

唐初社会风气还是比较保守的,妇女出行要戴边沿有垂纱的帽子,渐而也席一袭亦。不过,随着越来越多的外国人到来列中原,受到人最初,长安女子开始戴无垂纱、艳丽飞扬的胡帽,也敢祖露脚前粉肌上街了。他们还穿起了胡服料式的窄袖衫,披上了波斯样式的挂裙,狂上火之变的杂技。

被誉为文武可两全的唐朝皇帝最著名的是李世民。被视为灭亡西胡的西域最早来源于唐长安城的大集市"东市"和"西市"。

宫廷中,乐官引进了安国乐、龟兹乐、天竺乐、高丽乐等音乐和花样繁多的舞蹈。音乐天才唐玄宗尤其喜爱这些新鲜的动作和曲调。波斯人的马球也颇受上层社会欢迎。要是你不会马球,那件在长安时尚界是个马球高手。据说中宗时,玄宗还是亲王,他从山西移紫回长安,正赶上中宗送金城公主入藏,当时中宗准备了一场马球比赛,谁料吐蕃迎东队中有个马球高高手,把禁卫军虐待体无完肤,中宗很没面子。幸好后来备了一场,反虐吐蕃马球手,中宗才舒了一口气。

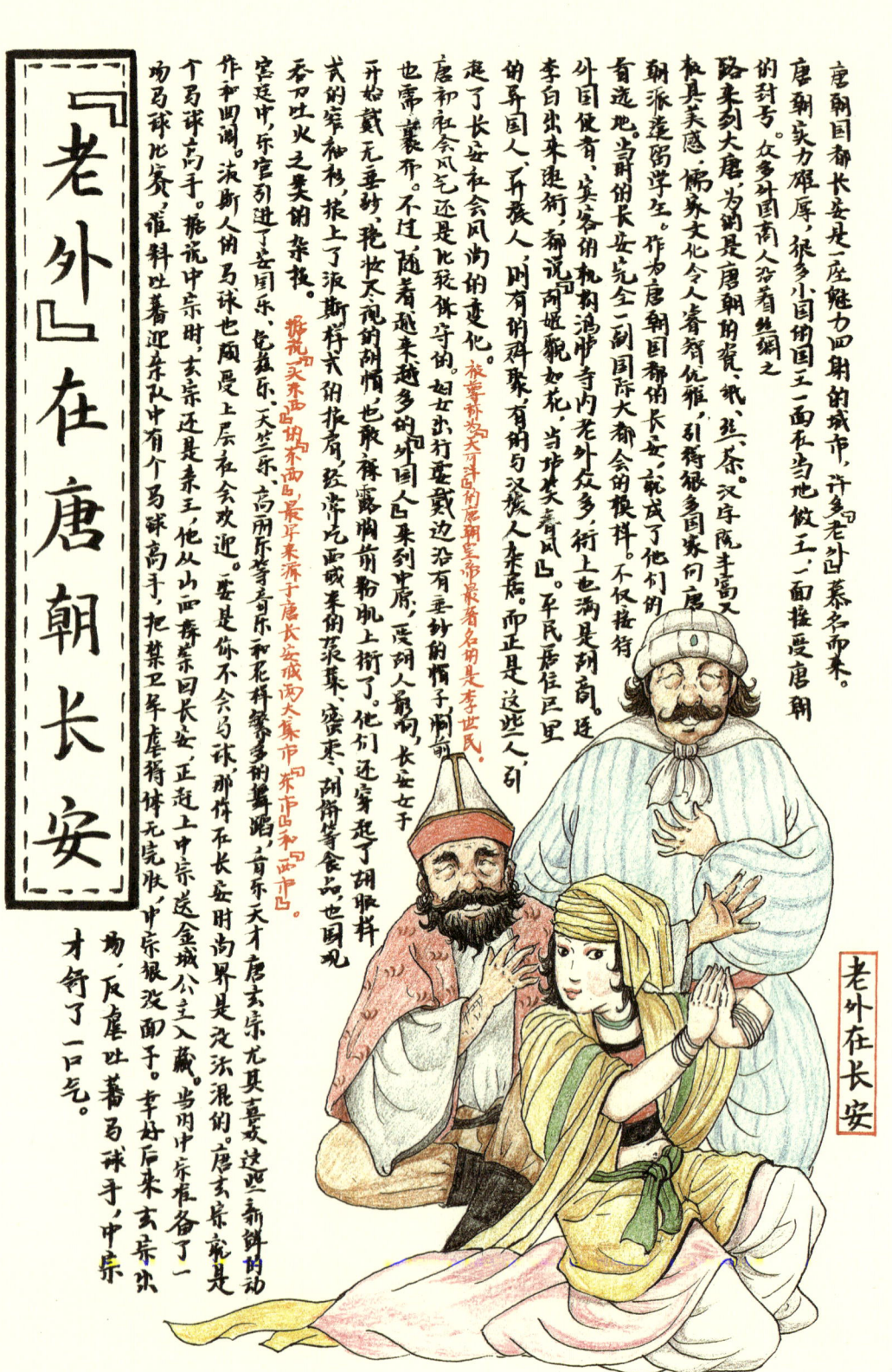

老外在长安

"老外"在唐朝长安

唐朝国都长安是一座魅力四射的城市，许多"老外"慕名而来。

唐朝实力雄厚，很多小国的国王一面在当地做王，一面接受唐朝的封号。众多外国商人沿着丝绸之路来到大唐，为的是唐朝的瓷、纸、丝、茶。汉字既丰富又极具美感，儒家文化令人睿智优雅，引得很多国家向唐朝派遣留学生。作为唐朝国都的长安，就成了他们的首选地。当时的长安完全一副国际大都会的模样，不仅接待外国使者、宾客的机构鸿胪寺内老外众多，街上也满是胡商。连李白出来逛街，都说"胡姬貌如花，当垆笑春风"。平民居住区里的异国人、异族人，则有的群聚，有的与汉族人杂居。而正是这些人，引起了长安社会风尚的变化。

唐初社会风气还是比较保守的。妇女出行要戴边沿有垂纱的帽子，胸前也需裹布。不过，随着越来越多的"外国人"来到中原，受胡人影响，长安女子开始戴无垂纱、艳妆尽现的胡帽，也敢裸露胸前粉肌上街了。她们还穿起了胡服样式的窄袖衫，披上了波斯样式的披肩，经常吃西域来的菠菜、蜜枣、胡饼等食品，也围观吞刀吐火之类的杂技。

宫廷中，乐官引进了安国乐、龟兹乐、天竺乐、高丽乐等音乐和花样繁多的舞蹈，音乐天才唐玄宗尤其喜欢这些新鲜的动作和曲调。波斯人的马球也颇受上层社会欢迎。要是你不会马球，那你在长安时尚界是没法混的。唐玄宗就是个马球高手。据说中宗时，玄宗还是亲王，他从山西探亲回长安，正赶上中宗送金城公主入藏。当时中宗准备了一场马球比赛，谁料吐蕃迎亲队中有个马球高手，把禁卫军虐得体无完肤，中宗很没面子。幸好后来玄宗出场，反虐吐蕃马球手，中宗才舒了一口气。

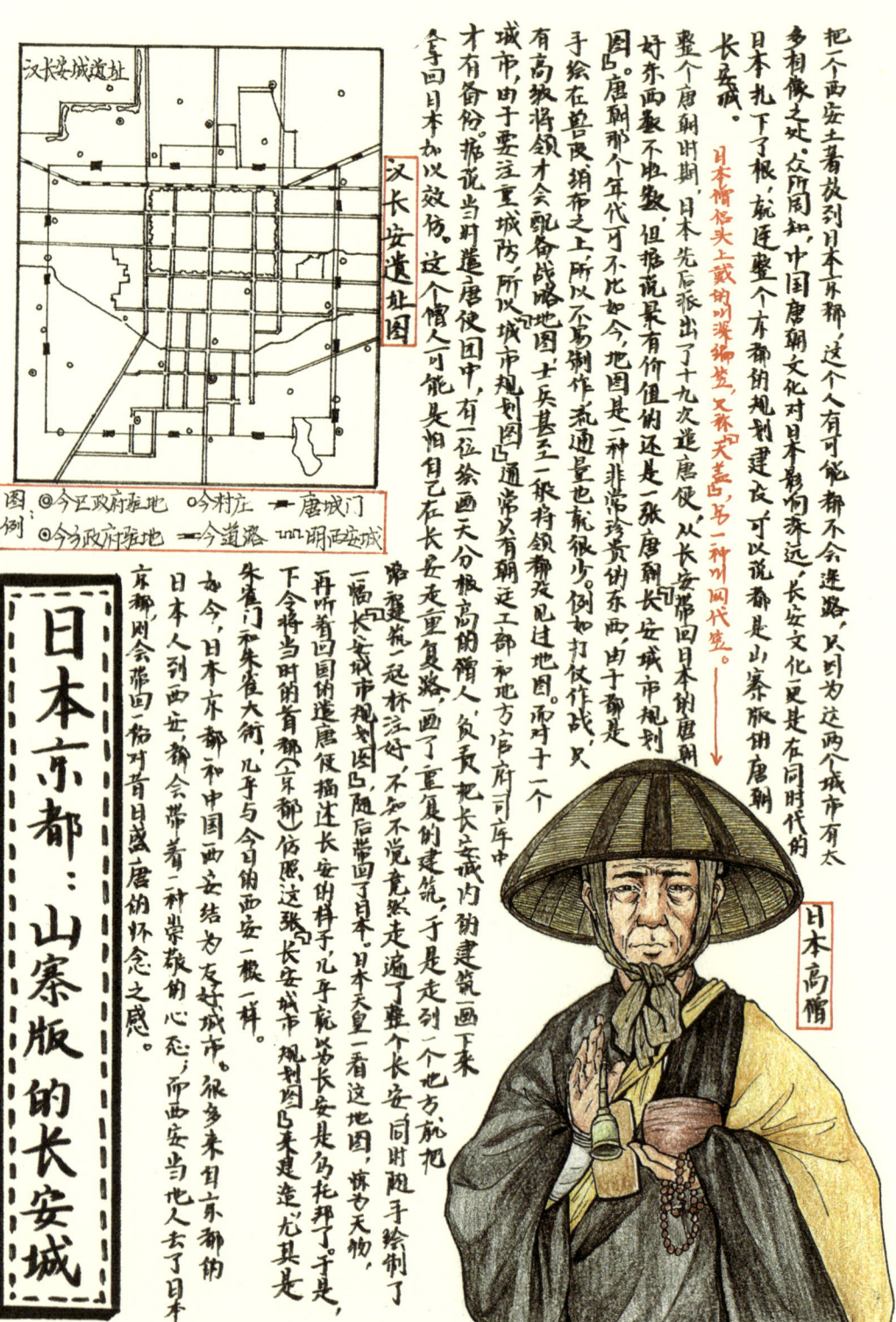

日本京都：山寨版的长安城

把一个西安著放到日本京都，这个人有可能都不会迷路，因为这两个城市有太多相像之处。众所周知，中国唐朝文化对日本影响深远，长安文化更是在同时代的日本扎下了根。就连整个京都的规划建设，可以说都是山寨版的唐朝长安城。

日本僧侣头上戴的叫深编笠，又称"天盖"，另一种叫网代笠。

整个唐朝时期，日本先后派出了十九次遣唐使，从长安带回日本的唐朝好东西数不胜数，但据说最有价值的还是一张唐朝长安城市规划图。唐朝那个年代可不比如今，地图是一种非常珍贵的东西，由于制作成通常也很少。例如打仗作战，只有高级将领才会配备战略地图。士兵其至一般将领都没见过地图。而朝延工部和地方官府可年中手绘在兽皮绢布之上，所以不易批量生产，因城市，由于要注重城防，所以城市规划图通常都是手绘在兽皮绢布之上，所以不易批量生产，因此也只有备份。据说当时遣唐使团中，有一位绘画天分极高的僧人，负责把长安城内的建筑一画画下来才有备份。据说当时遣唐使团中，有一位绘画天分极高的僧人，负责把长安城内的建筑一画画下来拿回日本加以效仿。这个僧人可能是怕自己在长安走重复路，画了重复的建筑，于是走遍了整个长安同时随手绘制了一幅长安城市规划图，随后带回了日本。日本天皇一看这地图，惊为天物，下令将当时的首都(京都)依照这张长安城市规划图来建造，尤其是朱雀门和朱雀大街，几乎与今日的西安一模一样。

如今，日本京都和中国西安结为友好城市。很多来到京都的日本人到西安都会带着一种崇敬的心态，仰西安当地人去了日本京都则会带回一份对昔日盛唐的怀念之感。

日本高帽

日本京都：山寨版的长安城

把一个西安土著放到日本京都，这个人有可能都不会迷路，只因为这两个城市有太多相像之处。众所周知，中国唐朝文化对日本影响深远，长安文化更是在同时代的日本扎下了根，就连整个京都的规划建设，可以说都是山寨版的唐朝长安城。

整个唐朝时期，日本先后共派出了十九次遣唐使，从长安带回日本的唐朝好东西数不胜数，但据说最有价值的还是一张唐朝"长安城市规划图"。唐朝那个年代可不比如今，地图是一种非常珍贵的东西，由于都是手绘在兽皮、绢布之上，所以不易制作，流通量也就很少。例如打仗作战，只有高级将领才会配备战略地图，士兵甚至一般将领都没见过地图。而对于一个城市，由于要注重城防，所以"城市规划图"通常只有朝廷工部和地方官府司库中才有备份。

据说当时遣唐使团中，有一位绘画天分极高的僧人，负责把长安城内的建筑画下来，拿回日本加以效仿。这个僧人可能是怕自己在长安走重复路，画了重复的建筑，于是走到一个地方就把路和建筑一起标注好，不知不觉间竟然走遍了整个长安，同时随手绘制了一幅"长安城市规划图"，随后带回了日本。日本天皇一看这地图，惊为天物，再听着回国的遣唐使描述长安的样子，几乎就以为长安是乌托邦了。于是，下令将当时的首都（京都）仿照这张"长安城市规划图"来建造，尤其是朱雀门和朱雀大街，几乎与今日的西安一模一样。

如今，日本京都和中国西安结为友好城市。很多来自京都的日本人到西安，都会带着一种崇敬的心态；而西安当地人去了日本京都，则会带回一份对昔日盛唐的怀念之感。

西安为什么没成为明朝都城

唐朝以后，由于长期战乱甚至自然环境破坏，长安渐渐失去了国之首都的地位。到了明朝建国明朝后，朱元璋的大将军徐达攻进奉元路（汴京路），将这里改名为西安府。取『西北安定』的意思。这次改名也意味着西安从此从前朝的政治中心变成了西北的一个重镇。

朱标是朱元璋的长子，他谦仁宽厚，待兄弟的性格。有次，朱标反对朱元璋大肆屠戮功臣。朱标而露难色，朱元璋反问道：「孤正是在将这棒上的刺剃去，你恼妹个什么呢正是不愿反抗。」这下灭意思是正是日之民，可朱标却说：『上有尧舜之君，下有尧舜之民。为君有不仁慈，百姓才会反抗。』此言一出，朱元璋气得不行，拒说不久之后就将朱标派去西安。

朱标夫西安的目的有两个。一个是考察西安是否可以作为都城。朱标为西安的地势可以作为都城。朱标为西安的地势民生，有且了更可以作为迁都的选择之地，这才回到应天。但由于这些年长途跋涉，再加上父皇威压下的压力，朱标病了，并且病得不轻，养病期间心忧私复的朱标还是将西安考察的结果上报父皇，并多次表示可惜。不久之后，朱标病逝。朱元璋追封他为『懿文太子』，因子过庭伤心，朱元璋无心政事，迁都西安的事情也下搁下被遗忘了。

直到后来到成祖朱棣迁都北京。西安作为都城的希望也彻底破灭。

朱标巡西安府

元璋便将一根棘棒扔在地上，一再让朱元璋，刀子才仁慈，但朱元璋却不喜欢他友发。刀子有仁慈，但朱元璋却不喜欢他元璋便将一根棘棒扔在地上，一再让朱元璋说：『我打江山，朱标之君，下有尧舜

懿文太子朱标

西安为什么没成为明朝都城

唐朝以后，由于长期战乱和自然环境的破坏，长安渐渐失去了国之首都的地位。到了明朝建国的时候，朱元璋的大将徐达兵进奉元路（即长安），将这里改名为西安府，取"西北安定"的意思。这次改名也意味着西安由从前的政治中心变成了西北的一个普通城市。但马上，西安就有了一次改变命运的机会，这次机会来自懿文太子朱标。

朱标是朱元璋的长子，他谦仁宽厚，待兄弟友爱，对臣子仁慈，但朱元璋却不喜欢他的性格。有一次，朱标反对朱元璋大肆屠戮功臣，朱元璋便将一根棘棒扔在地上，再让朱标捡起来。朱标面露难色，朱元璋这才道出真意，他说："朕正是在将这棘棒上的刺除去，交给你个干净的江山。"朱标愤愤不平地反驳："上有尧舜之君，下有尧舜之民。"意思是正是因为为君者不仁慈，百姓才会反抗。此言将朱元璋气得不轻，据说不久后就将朱标派去西安府巡视。

朱标去西安的目的有两个：一个是查清二弟朱樉在当地的不法行为，二是考察西安是否可以作为都城。朱标对西安的评价很高，他详细绘制了西安的地图，查访了当地民生，确定了西安可以作为迁都的选择之一，这才回到应天。但由于这番长途跋涉与长期生活在父皇威压下积攒的压力，朱标病了，并且病势汹汹。养病期间，心忧社稷的朱标还是将西安考察的结果详细上报父皇，并多次提出迁都西安的想法。

可惜，在不久之后，朱标病逝，朱元璋追封他为"懿文太子"，由于过度伤心，朱元璋无心政事，迁都西安的事情也成为泡影，直到后来明成祖朱棣迁都北京，西安作为都城的希望彻底破灭。

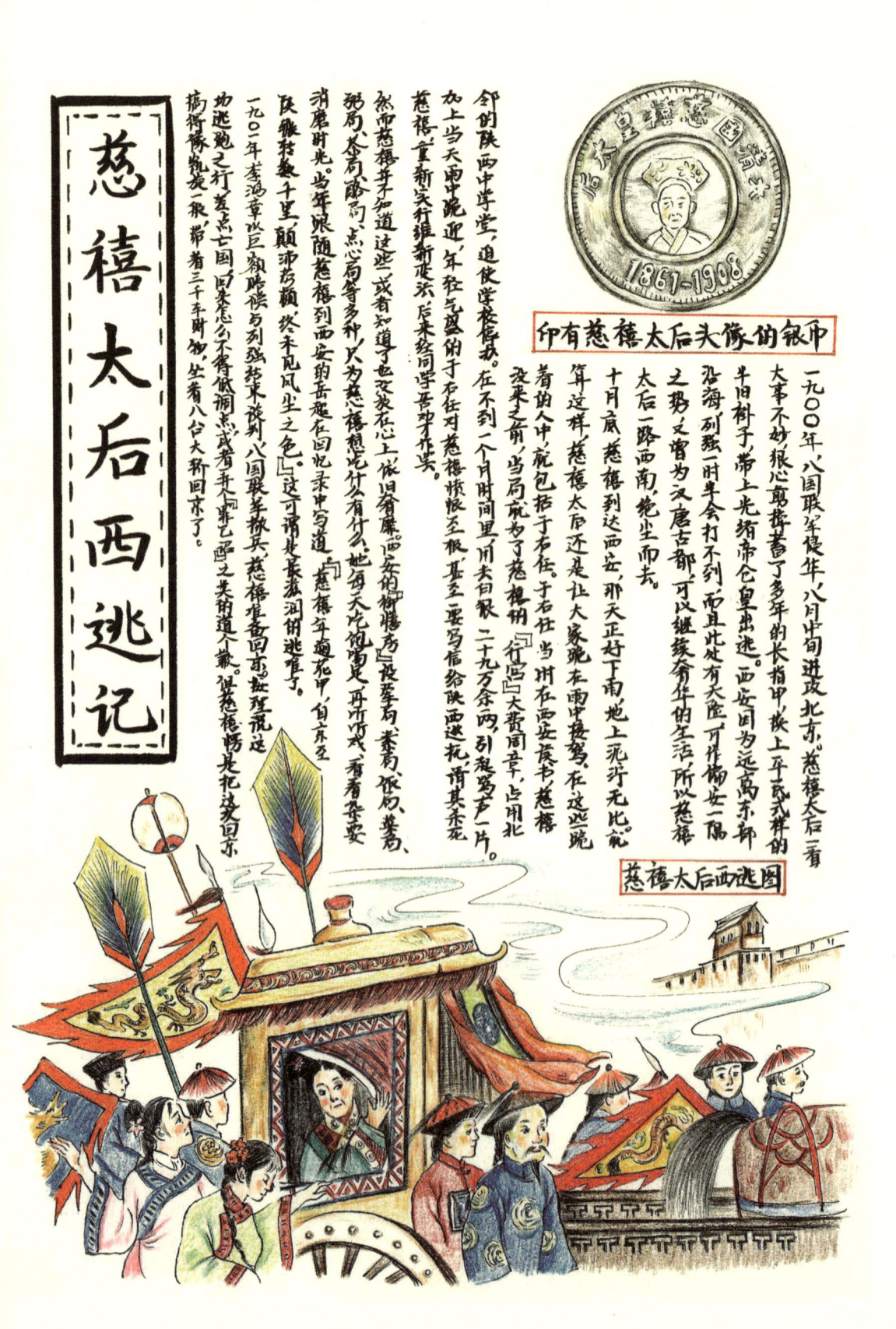

慈禧太后西逃记

印有慈禧太后头像的银币

慈禧太后西逃图

一九〇〇年八月中旬，八国联军进攻北京，慈禧太后一看大事不妙，狠心抛弃了多年的长指甲，换上平民式样的蓝布袄裤子，带上光绪帝仓皇出逃。西安因为远离京都，而且此处有天险，可作屏障，又一隔沿海、列强一时半会打不到，而且此处有天险，可作屏障，又一隔之势，又曾为汉唐古都，可以继续享有往昔的生活，所以慈禧太后一路西南，绝尘而去。

十月底，慈禧到达西安，那天正好下雨，地上无行无比就着的人中，就包括了名伶于右任。当时在西安长安书院读书的于右任，在这些路经之朝，当局就为了慈禧的『行宫』大费周章，占用北太后一路西南，绝尘而去。

然而慈禧并不知道这些，或者知道了也交发在心上。依旧着席『西安的御膳房』设琴弈局，点心局等多种，又为慈禧想吃什么有什么，她每天吃饱喝足，再加上式样，看着杂耍消磨时光。当年跟随慈禧到西安的岳麓在回忆录中写道：『慈禧年过花甲，自京至陕，雄控数千里，颠沛劳顿，终未见风尘之色』这可谓是长袖洞朗逃窜了。

一九〇二年李鸿章以巨额赔偿为列强结束侵列，八国联军撤兵，慈禧准备回京，虽遭沉这功逃跑之行羞点亡国，但朱悲么不着低调些，或者来个『非乙酉』之失的道人歉。但慈禧悔是把这发回京搞得煞发一般，带着三千车财物，坐看八台大轿回京了。

慈禧太后西逃记

1900年，八国联军侵华，8月中旬进攻北京。慈禧太后一看大事不妙，狠心剪掉蓄了多年的长指甲，换上平民式样的半旧褂子，带上光绪帝仓皇出逃。西安因为远离东部沿海，列强一时半会打不到，而且此处有天险，可作偏安一隅之势，又曾为汉唐古都，可以继续奢华的生活，所以慈禧太后一路向西南，绝尘而去。

10月底，慈禧到达西安，那天正好下雨，地上泥泞无比。就算这样，慈禧太后还是让大家跪在雨中接驾。在这些跪着的人中，就包括于右任。于右任当时在西安读书，慈禧没来之前，当局就为了慈禧的"行宫"大费周章，占用北邻的陕西中学堂，迫使学校停办。在不到一个月时间里，用去白银29万余两，引起骂声一片。加上当天雨中跪迎，年轻气盛的于右任对慈禧愤恨至极，甚至要写信给陕西巡抚，请其杀死慈禧，重新实行维新变法，后来经同学苦劝才作罢。

然而慈禧并不知道这些，或者知道了也没放在心上，依旧奢靡。西安的"御膳房"设荤局、素局、饭局、菜局、粥局、茶局、酪局、点心局等多种，只为慈禧想吃什么有什么。她每天吃饱喝足，再听听戏、看看杂耍消磨时光。当年跟随慈禧到西安的岳超在回忆录中写道："慈禧年逾花甲，自京至陕辗转数千里，颠沛劳顿，终未见风尘之色。"这可谓是最滋润的逃难了。

1901年，李鸿章以巨额赔偿与列强结束谈判，八国联军撤兵，慈禧准备回京。按理说这场逃跑之行，差点亡国，回来怎么不得低调点，或者弄个"罪己诏"之类的道个歉。但慈禧愣是把这次回京搞得像凯旋一般，带着3000车财物，坐着八抬大轿回京了。

西安围城：苦难的八个月

二十世纪二十年代，中国大地是军阀的天下，到处都在打仗，西安作为西北重镇，自然也是各路军阀争夺的焦点。一九二六年，广州国民政府组织北伐，北方的国民军积极响应。他的下属刘镇华曾经依附过陕西督军陈树藩，对陕西地区"熟地"熟路。吴佩孚欣然允了，于是一九二六年三月，刘镇华率领他的七万多"镇嵩军"开始围困西安。

当时的西安守将是李虎臣，手上只有五千多人，绝无胜算，他们死扛在附近的国民二军杨虎城求援，杨虎城率领着他的部队五千余人统一指挥的问题，杨虎、李虎臣、直到五月份，满心等着李虎臣，直到五月份，满心等着解决两军统一指挥的问题，杨虎城主动让出总司令的位置给李虎臣。

西安城投降的刘镇华这下如梦初醒，知道西安不会很轻易拿下，于是开始发动攻击，从城外到城墙上，战火一路燃烧。为了断绝城里的粮源，刘镇华一把大火烧毁了西安郊区十多万亩麦子，数以万计的百姓涌进西安城内的生存现状一度加艰难，到了九月份，城里能吃的粮食都吃光了，甚至野菜、树皮龙革制品都被饥饿的百姓啃吃了个精光，杨虎城也把他心爱的战马杀了给士兵吃。到西安围城解除为止，西安军民饿死战死六万多人，接近当时西安人口的一半。

九月十七日，冯玉祥在五原誓师后，多次紧急组成国民联军在五原誓师出兵讨伐北洋军阀。十月中旬，冯玉祥的部队终于来到西安城下的人们听说了五原誓师的消息后，多次紧急与城外的部队联系，经过一个多月内外夹击终于逼退了刘镇华的军队。

从一九二六年四月份到十一月份，八个月的西安围城，使西安这座十三朝古都一片狼藉。尽管有"虎守长安"的壮举和马玉祥解围西安城的功绩，战争带给西安的伤依然疼了很久。

杨虎城自赋诗
西北山高又水长
男儿岂能老故乡
黄河后浪推前浪
飞上浪尖干一场

西安围城：苦难的八个月

20世纪20年代，中国大地是军阀的天下，到处都在打仗，西安作为西北重镇，自然也是各路军阀争夺的焦点。1926年，广州国民政府组织北伐，北方的国民军积极响应，直系军阀吴佩孚感到了威胁。他的下属刘镇华曾经做过陕西督军，就提出在陕西地区"就地征发"筹集军饷、对付国民军的建议，吴佩孚欣然应允。于是1926年3月，刘镇华率领他的七万多"镇嵩军"开始围困西安。

当时的西安守将是李虎臣，李虎臣手上只有五千多人，绝无胜算，他向驻扎在附近的国民二军杨虎城求援，杨虎城率领着他的部队八千余人进入西安帮助守城。为了解决两军统一指挥的问题，杨虎城主动让出总司令的位置给李虎臣。直到5月份，满心等着西安开城投降的刘镇华这才如梦初醒，知道西安不会被轻易拿下，于是开始发动进攻，从城外到城墙上，战火一路燃烧。为了断绝城里的粮源，刘镇华一把大火焚毁了西安郊区十多万亩麦子，数以万计的百姓涌进西安城，城内的生存现状更加艰难。到了9月份，城里能吃的粮食都吃光了，甚至野菜、树皮、皮革制品都被饥饿的百姓吃个精光，杨虎城也把他心爱的战马杀了给士兵吃。到西安围城解除为止，西安军民饿死战死六万多人，接近当时西安人口的一半。

9月17日，冯玉祥在于右任的邀请下从苏联回国，召集旧部组成国民联军，在五原誓师，开始讨伐北洋军阀。10月中旬，冯玉祥的部队终于来到西安。城里的人听说了五原誓师的消息后，多次尝试与城外的部队联系，经过一个多月的内外夹击，终于逼退了刘镇华的军队。

从1926年4月份到11月份，八个月的西安围城使西安这座十三朝古都一片狼藉。尽管有"二虎守长安"的壮举和冯玉祥解西安围城的功绩，战争带给西安的伤依然疼了很久。

西安事变中的蒋介石

九一八事变,日本侵占了东北三省,蒋介石却实行"攘外必先安内"的政策,继续剿共,甚至将张学良的东北军调到陕西,并亲临陕西监督可是张学良非但不赞成剿共,还提出停止内战,一致抗日的主张。两人争吵几次无果后,张学良与杨虎城发动了著名的西安事变。

一九三六年十二月十二日凌晨,东北军包围了蒋介石所在的华清池。若非士兵进入的时候和蒋介石的卫兵交了火,惊醒了蒋介石,蒋介石可能就会丧命西安。蒋介石听见外面有枪声,来不及多想,本能地披就跑,都没有时间穿外套戴假牙。慌乱中蒋介石我不到铜匙,就顺势翻墙,逃跑时间要紧,这墙不高,但墙外就是一条奔涧,蒋介石没注意,摔了一跤。但此逃命失头时间要紧,蒋介石还是一路小跑。跑到了一处大石壁下,再次去路,蒋介石见此处有一石缝,就摸索着爬上去躲了起来。前身为奉系年间张作霖所统率的军良。

搜查人员冲进卧室,虽四下不见人影,但一摸蒋介石的被窝还是热的,很牙和外套都在,料定他没跑远,于是就近搜山。本来,大家都没有发现蒋介石,一个士兵经过蒋介石的藏身之处也没有发现他。只不过这个士兵一个不小心走了火,蒋介石的藏身处外就是一个石缝狭长,几年是且上下,都觉得发纸了,当时大喊"不要开枪,我在这里"之类的话,随即人缝里出来。后来人去蒋介石的藏身处,只有攀着欲蜒干才能爬上去,而且上面的洞很小,他强能兵人,报到蒋介石纳人名叫徐沿花。

石已经四十九岁,在冬日寒夜里穿着拖鞋和睡衣翻墙,狂奔后还能麻利地爬上石
缝,足见天
的蒋介石
十分落相。

蒋介石藏身处

西安事变中的蒋介石

九一八事变，日本侵占了东北三省，蒋介石却实行"攘外必先安内"的政策，继续剿共，甚至将张学良的东北军调到陕西，并亲临陕西监督。可是张学良非但不赞成剿共，还提出停止内战、一致抗日的主张。两人争吵几次无果后，张学良与杨虎城发动了著名的西安事变。

1936年12月12日凌晨，东北军包围了蒋介石所在的华清池。若非士兵进入的时候和蒋介石的卫兵交了火，惊醒了蒋介石，蒋介石可能就会魂断西安。蒋介石听见外面有枪声，来不及多想，本能地拔腿就跑，都没时间穿外套戴假牙。慌乱中蒋介石找不到钥匙，就顺势翻墙。这墙不高，但墙外就是一条深沟，蒋介石没注意，摔了一跤。但是逃命关头时间要紧，蒋介石还是一路小跑。跑到了一处大石壁下，再没去路，蒋介石见此处有一石缝，就摸索着爬上去躲了起来。

搜查人员冲进卧室，虽四下不见人影，但一摸蒋介石的被窝还是热的，假牙和外套都在，料定他没跑远，于是就近搜山。本来，大家都没有发现蒋介石，一个士兵经过蒋介石的藏身之处，也没有发现他。只不过这个士兵的枪一个不小心走了火。蒋介石听到枪声，误以为被发现了，当即大喊"不要开枪，我在这里"之类的话，随即从石缝里出来。

后来人去蒋介石的藏身处，见石缝狭长，几乎是直上直下，都觉只有攀着铁链子才能爬上去。而且上面的洞很小，勉强能立人。而当时蒋介石已经49岁，在冬日寒夜里穿着拖鞋与睡衣翻墙、狂奔后，还能麻利地爬上石缝，足见那天的蒋介石十分害怕。

河南人来西安

电影《一九四二》很受好评，讲的就是河南人逃荒去陕西的故事。可是河南人为什么要远离家乡呢？

1937年日本开始全面侵华，河南就临危险。1938年多了阻止日寇西进，国民党以水代兵，炸开郑州花园口附近的黄河大坝，形成豫、皖、苏三省四十四个县的黄泛区，八十九万中国平民丧命。到1942年河南又发生了百年罕见的特大灾荒，饿死首甚众，当时河南有三千万人口，1942年到1943年间灾荒死亡者，竟达三百万，这以致官方统计的数字。这三灾大旱劫，使众多河南人逃荒去。

西边的关中平原，因与河南隔着黄河为堑，进来相对安全。那几日日本人不容易打进来，相对安全。那几日又是风调雨顺，连年丰收，当地也算衣食无忧。况且当时西安被定为陪都，属于大后方，很多南方的企业和学校都搬迁到了西安。于是很多河南人就顺西安、逃荒到西安的人又没有亲朋，他们就句西最远的逃到了新疆。

河南人挑着担子或推车列西安，一边是家当，一边就是儿女。西安一到，就来漂于此。

由于河南人是顺着铁路来到西安，以前又是荒地，为了防止飞机轰炸袭击，人们就在火车站两边搭起草棚居住。还有一批河南人沿火车站铁路来列西安城墙根了很多洞，战后很多雁民就这样住了进来。

有点资产的河南人就做点买卖，好点的开个店，一般的卖个洗脸水、羊肉杂碎、抚茶推，没什么家当的就进了做工或者有打零工。实在没办法的，只能讨你或者卖身上扎根草就把自己卖了。

好不容易成了"西方极乐世界"，有陇海铁路一路逃荒列太多，有些人在西安落了脚着铁路继续新疆。

河南人逃荒路线：河南灾民首选是落脚在西安落脚。但逃到西安的人太多，如果他们没有亲戚朋友在西安，就会沿着陇海铁路继续向西，最远的能逃到新疆。

河南人逃荒图

河南人来西安

电影《一九四二》很受好评，讲的就是河南人逃荒去陕西的故事。可是河南人为什么要远离家乡呢？

1937年日本开始全面侵华，河南面临危险。1938年，为了阻止日寇西进，国民党"以水代兵"，炸开郑州花园口附近的黄河大坝，形成跨豫、皖、苏三省44个县的黄泛区，89万中国平民丧命。到1942年，河南又发生了百年罕见的特大灾荒，饿死者甚众。当时河南有3000万人口，1942年到1943年，因灾荒而死亡者，竟达300万，这还只是官方统计的数字。这三次大浩劫，使众多河南人选择逃亡。

西边的关中平原，因与河南隔着黄河与潼关，日本人不容易打进来，相对安全。那几年又是风调雨顺，连年丰收，当地百姓也算衣食无忧。况且当时西安被定为陪都，属于大后方，很多南方的企业和学校都转移到了西安，西安好像成了"西方极乐世界"。于是很多河南人就顺着陇海线一路逃荒到西安。逃荒到西安的人太多，有些人在西安又没有亲朋，他们就沿着铁路继续向西，最远的逃到了新疆。

河南人挑着担子或推着独轮小车来到西安，一边是家当一边是儿女。西安话管河南人叫"河南担"，就来源于此。由于河南人是顺着铁道进入西安的，火车站北边以前又是荒地，众人就在那里搭窝棚居住。还有一批河南人沿火车站往南，来到了解放路。为了防止遭飞机炸弹袭击，人们在西安城墙挖了很多洞。战后很多难民就住了进来。

有点资产的河南人就做点买卖，好点的开个店，一般的卖个洗脸水、羊肉杂碎，摆茶摊；没什么家当的，就进厂做工，或者打零工；实在没办法的，只能讨饭，或者身上扎根草就把自己卖了。

西安交大的『交通』史

中国有五所交通大学，分别是上海交大、西安交大、北京交大、西南交大和台湾的新竹交大。在一个古装剧中常见的词形容这五所学校的关系，叫做『同气连枝』。不只因为这些学校都叫交通大学，而且它们根本是同根生，是由一个原点出发，走向不同方向的五个『兄弟姐妹』。

一八九六年，甲午战争战败后的清政府决心改革，当时负责办铁路的盛宣怀认为『自强首在储才，储才必先兴学』，便提出想法。所引《大地交而万物通也》，『上下交而其志同也』。『交通』是『交流汇通』的意思，而不是人们普遍认为的单指交通运输。

『交通大学』的名字却很恐怖的下来，虽然这次并校只持续了不到一年就解体，但交通大学的名字却被保留了下来，所以起源州的『交通大学』。这是按校只时与交通事业密切相关，又管辖两个原因，一是这校创立时与交通事业密切相关，又管属于交通部，目比训『交通』。第二个说法是有人觉得《易经》中『天地交而万物通也』，『上下交而其志同也』。『交通』是『交流汇通』的意思，而不是人们普遍认为的单指交通运输。

从民国到新中国成立后，北京、上海、唐山的交通大学都经过了多次及名和变迁，甚至几次失去『交大的身份。一九五五年，为平衡西部教育资源稀缺的状况，上海交大的部分教师生和设施被迁在西安成立西安交大。唐山的交大在一九七一年迁到四川成了西南交大。而台湾的新竹交大则是蒋介石退往台湾后复建的。五所学校的校园内都各有一座饮水思源纪念碑，来提醒校友们五校是一家。从五所学校的校徽中仍能找到相似处，细心的朋友可以仔细观察看看。

在最早开放口岸建的所南洋公学，培养通政治、经济、商务的专门人才。几经周折后，到了民国，南洋公学归属交通部管辖，更名为交通部上海工业专门学校。一九二〇年，交通部为了统一管理，将下辖的上海、唐山、北京几所学校合并统称为交通大学，虽然这次并校只持续了不到一年就解体，但交通大学的名字却被保留下来。

西安交大的"交通"史

中国有五所交通大学,分别是上海交大、西安交大、北京交大、西南交大和台湾省的新竹交大。用一个古装剧中常见的词形容这五所学校的关系,叫"同气连枝"。不只因为这些学校都叫"交通大学",主要是因为它们"本是同根生",是由一个原点出发,走向不同方向的五个"兄弟姐妹"。

1896年,甲午战争战败后的清政府决心改革,当时负责督办铁路的盛宣怀认为"自强首在储才,储才必先兴学",便提出想在最早开放口岸的上海建一所南洋公学,培养精通政治、经济、商务的专门人才。几经周折后,到了民国,南洋公学归属交通部管辖,更名为交通部上海工业专门学校。1920年,交通部为了统一管理,将下辖的位于上海、唐山、北京的几所学校合并统称为"交通大学",虽然这次并校只持续了不到一年就解体,但"交通大学"的名号却被沿用了下来。据说起名叫"交通大学"有两个原因,一是该校创立时与交通事业密切相关,又曾隶属于交通部,因此叫"交通",第二个说法是取自《易经》"天地交而万物通也,上下交而其志同也""交通"是"交流汇通"的意思,而不是人们普遍认为的单指交通运输。

从民国到新中国成立后,北京、上海、唐山的交通大学都经过了多次改名和变迁,甚至几次失去"交大"的身份。1955年,为平衡西部教育资源稀缺的状况,上海交大的半数师生和设施被迁往西安,成立西安交大。唐山的交大在1971年西迁到四川,成了西南交大。而台湾的新竹交大则是蒋介石退往台湾后复建的。五所学校的校园内都各有一座刻有校徽的饮水思源纪念碑,来提醒校友们五校是一家。从五所学校的校徽中仍能找到相似处,细心的朋友可以仔细观察看看。

第二章 西安风俗

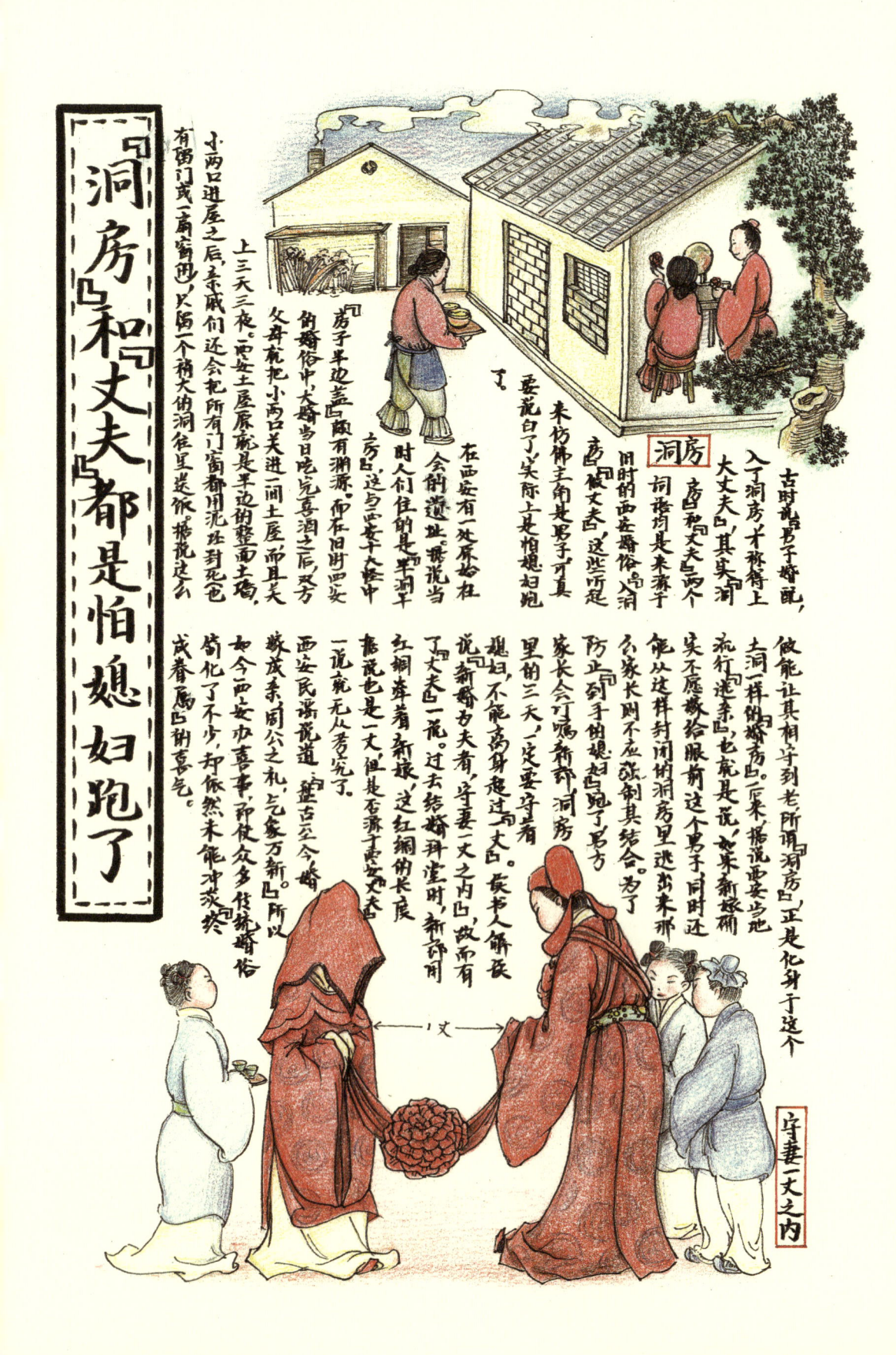

"洞房"和"丈夫"都是怕媳妇跑了

古时礼男子婚配,做能让其相守到老,所谓"洞房"正是化身于这个入了洞房,才称得上大丈夫。后来,据说西北当地流行造窑洞,也就是说,娶来新媳妇土洞一样的婚俗礼,失不愿嫁给服前这个男子同时还"洞房"和"丈夫"这两个能从这样封闭的洞房里逃出来那词语均是来源于古时防止到手的媳妇跑了另方的西北某些婢俗。"洞家长会叮嘱新郎把洞房房"减"丈夫",这些所起里的三天,一定要守着来。仿佛主角是男子才真媳妇,不能离身超过一丈。

在西安有一处原始医书人解释说会窝遗址,据说当"新郎为丈夫,守妻一丈之内"时人们住的是半洞半故而有了"丈夫"一说。过去结婚抬花轿时,新郎用"房子半边盖"颇有渊源。而在旧时的红绸牵着新娘,这红绸的长度的婚俗中,大婚当日吃完喜酒之后,又方一说就是一丈。但是否真的如丈夫父母就把小两口关进一间土屋,而且关的婚俗中说"新郎为夫妻"上三天三夜。西北土屋原就是单边的整面土墙,如今西安办喜事,却使众多传统婚俗西安民谣就说,"亘古至今婚简化了不少,却依然未能冲淡终嫁成亲同公之礼,亘古万新"。所以小两口进屋之后,亲戚们还会把所成春房"朝喜气。有的门或一扇窗户,火烧一个较大的洞,往里送饭。据说这会

<!-- 洞房 -->
<!-- 1 丈 -->
<!-- 守妻一丈之内 -->

"洞房"和"丈夫"都是怕媳妇跑了

古时说"男子婚配,入了洞房,才称得上大丈夫",其实"洞房"和"丈夫"两个词语均是来源于旧时的西安婚俗。"入洞房""做丈夫",这些听起来仿佛主角是男子,可要真说白了,实际上是怕媳妇跑了。

在西安有一处原始社会的遗址——半坡遗址。据说当时人们住的是"半洞半房",这与西安十大怪中"房子半边盖"颇有渊源。而在旧时西安的婚俗中,大婚当日吃完喜酒之后,双方父母就把小两口关进一间土屋,而且关上三天三夜。西安土屋原就是半边的整面土墙,小两口进屋之后,亲戚们还会把所有门窗都用泥胚封死(也有留门或一扇窗的),只留一个稍大的洞往里送饭。据说这么做能让其相守到老,所谓的"洞房",正是化身于这个土洞一样的"婚房"。后来,据说西安当地流行"逃亲",也就是说,如果新娘确实不愿嫁给眼前这个男子,同时还能从这样封闭的洞房里逃出来,那么家长则不应强制其结合。为了防止"到手的媳妇"跑了,男方家长会叮嘱新郎,洞房里的三天,一定要守着媳妇,不能离身超过"一丈"。读书人解读说"新婚为夫者,守妻一丈之内",故而有了"丈夫"一说。过去结婚拜堂时,新郎用红绸牵着新娘,这红绸的长度据说也是一丈,但是否源于西安"丈夫"一说就无从考究了。

西安民谣说道:"盘古至今,婚嫁成亲,周公之礼,气象万新。"所以如今西安办喜事,即使众多传统婚俗简化了不少,依然未能冲淡"终成眷属"的喜气。

狼吃羊棋盘

"狼吃娃"游戏棋：小游戏，大智慧

中国人喜欢把智慧融入娱乐们的棋类游戏里，围棋可谓是集大成者，而散落民间的游戏也各具特色。在西安，"狼吃娃"这种游戏棋传承已久，只需要两种易辨别的石子，再在地上画个棋盘就能玩，但你可别小看这"狼吃娃"，它有着自己的故事，也蕴含着大智慧。

西安过去有不少农户村落，狼群攻击村子袭击家畜的事情屡屡发生，这让百姓恨恨的，狡点的狼还会把娃娃叨走杀害。据说某个村落某年与狼抗争，村长担心庄稼汉结队出门打狼时村里的娃子们会有危险，于是就把所有的娃娃放在一起，让村里的

书生照看。书生也怒，娃子们本就淘气，书生还要哪的是真遇上三只狼。书生品然体格不行，但脑子好使，他觉得狼并不是直接攻击他们，所是先在远处观望，提胆小的狼，狼还会后退。如果挥着锄头冲向狼，狼还会后退。如果四五个羊大的娃娃拿着武器围着一只狼，大蓝不主动打狼，狼也不敢出击大能原地不动好不容易等来人解了围，看着没有一个孩子受你书生就生下来画了草图，然后一边竞琢一边告诉所有民狼的特性。之后，书生画了一个横坚五条直线组成的封闭笼阵图，一边数三片红瓦片代表娃，一边放十五个白石子代表狼，而与自己相近勇敢的娃娃不能吃，吃光则狼赢。娃把狼困起来不能动娃娃赢。书生用"狼吃娃"看孩子，孩子就算不亦乐乎，这个游戏也被西安人流传至今。

"狼吃娃"这个游戏易懂唯特，里面包含了战术、勇气、同结合作等多种智慧，可谓是西安百姓智慧的一大结晶。对自己有信心的人，不妨我来同伴互相俞弈博一番！

"狼吃娃"游戏棋：小游戏，大智慧

中国人喜欢把智慧融入博弈的棋类游戏里，象棋、围棋可谓是集大成者，而散落民间的游戏棋也各具特色。在西安，"狼吃娃"这种游戏棋传承已久，只需要两种易辨别的石子，再在地上画个棋盘就能玩，但你可别小看这"狼吃娃"，它有着自己的故事，也蕴含着大智慧。

西安过去有不少农户村落，狼群攻击村子、袭击农畜的事情屡屡发生。更让百姓愤恨的是，狡黠的狼还会把娃叼走杀害。据说某个村落常年与狼群抗争，村长担心庄稼汉结队出门打狼时村里的娃子们会有危险，于是就把所有的娃放在一起，让村里的一个柔弱书生照看。娃子们本就淘气，书生看孩子也很费劲，不巧的是真遇上三只狼。书生虽然体格不行，但脑子好使，他发现狼并不是直接攻击他们，而是先在远处观望挑胆小的攻击，这时若书生拿着锄头冲向狼，狼还会后退。如果是四五个半大的娃都拿着武器围着一只狼，只要不主动打狼，狼也不敢出击，只能原地不动。好不容易等来人解了围，看着没有一个孩子受伤，书生就坐下来画起了"阵图"，然后一边演练一边告诉村民狼的特性。之后，书生画了一个横竖五条直线组成的封闭矩阵图，一边放三块红瓦片代表狼，一边放十五个白石子代表娃，规则就是：狼只能吃与自己相隔一格犹豫的娃，而与自己相近勇敢的娃不能吃，吃光则狼赢；娃把狼围起来不能动则娃赢。书生用"狼吃娃"看孩子，孩子玩得不亦乐乎，这个游戏也被西安人流传至今。

"狼吃娃"这个游戏棋易懂难精，里面包含了战术、勇气、团结合作等多种智慧，可谓是西安百姓智慧的一大结晶。对自己有信心的人，不妨找来同伴互换角色博弈一番！

儿歌「长大」成了民谣

走在西安的老街道上，跑过一群唱戏叫喊着的孩童。我童常听里说出一段朗朗上口的话，这些上应当是儿歌么走进西安老街若何当地上着打听事情老表背出一段词，这些上应当是民谣。其实西安儿歌中充盈着稚气：一是天真的童声，二是大多数儿歌都可以用后天的万子布凹结尾，以此一矢一脆劲来定夺些什么。儿歌会说西安，中唱道：

说西安，道西安，
西安有个钟鼓楼，
半截还在云里头。
说城墙，道城墙，
四十里城墙宽又长，
糯米汁，灌青砖，
青砖一满板凳宽。
你家宽，我家宽，
谁赢了谁家墙最宽。

<!-- 草瑞饱子 -->

一首儿歌里提到西安的钟鼓楼，若循肠到最后一句可以狗拿耗尾性着家里循最宽也就说明家里有钱。这起儿歌的趣味是让孩子们一边玩一边彼此鼓励，让孩子们上人上人。

西安民谣多为大人们所唱。人随着年龄增长变得世故不再争此长，更多的是用这些来感慨武记录一段历史成往事。《烟鬼十叹》里唱道：

一盏烟灯罩空房，
二肩耸起像无常；
三餐茶饭无着落，
四季衣服都卖光；
五脏肠胃都受苦，
六条无靠宿庙堂；
七窍不通身染病，
八面威风尽扫光；
九九归原自寻死，
十（灾）在无颜见阎王。

一首《烟鬼十叹》说尽西安人心中对抽大烟行为的厌恶，悉数到夷，而写之相似的民谣史传是做人做事的警训，当大人们往往唱这些州如同在彼此勉励。

儿歌成长为民谣，正像一个孩子成长为大人，虽然从爽快变得沉稳，从嬉闹变得认真但它的本质没有变，骨子里都带着西安人的正直与上进心。

儿歌"长大",成了民谣

走在西安的老街道上,跑过一群嬉戏叫喊着的孩童,孩童嘴里说出一段朗朗上口的话,这些应当是"儿歌"。走进西安老店,若向当地土著打听事情,老板背出一段词,这些应当是"民谣"。其实,街巷里的孩童长大后成了这里的土著,那些儿歌"长大"后,变成了民谣。

西安儿歌中充盈着稚气:一是天真的童声,二是大多数儿歌都可以用"石头剪子布"结尾,以此一决胜负来定夺些什么。儿歌《说西安》中唱道:

说西安,道西安。
西安有个钟鼓楼,
半截还在云里头。
说城墙,道城墙,
四十里城墙宽又长。
糯米汁,灌青砖,
青砖一满板凳宽。
你家宽,我家宽。
谁赢了谁家墙最宽。

整首儿歌里提到西安的钟鼓楼、老城墙,唱到最后一句时以猜拳结尾,胜者家里墙宽,也就说明家里有钱。这就是儿歌的趣味之处,孩子们一边玩一边彼此激励,争做人上人。

西安民谣多为大人们所传唱,人随着年龄增长变得世故,不再争些什么,更多的是用这些来感慨或记录一段历史或往事。《烟鬼十唱》里唱道:

一盏烟灯罩空房,
二肩耸起像无常;
三餐饭茶无着落,
四季衣服都卖光;
五脏肠胃都受苦,
六亲无靠宿庙堂;
七窍不通身染病,
八面威风尽扫光;
九九归原自寻死,
十(实)在无颜见阎王。

一首《烟鬼十唱》,说尽西安人心中对抽大烟行为的厌恶和鄙夷。而与之相似的民谣更像是做人做事的准则,当大人们传唱这些时如同在彼此勉励。

儿歌成长为民谣,正像一个孩子成长为大人。虽然从欢快变得沉稳,从嬉闹变得认真,但它的本质没有变,骨子里都带着西安人的正直与上进心。

五福临门：蝙蝠带福气的秘密

什么是"闺蜜凸"？在老西安有这样一个习俗，若两个女孩关系情同姐妹，其中一人结婚或生子的时候另一人会亲手绣一方手帕赠送，以表闺蜜情深。而这方手帕上要绣五只蝙蝠，寓意"五福临门"。若说"蝙"与"福"谐音倒也不假，可在西安当地还流传着另一个有趣的故事。

据说过去长安有一户员外家中只有一女，奉为掌上明珠。小姐不到二八年华就上门提亲。员外本来兴致勃勃，不料小姐突然得了怪病卧床不起。请了不少郎中也没能治好小姐。员外一家要西这个女孩招了进来，但无论怎么样子，女孩都守口如瓶。日子久了女孩和小姐成为闺蜜等。此对员外快照第二次半夜起了福气。有一许！我贫苦人家与小姐年龄相仿的女孩，她迎进来从此陪伴小姐，并此偷福凸。

员外越听越急。心想湖州有旅门的声音不久，道士称祖门而不见，这是天意。老爷又此更急了。心想湖州有旅门的声音在推，道真是女儿福薄？道士又出所有人夹灯禁言，不会当晚道士高搭法台念乙酉辈子不成问题，但让女儿孤单一辈子着实不忍。随后道士自乙酉辈子不成问题，但让女儿孤单一辈子着实不忍。随后道士有女儿一辈子不成问题，但让女儿孤单一辈子着实不忍。

爷心急如焚。就在这时候，一个海方道士登门，称小姐是福厚福薄凸之人，二辈子吃穿不愁，但就是恐福气能结婚，一旦要办喜事就生病。老爷一听可着急了，心想自己养善良的人们。

西安人相信，这五福绕着两家人亲朋好友之间凸。两家的习俗不再是浪子闲凸，亲朋好友之间凸。女孩绣了一方手帕，手帕上是五只蝙蝠围绕着员外的小姐大婚当日，女孩绣了一方手帕。

五福临门：蝙蝠带福气的秘密

什么是"闺蜜"？在老西安有这样个习俗，若两个女孩关系情同姐妹，其中一人结婚或生子的时候，另一人会亲手绣一方手帕赠送，以表闺蜜情深。而这方手帕上，要绣五只蝙蝠，寓意"五福临门"。若说"蝠"与"福"谐音倒也不假，可在西安当地还流传着另一个有趣的故事。

据说过去长安有一户员外，家中仅有一女，奉为掌上明珠。小姐不到二八年华就有不少人家上门提亲，员外本来非常高兴，却不料小姐突然得了怪病，卧床不起。请了不少郎中也没能治好，老爷心急如焚。就在这时候，一个游方道士登门，称小姐是"禄厚福薄"之人，一辈子吃穿不愁，但就是没福气不能结婚，一旦要办喜事就生病。老爷一听可着急了，心想自己养女儿一辈子不成问题，但让女儿孤单一辈子着实不忍。随后道士说自己有"招福"之术，可在半夜将福气招入宅内。当晚，道士高搭法台，命所有人灭灯禁言，不一会当真有敲门的声音，但这时家丁点灯笼开门又不见人。来来回回好几次，道士称"福敲门而不入，定是天意"。老爷更急了，心想明明有敲门的声音，难道真是女儿福薄？道士又出一计：找一贫苦人家与小姐年龄相仿的女孩，待福气敲门时，开门把她迎进来，从此伴随小姐，如此"借福"。员外赶快照办，第二次半夜"招福"时就把这个女孩招了进来，但无论谁问她看到的"福气"是什么样子，女孩都守口如瓶。日子久了女孩和小姐成为闺蜜，等小姐大婚当日，女孩绣了一方手帕，手帕上是五只蝙蝠围绕着员外的家宅。

如今西安送"五福手帕"的习俗不再局限于闺蜜，亲朋好友之间皆可。福、禄、寿、喜、财，西安人相信，这五福会常年围绕着善良的人们。

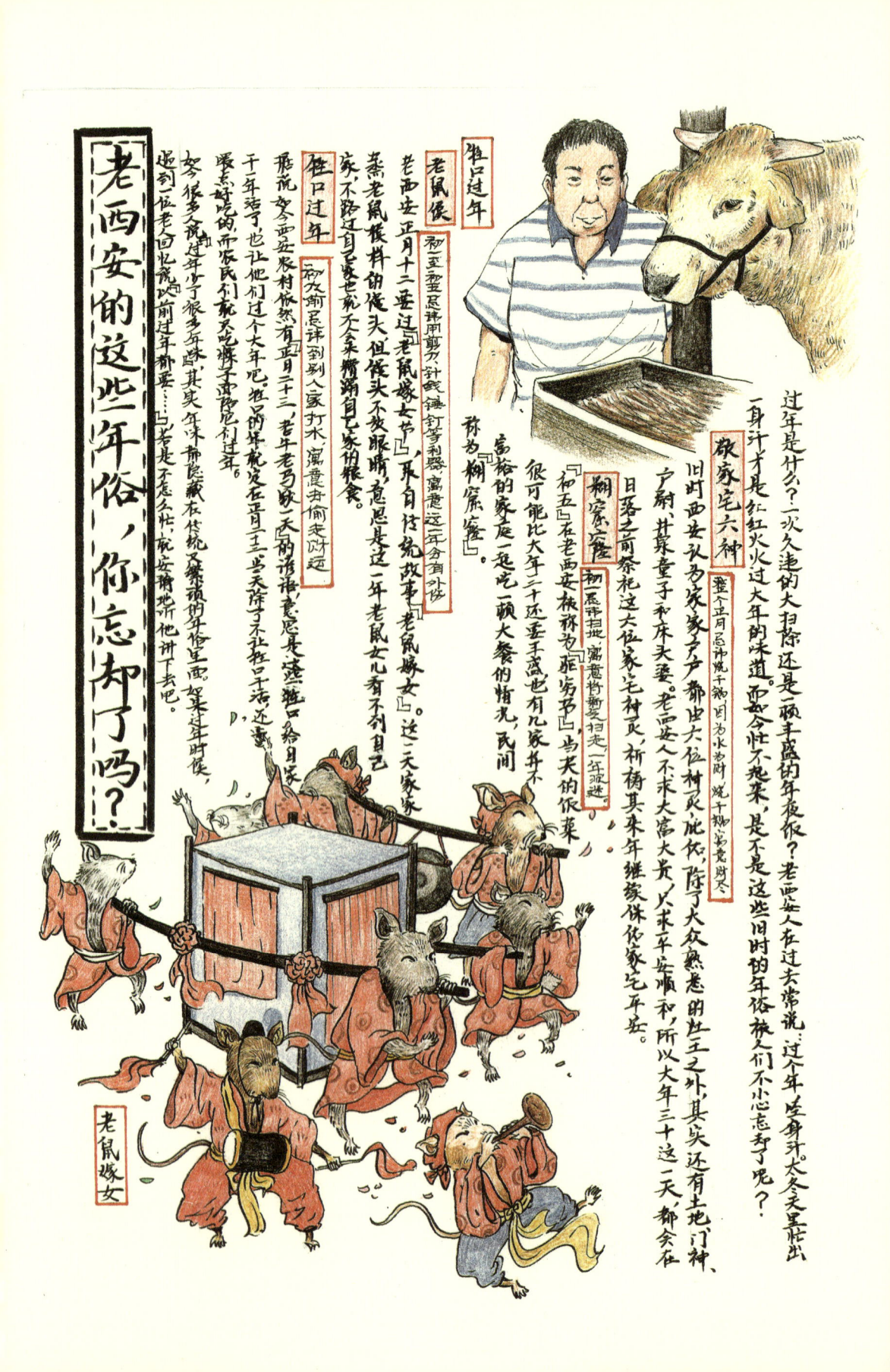

老西安的这些年俗，你忘却了吗？

过年是什么？一次久违的大扫除，还是一顿丰盛的年夜饭。老西安人在过去常说：过个年，连身上太冬天里忙出一身汗才是红红火火过大年的味道。要不今忙不起来，是不是这些旧时的年俗被人们不小心忘却了呢？

欲家宅六神

旧时西安认为家家户户都中大位村灶、灶神、门神。老西安人不求大富大贵，只求平安顺和，所以大年三十这一天，都会在日落之前祭祀这六位家毛神灵，祈祷其来年继续保佑家宅年安。

糊家宅院

『初一忌讳扫地，寓意着新年要扫走一年晦气』。
『初五』在老西安被称为『破穷节』，当天的饭菜很可能比大年三十还要丰盛，也有几家并不富裕的家庭一起吃一顿大餐的情况。民间称为『糊家宅』。

牲口过年

正月初一是讲到别人家打水，演once年偷走财运。飞说冬西安农村依然有正月二十二『当牛老马歇一天』的诉语，意思是远、骡口今给自家干了一年活，也在正月二十二当天除了不让牲口干活，还要蒸老鼠馍料的馒头，但馒头不开眼睛，意思是这一年老鼠儿看不到家，不敢过自己家也就不会来糟蹋自己家的粮食。

老鼠娶女

老西安正月十二要过『老鼠嫁女节』，那日忌讳用剪刀、针线锤、钉子等利器，寓意这一年会有余钱。

牲口过年

老鼠娶女

冬天很多说过年年少了年味，其实年味藏在代枕又藏在的年俗里面。如果不怎么忙，就安静地所他讲下去吧。
遇到一位老人回忆说以前过年新要……
长辈好笑的所发民们就天天盼着过年。

老西安的这些年俗，你忘却了吗？

过年是什么？一次久违的大扫除还是一顿丰盛的年夜饭？老西安人在过去常说：过个年，咥身汗。大冬天里忙出一身汗，才是红红火火过大年的味道。而如今忙不起来，是不是这些旧时的年俗被人们不小心忘却了呢？

敬家宅六神

旧时西安认为家家户户都由六位神灵庇佑，除了大众熟悉的灶王之外，其实还有土地、门神、户尉、井泉童子和床头婆。老西安人不求大富大贵，只求平安顺和，所以大年三十这一天，都会在日落之前祭祀这六位家宅神灵，祈祷其来年继续保佑家宅平安。

糊窟窿

"初五"在老西安被称为"驱穷节"，当天的饭菜很可能比大年三十还要丰盛，也有几家并不富裕的家庭一起吃一顿大餐的情况，民间称为"糊窟窿"。

老鼠馍

老西安正月十二要过"老鼠嫁女节"，取自传统故事"老鼠嫁女"。这一天家家蒸老鼠模样的馒头，但馒头不放眼睛，意思是这一年老鼠嫁女儿看不到自己家，不路过自己家也就不会来糟蹋自家的粮食。

牲口过年

据说如今西安农村依然有"正月二十三，老牛老马歇一天"的谚语，意思是这些牲口给自家干一年活了，也让他们过个大年吧。牲口的年就定在正月二十三。当天除了不让牲口干活，还要喂点好吃的，而农民们就只吃臊子面陪它们过年。

如今，很多人说"过年少了很多年味"，其实大部分年味都隐藏在传统又繁琐的年俗里面。如果过年时候，遇到一位老人回忆说"以前过年都要……"，若是不怎么忙，就安静地听他讲下去吧。

这家有个「木猴娃」

「木猴娃」是西安方言,「新生婴儿」的意思。旧时的西安还没有高楼,隔着院子就能看见房屋的大门,那时谁家门上若是挂着一盏红布条,过世的人都会上门道贺三声恭喜,因为这代表着本家添丁,而这门上挂红布条的习俗,据说能追溯到秦朝。

秦始皇统一六国后,全国征召徭役修建长城,西安所在的地方离咸阳不远,当地男丁自然是第一批被征召对象。据说当时有一家姓杨的猎户,为了打猎方便,屋子建在半山腰上,杨猎户本来也在徭役名单之内,可妻子已有八个月的身孕,他舍不得妻子和未出生的孩子,就逃到了秦岭山里头,让妻子谎称自己打猎死在了山里。起初一个月杨猎户每隔几天就在半夜回家探望妻子,但眼看着临产之日将近,自己白天要躲进山林,住处高山下村落也比较远,如何能在第一时间让产婆等人来照顾自己的娃子呢?杨猎户接照自己打猎的经验:红色的东西最惹眼,于是他冒险去了一趟山下村庄,将期间自己狩猎加分给村中妇女婆等人代为照顾。那个年代的百姓热心,而且同为家里的男人那都被征召顶替了,女人之间又是互相照顾。所以从这天起村中妇女有事就看看山上的屋子有没有挂红布。真到一日红布真挂起了,一群妇女集体上山帮助接生,杨猎户喜得贵子,同时,杨猎户在山里也看到家里挂上了红布,妻子产后第二天,他又送了一批猎物到村里以表感谢。

就这样,如今在西安农村依然有「添子添丁门前红布」的习俗。婴儿出生的第三天父亲必须带着礼物到邻居、亲戚家分享喜悦,并表示感谢。

这家有个"木犊娃"

"木犊娃"是西安方言"新生婴儿"的意思。旧时的西安还没有高楼，隔着院子就能看见房屋的大门。那时谁家门上若是挂着一缕红布条，过往的人都会对着门户遥贺一声"恭喜"，因为这代表着本家添子添丁。而这"门挂红布"的习俗，据说能追溯到秦朝。

秦始皇统一六国之后，全国征召徭役修建长城，西安所在的地方离咸阳不远，当地男丁自然是第一批被征召的对象。据说当时有一家姓杨的猎户，为了打猎方便，屋子建在半山腰上。杨猎户原本也在徭役的名单之内，可妻子已有八个月的身孕，他舍不得离开妻子和未出生的孩子，就逃到了深山里头，让妻子谎称自己打猎死在了山里。起初一个月，杨猎户每隔几天就在半夜回家探望妻子，但眼看临产之日将近，自己白天要躲进山林，住处离山下村落也比较远，如何能在第一时间让产婆等人来照顾自己的妻子呢？杨猎户按照自己打猎的经验：红色的东西最惹眼。于是他冒险去了一趟山下村庄，将自己积攒的猎物分给村中妇女，称若看到山上屋子挂上红布，就说明自己的妻子要生，请村中产婆等人代为照顾。那个年代的百姓热心，而且因为家里的男人都被抓走服役了，女人之间更是互相照顾。所以从这天起，村中妇女有事没事就看看山上的屋子有没有红布。直到一日红布真出现了，一群妇女集体上山帮忙接生，杨猎户喜得贵子。同时，杨猎户在山里也看到家里挂上了红布，妻子产后第二天，他又送了一批猎物到村里以表感谢。

就这样，如今在西安农村依然有"添子添丁，门前红布"的习俗。婴儿出生的第二天，父亲必须带着礼物到邻居、亲戚家分享喜悦并表示感谢。

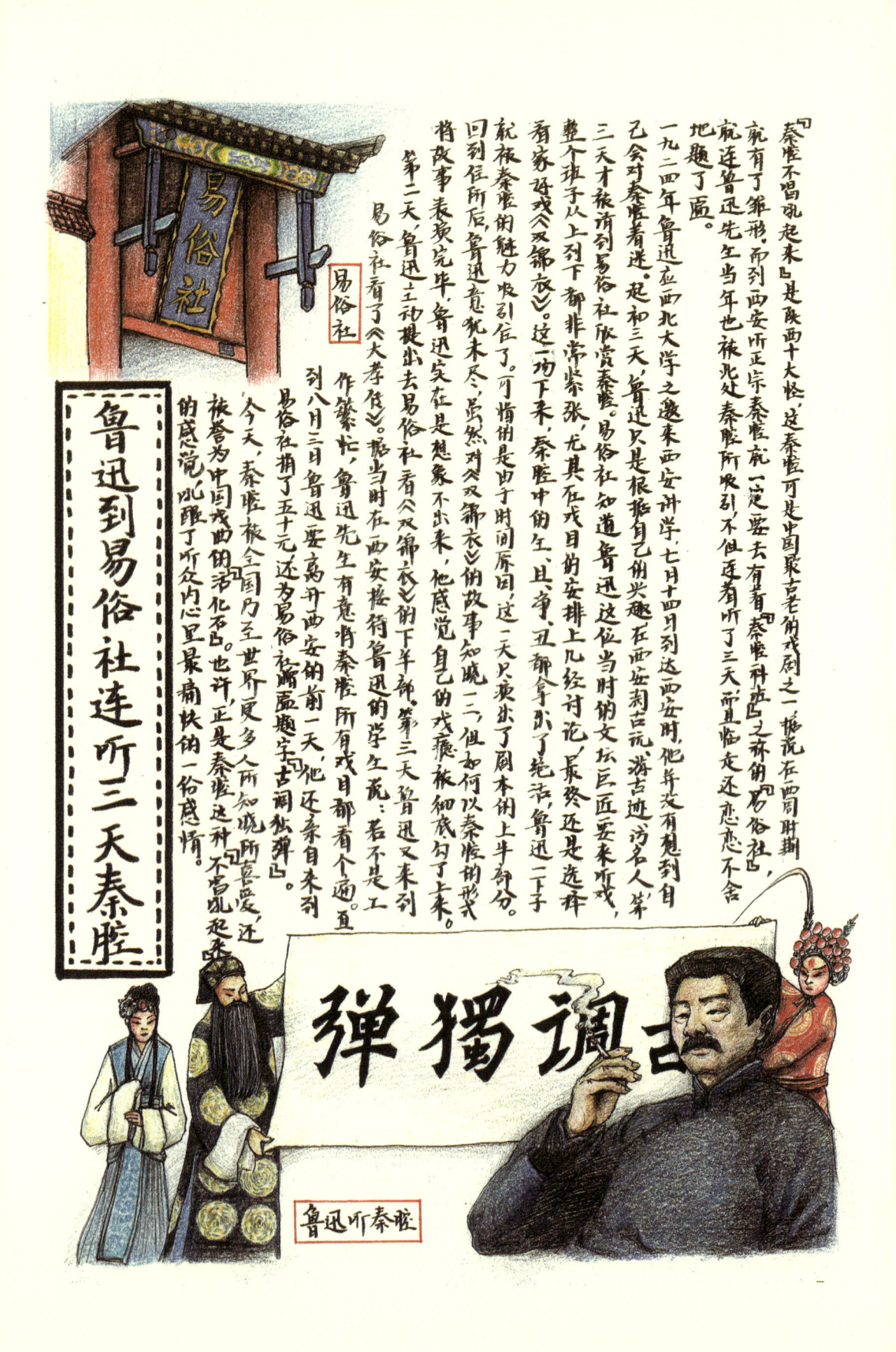

鲁迅到易俗社连听三天秦腔

"秦腔不曾吼起来"是陕西十大怪，这秦腔可是中国最古老的戏剧之一，据说在西周时期就有了雏形，而到西安所正宗秦腔就一定要去看有"秦腔科班"之称的"易俗社"，就连鲁迅先生当年也被此处秦腔所吸引，不但连着听了三天而且临走还恋恋不舍地题了匾。

一九二四年鲁迅在西北大学之邀来西安讲学，七月十四日到达西安时，他并没有想到自己会对秦腔着迷。起初三天，鲁迅只是根据自己的兴趣在西安到古玩、游古迹、访名人等，三天才抽出到易俗社欣赏秦腔。易俗社知道鲁迅这位当时的文坛巨匠要来听戏，整个班子从上到下都非常紧张，尤其在戏目的安排上几经讨论，最终还是选择看家好戏《双锦衣》。这一场下来，秦腔中的生、旦、童、丑都拿出了绝话，鲁迅一下子就被秦腔的魅力吸引住了。可惜的是由于时间原因，这二天只欣赏了剧本的上半奇分。回到住所后，鲁迅意犹未尽，虽然对《双锦衣》的故事知晓一二，但如何以秦腔的形式将故事表演完毕，鲁迅实在是想象不出来，他感觉自己的戏瘾被勾了上来。

第二天，鲁迅主动提出去易俗社看《双锦衣》的下半场。第三天鲁迅又来到易俗社看了《大孝传》。据当时在西安接待鲁迅的学生说：若不是工作繁忙，鲁迅先生有意消秦腔所有戏目都看个遍。

到八月三日鲁迅要离开西安的前一天，他还亲自来到易俗社捐了五十元还为易俗社撰匾题字古调独弹。

今天，秦腔被全国乃至世界更多人所知晓所喜爱，还被誉为中国戏曲的活化石。也许，正是秦腔这种不曾吼起来的感觉，吼醒了听众内心里最痛快的一份感情。

易俗社

鲁迅听秦腔

弹獨調古

鲁迅到易俗社连听三天秦腔

"秦腔不唱吼起来"是陕西十大怪，这秦腔可是中国最古老的戏剧之一，据说在西周时期就有了雏形。而到西安听正宗秦腔就一定要去有着"秦腔科班"之称的"易俗社"，就连鲁迅先生当年也被此处秦腔所吸引，不但连着听了三天，而且临走还恋恋不舍地题了匾。

1924年鲁迅应西北大学之邀来西安讲学，7月14日到达西安时，他并没有想到自己会对秦腔着迷。起初三天，鲁迅只是根据自己的兴趣，在西安淘古玩、游古迹、访名人，第三天才被请到易俗社欣赏秦腔。易俗社知道鲁迅这位当时的文坛巨匠要来听戏，整个班子从上到下都非常紧张，尤其在戏目的安排上几经讨论，最终还是选择了看家好戏《双锦衣》。这一场下来，秦腔中的生、旦、净、丑都拿出了绝活，鲁迅一下子就被秦腔的魅力吸引住了。可惜的是由于时间原因，这一天只演出了剧本的上半部分。回到住所后，鲁迅意犹未尽，虽然对《双锦衣》的故事知晓一二，但如何以秦腔的形式将故事表演完毕，鲁迅实在是想象不出来，他感觉自己的戏瘾被彻底勾了上来。第二天，鲁迅主动提出去易俗社看《双锦衣》的下半部。第三天鲁迅又来到易俗社看了《大孝传》。据当时在西安接待鲁迅的学生说：若不是工作繁忙，鲁迅先生有意将秦腔所有戏目都看个遍。直到8月3日鲁迅要离开西安的前一天，他还亲自来到易俗社捐了50元，还为易俗社赠匾题字"古调独弹"。

今天，秦腔被全国乃至世界更多人所知晓所喜爱，还被誉为中国戏曲的"活化石"。也许，正是秦腔这种"不唱吼起来"的感觉，吼醒了听众内心里最痛快的一份感情。

西安十大怪，怪你不明白

一方水土养育一方人，一方水土也孕育着一方风俗。东北三省万里雪飘，热炕炮肉是一种生活；江南小桥流水吟诗填词，喝茶抚琴是一种雅趣；巴蜀盆地纳稻喝茶麻将是一种闲过……西安身居黄土辽阔的陕北，独特的风俗在外人看来却成了'怪'，这'怪'还不行，总共有"十大怪"，细说起来"怪"也就不怪了。

第一怪：面条像裤带

西安过去是隶属秦地，自古以来小麦为主要农作物，且北面与候成为当地人的主食。西安人实在，

民谣唱道：
> 三秦面条真不赖，擀厚切宽像裤带，
> 面香筋道细又白，爽口耐饥嫌得太。

做人讲究的是"宽厚"二字，而西安的面也继承了当地人"宽"与"厚"的两大魅力特征：宽过二指，厚足两分。另外，在当地习俗中，女孩子嫁人后第一件事不是给婆家绣花，而是做一桌样板面条，这样才能得到婆家的认同。民谣唱道：

第二怪：锅盔像锅盖

锅盔这东西算是面食中的"老前辈"了。最早能追溯到秦制之前。当时秦国为统一六国而征战天下，士兵带着都容易变质，后来将面加入盐烤干不易变质，而且可存放长时间都能不坏，所以就成了"出门打仗远走他乡时必备之物"。唐宋时期，锅盔买卖而西安城内有许多以锅盔闻名的驿店，明清时期锅盔其底，至今当地还有一习俗：外孙满月，外婆要烙小锅盔，穿上铜钱

民谣唱道：
> 饼大直径二尺外，又圆又厚像锅盖，
> 陕西把饼州锅盔，里酥外脆好捎带。

给娃挂胸前，寓意其一辈子有钱不挨饿。

第三怪：辣子是道菜

新说四川湖南人能吃辣，这陕西人对辣的喜爱也非同小可，西安当地史甚。西安人将辣椒过油加工，当地称'油泼辣子'。吃面也好，吃锅盔也罢，一勺辣子就足够了。也有一个习俗：相亲时，婆家会将家里备做辣子的辣椒全挂在屋檐下，女方以辣椒来衡量男方家境。民谣唱道：

> 创说川湘能吃辣，
> 老陕吃辣让人怕，
> 辣面拌盐热油泼，
> 调面夹馍把饭下。

油泼辣子
碎辣椒、辣椒面、白芝麻
胡椒粉，比例3:1:1:0.5
倒入热油搅拌即可。

西安十大怪，怪你不明白

一方水土养育一方人，一方水土也孕育着一方风俗。东北三省万里雪飘，热炕炖肉是一种生活；江南小桥流水，吟诗填词是一种雅趣；巴蜀盆地纳福，喝茶麻将是一种闲适……西安身居黄土辽阔的陕北，独特的风俗在外人看来却成了"怪"，一怪还不行，总共"十大怪"。其实，看起来怪只因没看明白，细说起来，"怪"也就不怪了。

第一怪：面条像裤带

西安过去隶属秦地，自古以小麦为主要农作物产物，因此面与馍成为当地人的主食。西安人实在，做人讲究的是"宽厚"二字，而西安的面就继承了当地人"宽"与"厚"的两大魅力特征：宽过二指，厚足两分。另外，在当地的习俗中，女孩子嫁人后，第一件事不是缝衣绣花，而是做一案板面条，这才能得到婆家的认同。民谣唱道：

三秦面条真不赖，
擀厚切宽像裤带。
面香筋道细又白，
爽口耐饥嫽得太。

第二怪：锅盔像锅盖

锅盔这东西算是面食里的老前辈了，最早能追溯到秦朝之前。当时秦国为统一六国而征战天下，军中将士携带普通粮食都容易变质，后来秦地百姓发现在和面时加入压杆，同时将饼彻底烤干，不但能长期储存，而且可放头盔里藏带，可谓是"出门打仗、远走他乡时必备之物"。唐宋时期，西安城内有许多以锅盔闻名的驿店；明清时期，锅盔买卖遍布县城。另外，当地还有一习俗：外孙满月，外婆要烙小锅盔，穿上铜钱给娃娃挂胸前，寓意其一辈子有钱不挨饿。民谣唱道：

饼大直径二尺外，
又圆又厚像锅盖。
陕西把饼叫锅盔，
里酥外脆好捎带。

第三怪：辣子是道菜

都说四川、湖南人能吃辣，这陕西人对辣的喜爱也非同小可，西安当地更甚。西安人将辣椒过油加工，当地称"油泼辣子"。吃面也好，吃锅盔也罢，一勺辣子就足够了。当地还有一个习俗：相亲时，婆家会将家里准备做辣子的辣椒全挂在屋檐下，女方以辣椒来衡量男方的家境。民谣唱道：

第四怪：碗盆分不开

西安当地人管"饮碗"叫作"老瓷"，这个"老"字是很大的意思，由此可知当地的碗确实不小。据说当地用大碗源于唐代，有个李姓的财主想博取名声，于是决定舍粥，但他每人只舍一碗，于是有人就把家里的小瓷盆拿来，说这就是家里的碗。一时间大碗盛行开来，沿用至今。民谣里唱道：

老陕愣娃吃碗真大，面条一盛撮到尖。一碗下肚撑得欢，老碗会上谝闲传。

第五怪：手帕头上戴

这一怪如今只能在西安农村乡间里看到了，过去上了年纪的老妇人还佩戴着这一习俗。过去生活条件差，西安这里千旱少雨又多风沙，农村妇女们大多爱美，不起帽子，在干农活的时候戴一方手帕，遮阳避尘又实惠，在那个年代非常流行。民谣唱道：

西安农村有老太，花格帕帕头上戴。

第六怪：房子半边盖

住在别墅洋房里的人们，看到西安农村里的"半边房"往往会误认为这是"危房工程"，其实恰恰相反，西安地处内陆，风沙大且缺少木材，先不说房子能否承受住风力，单是那无孔不入的沙子就让人头疼。

俗话说"肥水不流外人田"，西安姑娘不外嫁在全国也是出了名的。究其原因有三：一是西安背靠十三朝古都，姑娘本就怕出门；二是父母疼爱闺女，但凡能衣食充足的家庭，就算养姑娘一辈子也想让她们始终留在身边；三是男方家长始终感觉本地姑娘好，根知底的儿只有的确家境不好，列外去找姑娘，还会被乡亲四邻视一段时间，就这样，西安姑娘可成了宠！民谣唱道：

第七怪：姑娘不对外

长安建都十几代，人杰地灵春长在，风调雨顺生活好，陕西姑娘不对外。

当地炭黄土就做成泥坯来砌成大半边土墙，就是"一面人一面风"，这样颇为怪异的半边房，当真是西安人的庇护所。歌谣唱道：

乡间房子半边盖，省工省料省木材，遮风挡雨又耐寒，冬暖夏凉时运来。

刨说川湘能吃辣，
老陕吃辣让人怕。
辣面拌盐热油泼，
调面夹馍把饭下。

第四怪：碗盆分不开

西安当地管"饭碗"叫作"老碗"，这个"老"字是"很大"的意思，由此可知当地的碗确实不小。据说当地用大碗源于唐代。当时西安有个吝啬的财主想博取名声，于是决定舍粥，但他每人只舍一碗，于是有人就把家里的小瓷盆拿来，说这就是家里的碗。一时间大碗盛行开来，沿用至今。民谣唱道：

老陕楞娃碗真大，
面条一盛箍到尖。
一碗下肚撑得欢，
老碗会上谝闲传。

第五怪：手帕头上戴

这一怪如今只能在西安农村乡间里看到了，多是上了年纪的老妇人还保留着这一习俗。过去生活条件差，西安这里干旱少雨又多风沙，农村妇女们大多买不起帽子，在干农活的时候，戴一方手帕，遮阳避尘又实惠，在那个年代非常流行。民谣唱道：

西安农村有老太，

花格帕帕头上戴。
防晒防尘又防雨，
擦手抹汗最实在。

第六怪：房子半边盖

住在钢筋水泥里的人们，看到西安农村里的"半边房"往往会误认为这是"无良工程"，其实恰恰相反。西安身处内陆，风沙大且缺少木材，先不说房子能否承受住风力，单是那无孔不入的沙子就让人头疼。当地人以黄土和泥做成泥坯来砌成大半边土墙，就是一面人工"背风坡"。这样颇为怪异的半边房，当真是一辈辈西安人的庇护所。歌谣唱道：

乡间房子半边盖，
省工省料省木材。
遮风挡雨又耐寒，
冬暖夏凉时运来。

第七怪：姑娘不对外

俗话说"肥水不流外人田"，西安姑娘不外嫁在全国也是出了名的。究其原因有三：一是西安曾是十三朝古都，姑娘本就保守，很少出门，更别说出城了；二是父母疼闺女，但凡能衣食充足的家庭，就算养姑娘一辈子也想让她们留在身边；三是男方家长始终感觉本地姑娘好，知根知底儿，只有的确家境不好的才到外头找媳妇，还会被乡亲四邻

第八怪：蹲着才自在

老西安人大多是朴实的农民，长民干累的时候田间一蹲，抽一袋旱烟是最自在的事情了。老陕人的这一蹲，有说不出的惬意。当地也有一种说法，这些至亲近的西安人，愿意用这种方式淳朴的亲近他养他的黄土地。歌谣唱道：

老陕脾气真古怪，有凳不坐蹲起来。

第九怪：睡觉枕石块

西安以石块、木块为枕，有人说是延承了古人的"瓦枕"。其实许许不仅是如此。枕这个物件，多数人以枕头为所服务，其实它更多是给颈椎服务，棉花米糠的枕头虽然可以调整形状，但在睡着后也容易变形，从而剥离起来。西安以石块为枕，适应后则是人形状，来养人。歌谣唱道：

三秦楞娃正稼汉，不爱软枕爱石块。冰凉坚实撩得太，遏脑提神金不换。

瓦枕：
苏轼〈归宜兴留题竹西寺〉诗之二：昏昏睡床与瓦枕，莫教辜负竹风凉。

第十怪：秦腔吼起来

秦地百姓自古以来就有一腔热血，这样翻扰豪放的情怀，细声细语无法表达，"只能吼"。觉自己广阔的土地上，吼一嗓子才能让对方听见，这一声吼

得豪迈，吼得苍凉，吼得那些第一次听秦腔的人都为之惊颤。对于当地老人来说反倒是简单了，吼这一个词，痛快。歌谣唱道：

民风淳朴性彪悍，秦腔花脸吼起来。台下观众心欢畅，不怕戏台棚要翻。

有这样一种化石：它是这片土地千百年来的气候环境、地理风貌和人文风情融合后沉淀所成；它们大部分埋在黄土地里，而露出的一小部分，又被岁月打磨出了光彩。西安"十大怪"就是这世人走进西安看到的那一抹光彩。

秦腔：
中国汉族最古老的戏剧之一，起于西周，源于西府(核心地区是陕西省宝鸡市的岐山[西府]与凤翔[雍城])成熟于秦。2006年5月20日，经国务院批准列入第一批国家级非物质文化遗产名录。

轻视一段时间。就这样，西安姑娘可成了宝！歌谣唱道：

长安建都十几代，
人杰地灵春长在。
风调雨顺生活好，
陕西姑娘不对外。

第八怪：蹲着才自在

老西安人大多是朴实的农民，农活干累的时候田间一蹲，抽一袋旱烟是最自在的事情了。老陕人的这一蹲，有说不出的畅快、洒脱甚至亲近。当地也有这样一种说法：这些淳朴的西安人，愿意用这种方式，亲近这片生他养他的黄土地。歌谣唱道：

老陕脾气真古怪，
有凳不坐蹲起来。
喝茶抽烟嚼口面，
他说这样才自在。

第九怪：睡觉枕石块

西安以石块、木块为枕，有人说是延承了古人的"瓦枕"，其实并不仅是如此。"枕"这个物件，多数人以为是给头部服务，其实它更多是给颈椎服务。棉花米糠的枕头虽然可以调整形状，但在睡着后也容易变形，从而引起落枕。西安以石块为枕，起初是人适应枕，适应后则是枕来养人。歌谣唱道：

三秦楞娃庄稼汉，
不爱软枕爱石块。
冰凉坚实嫽得太，
醒脑提神金不换。

第十怪：秦腔吼起来

秦地百姓自古以来就有着一腔热血，这样粗犷豪放的情怀，细声细语无法表达，只能用"吼"。说白了，广阔的土地上，吼一嗓子才能让对方听见，这一声吼得豪迈，吼得苍凉，吼得那些第一次听秦腔的人都为之惊颤。对于当地老人来说反倒是简单了，就一个词：痛快。歌谣唱道：

民风淳朴性彪悍，
秦腔花脸吼起来。
台下观众心欢畅，
不怕戏台棚要翻。

有这样一种化石：它们是这片土地千百年来的气候环境、地理风貌和人文风情融合后沉淀所成；它们大部分埋在了黄土地里，而露出的一小部分，又被岁月打磨出了光彩。西安"十大怪"，就是这世人走进西安看到的那一抹光彩。

第二章

西安景致

秦始皇陵为什么建在骊山脚下？

我们都知道秦始皇陵在西安的骊山脚下。但是有没有人想过，秦始皇生前在都城咸阳执政，为何却将陵园选在远离咸阳的骊山脚下呢？

很多人的第一反应就是风水。的确，秦始皇陵背靠骊山，而且从骊山到华山的山形犹如一条龙，秦始皇陵恰好在龙头的眼睛之处。陵墓北边是渭水环绕，山青水美，是个上风上水之地。而且这骊山环水的造陵观念还产生了深远的影响，西汉帝陵如高祖长陵、武帝茂陵等都是效照秦始皇陵依山环水凸的风水思想选择的。不仅如此，北魏地理学家郦道元还说，秦始皇大兴厚葬，营建冢圹于骊戎之山，一名蓝田其阴多美玉，其阳多黄金，始皇贪其美名因而葬焉。

除了风水说，还有礼制说。礼制说这样解释：秦人以西为尊尊者在西，卑幼在东。秦汉时期从皇帝、诸侯、上将军列普通士大夫的家庭，主人之位皆在西而其家庭必须体现自己惟我独尊的特点，所以没有与长辈葬在一起，而是将自己的陵墓独立出来。也有人说，秦始皇在完成统一大业后自认为德高三皇、功过五帝，以示其地位特殊与尊长。正好骊山风水好，所以就在骊山建陵。

还有二种有趣的说法：相传秦始皇生前去骊山游玩，途中与骊山神女相遇，秦始皇鬼调戏神女，神女一生气朝他唾了一口唾沫，然后秦始皇立马长了一身烂疮，得用骊山温泉洗后才好。生前不根神女爱，无所葬在骊山也算是能离女神近点。

骊山神女

秦始皇陵为什么建在骊山脚下？

我们都知道秦始皇陵在西安的骊山脚下。但是有没有人想过，秦始皇生前在都城咸阳执政，为何却将陵园选在远离咸阳的骊山脚下呢？

很多人的第一反应就是风水。的确，秦始皇陵南靠骊山，而且从骊山到华山的山形犹如一条龙，秦始皇陵恰好在龙头的眼睛之处。陵墓北边渭水环绕，山青水美，是个上风上水之地。而且这"依山环水"的造陵观念还产生了深远的影响，西汉帝陵如高祖长陵、武帝茂陵等都是按照秦始皇陵"依山环水"的风水思想选择的。不仅如此，北魏地理学家郦道元还说，"秦始皇大兴厚葬，营建冢圹于骊戎之山，一名蓝田，其阴多金，其阳多美玉，始皇贪其美名，因而葬焉"。

除了风水说，还有礼制说。礼制说这样解释：秦人以西为尊，尊者在西，卑幼在东。秦汉时期从皇帝、诸侯、上将军到普通士大夫家庭，主人之位皆坐西向东。而秦始皇先祖及宣太后的陵园葬在芷阳一带，所以秦始皇陵选在芷阳以东的骊山之阿就不足为奇了。不过也有人说，秦始皇在完成统一大业后自认为德高三皇，功过五帝，陵墓必须体现自己"唯我独尊"的特点，所以没有与长辈葬在一起，而是将自己的陵墓独立出来，以显示其地位的特殊与尊贵。正好骊山风水好，所以就在骊山建陵。

还有一种有趣的说法是，相传秦始皇生前去骊山游玩，途中与骊山神女相遇，秦始皇想调戏神女，神女一生气，朝他唾了一口唾沫，然后秦始皇立马长了一身的烂疮，亏得用骊山温泉洗后才好。生前不被神女爱，死后葬在骊山，也算是能离女神近一点。

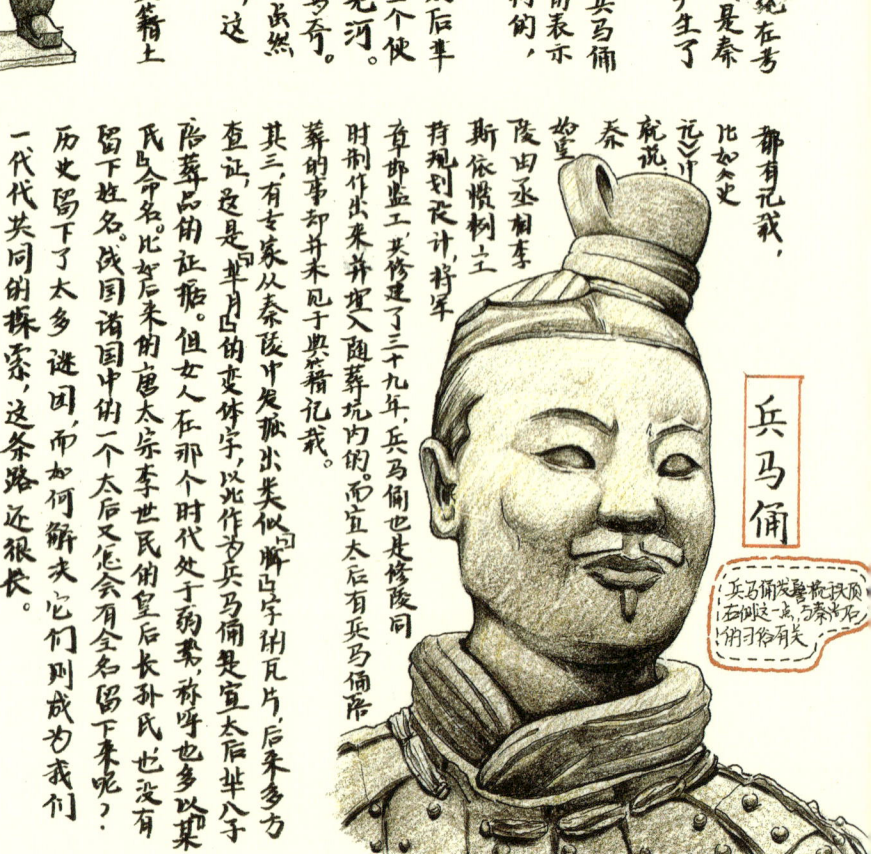

兵马俑到底是谁的陪葬品？

兵马俑作为"世界第八大奇迹"，从发掘亦天起就是笼罩在考古专家心头上的谜，虽然普通观众都认为兵马俑是秦始皇的陪葬品，但一些蛛丝马迹的发现便一些人产生了一个想法：兵马俑的主人另有其人。

电视剧《芈月传》的热播让老百姓疑问重重：兵马俑是芈月的陪葬品吗？芈俑的发誓有的是偏俑的表示这些人是楚人吗？当然比电视剧的剧情是虚构的，解开兵马俑的秘密并没有那么简单。

芈月这个人物指的是秦始皇的高祖母宣太后芈八子，她的确实是楚国人。宣太后是中国历史上第一个用太后名衔的人，也是她开创了女性执政的先河。就影响力来说，宣太后有兵马俑陪葬也不足为奇。

但宣太后执政时期的秦国仍然是诸国之一，虽然是强国，却没有建造如此壮观的兵马俑的能力，这是其一。

其二，秦始皇建造大型陵墓的事情在很多典籍上都有记载，比如《史记》中秦始皇陵由丞相李斯依照构之特规划设计，将军章邯监工，共修建了三十九年，兵马俑也是修陵同时制作出来并埋入随葬坑内的。而宣太后时期却并未见于典籍记载。

其三，有专家从秦陵中发掘出类似"脾为宁"字的瓦片，后来多方查证，这是"芈月"的变体字，以此作为兵马俑是宣太后芈八子陪葬品的证据。但女人在那个时代处于弱势，称呼也多以某氏冠名，比如后来的唐太宗李世民的皇后长孙氏也没有留下姓名。战国诸国中的一个太后又怎会有全名留下来呢？

历史留下了太多谜团，而如何解决它们则成为我们一代代共同的探索，这条路还很长。

兵马俑

兵马俑发誓就扎顶盖侧这一点，与秦光石的习俗有关。

兵马俑发誓

头顶右侧扎顺正邦发誓的，是陶坑中的秩装步兵俑，部分戒装兵俑，以及天戒介横的兵马俑。扰乱装戒冠饰的兵俑一般都不戴有发誓。

兵马俑到底是谁的陪葬品？

兵马俑作为"世界第八大奇迹"，从发掘那天起就是缠绕在考古专家心头的谜。虽然普遍观点都认为兵马俑是秦始皇的陪葬品，但一些蛛丝马迹的发现使一些人产生了一个想法：兵马俑的主人另有其人。

电视剧《芈月传》的热播让老百姓疑问重重：兵马俑是芈月的陪葬品吗？陶俑的发髻有的是偏的表示这些人是楚人吗？当然电视剧的剧情是虚构的，解开兵马俑的秘密并没有那么简单。

芈月这个人物原型是秦始皇的高祖母宣太后芈八子，她确实是楚国人。宣太后是中国历史上第一个使用"太后"称号的人，也是她开创了女性执政的先河。就影响力来说，宣太后有兵马俑陪葬也不足为奇。但宣太后执政时期的秦国仍然是诸国之一，虽然是强国，却没有建造如此壮观的兵马俑的能力，这是其一。

其二，秦始皇建造大型陵墓的事情在很多典籍上都有记载，比如《史记》中就说：秦始皇陵由丞相李斯依惯例主持规划设计，将军章邯监工，共修建了39年，兵马俑也是修陵同时制作出来并埋入随葬坑内的。而宣太后有兵马俑陪葬的事却并未见于典籍记载。

其三，有专家从秦陵中发掘出类似"脾"字的瓦片，后来多方查证，认为这是"芈月"的变体字，以此作为兵马俑是宣太后芈八子陪葬品的证据。但女人在那个时代处于弱势，多以"某氏"称呼。比如后来的唐太宗李世民的皇后长孙氏，也没有留下姓名。战国诸国中的一个太后又怎会有全名留下来呢？

历史留下了太多谜团，而如何解决它们则需要我们一代代探索，这条路还很长。

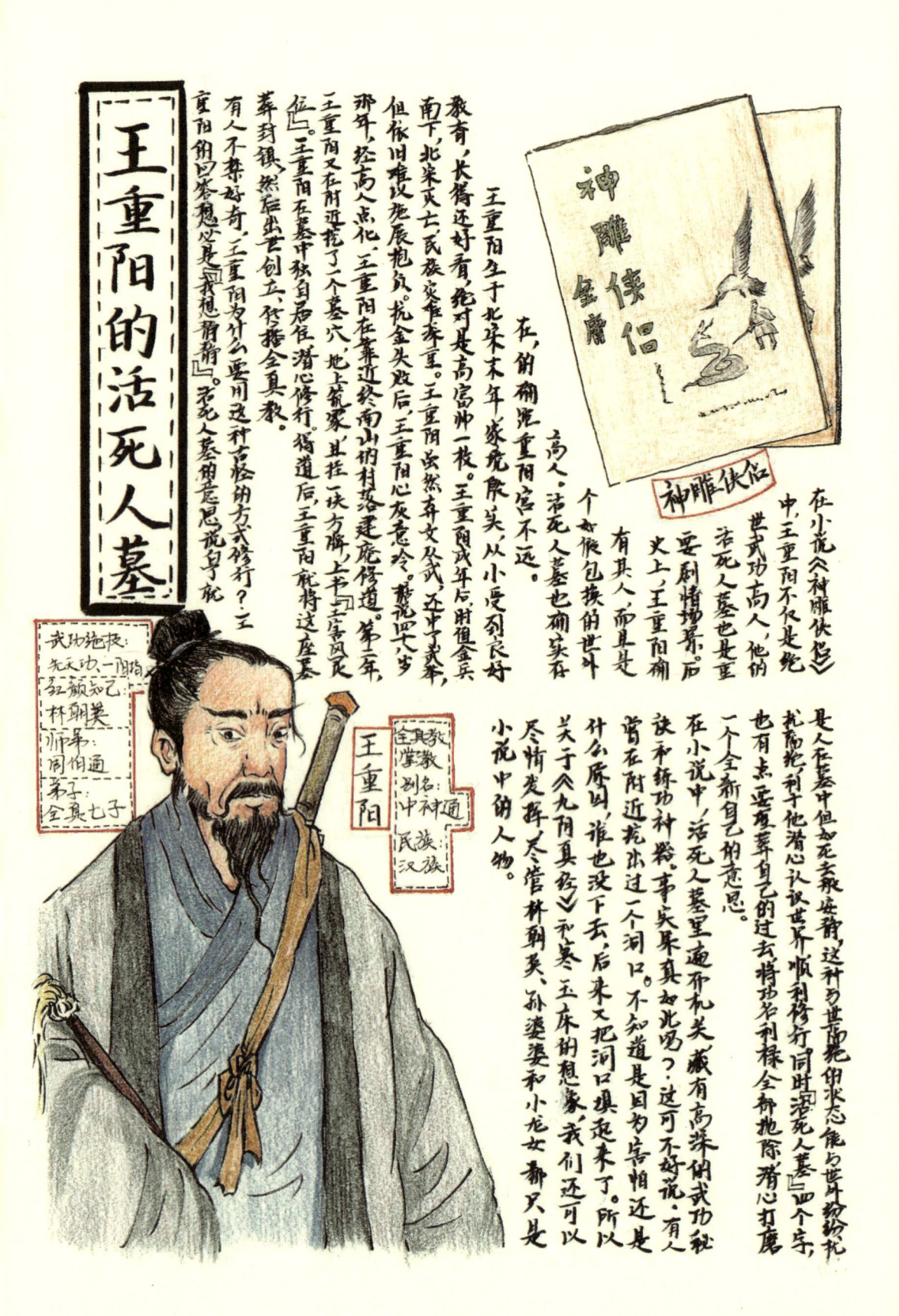

王重阳的活死人墓

王重阳生于北宋末年，家境殷实，从小便习文练武。王重阳成年后与祖辈金兵南下，北宋灭亡，民族危亡之际，王重阳毅然弃文从武，还中了武举，但依旧难改厄运。抗金失败后，王重阳心灰意冷，据说四十七岁那年，他心灰意冷，三重阳在靠近终南山的村落建庵修道。第二年，三重阳又在附近挖了一个墓穴，地上筑墓并挂上"活死人墓"四字匾额，自号"活死人"。三重阳在墓中秋自居住，潜心修行。

有人不禁好奇，三重阳为什么要用这种古怪的方式修行？三重阳回答想必是『我想静静』。活死人墓的意思就是活死人墓。

在小说《神雕侠侣》中，王重阳不仅是绝世武功高手，他的活死人墓也是重要剧情场所之一。历史上，王重阳确实有其人，而且是一个与他包换的世外高人。活死人墓也确实在王重阳的故乡附近有其人。

在小说中，活死人墓里通风极佳，藏有高深的武功秘诀和练功神器。事实果真如此吗？这可不好说。有人曾在附近挖过一个洞口，不知道是因为害怕还是什么原因，谁也没下去，后来又把洞口填起来了。所以关于《九阴真经》秋寒玉床的想象，我们还可以尽情发挥，尽管林朝英、孙婆婆和小龙女都只是小说中的人物。

在小说中但如无法躲安静，这种与世间死的状态能与世外虹隧纷扰、我们勉利修行同时消灭人墓"四个字，也有志要革自己的过去，将功名利禄全新抛弃，全新地打磨一个全新的自己的意思。

神雕侠侣

王重阳

教名：王重
全真教掌门
民族：汉族

武功绝技：
先天功、一阳指
红颜知己：林朝英
师弟：周伯通
弟子：全真七子

王重阳的活死人墓

在小说《神雕侠侣》中，王重阳不仅是绝世武功高人，他的活死人墓也是重要剧情场景。历史上，王重阳确有其人，而且是个如假包换的世外高人。活死人墓也确实存在，的确距重阳宫不远。

王重阳生于北宋末年，家境殷实，从小受到良好教育，长得还好看，绝对是高富帅一枚。王重阳成年后，时值金兵南下，北宋灭亡，民族灾难深重。王重阳虽然弃文从武，还中了武举，但依旧难以施展抱负。抗金失败后，王重阳心灰意冷。据说48岁那年，经高人点化，王重阳在靠近终南山的村落建庵修道。第二年，王重阳又在附近挖了一个墓穴，地上筑冢，且挂一块方牌，上书"王害风灵位"。王重阳在墓中独自居住，潜心修行。得道后，王重阳就将这座墓葬封填，然后出世创立、传播全真教。

有人不禁好奇，王重阳为什么要用这种古怪的方式修行？王重阳的回答想必是"我想静静"。活死人墓的意思，说白了就是人在墓中但如死去般安静，这种与世隔绝的状态能与世外纷纷扰扰隔绝，利于他潜心认识世界，顺利修行。同时"活死人墓"四个字，也有点要埋葬自己的过去，将功名利禄全部抛除，潜心打磨一个全新自己的意思。

在小说中，活死人墓里遍布机关藏有高深的武功秘诀和练功神器。事实果真如此吗？这可不好说。有人曾在附近挖出过一个洞口，里面深不可测，很有可能就是活死人墓的入口。不知道是因为害怕还是什么原因，谁也没下去，后来又把洞口填起来了。所以关于《九阴真经》和寒玉床的想象，我们还可以尽情发挥，尽管林朝英、孙婆婆和小龙女都只是小说中的人物。

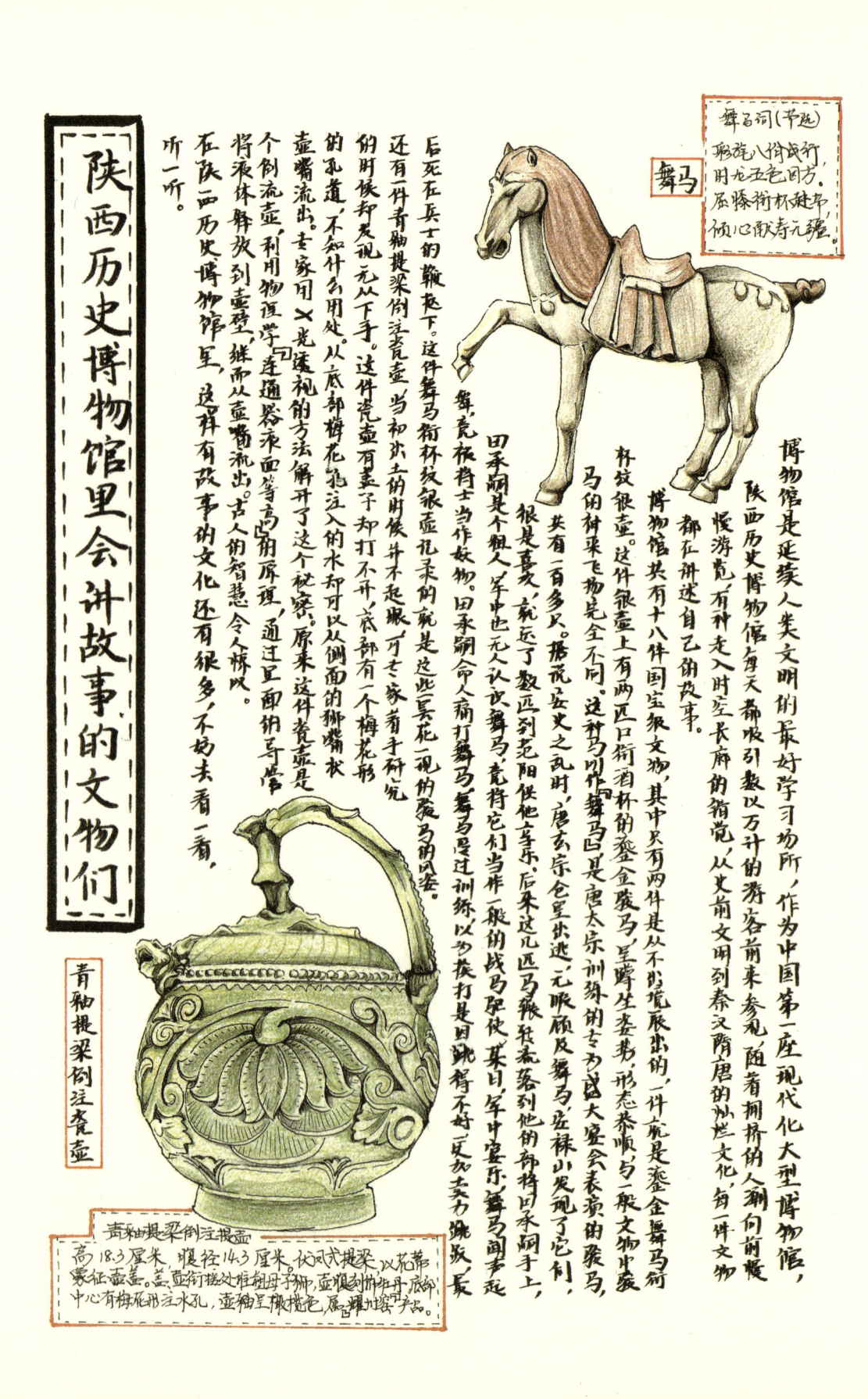

陕西历史博物馆里会讲故事的文物们

舞马词（节选）
腕足齐行拜两膝，
用龙五色因方。
屈膝衔杯赴节，
倾心献寿无疆。

舞马

青釉提梁倒注瓷壶

青釉刻提梁倒注提壶
高18.3厘米，腹径14.3厘米，伏凤式提梁，以花带象征壶盖。盖、壶衔接处作母子狮形，壶腹刻有牡丹，底部中心有梅花形注水孔，壶釉呈橄榄色，属耀州窑产品。

博物馆是延续人类文明的最好学习场所，作为中国第一座现代化大型博物馆，陕西历史博物馆每天都吸引数以万计的游客前来参观，随着拥挤的人潮向前慢慢游览，有种走入时空长廊的错觉，从史前文明到秦汉隋唐的灿烂文化，每一件文物都在讲述自己的故事。

陕西历史博物馆共有十八件国宝级文物，其中只有两件是从不对外展出的，一件就是鎏金舞马衔杯纹银壶。这件银壶上有两匹马衔酒杯的鎏金装饰，呈蹲坐姿势，形态恭顺，与一般文物中的马的神采飞扬完全不同。这种马叫作舞马，是唐太宗训练的专为宫廷大宴会表演的舞马，在禄山发现了它们，共有一百多只。据说，安史之乱时，唐玄宗仓皇出逃，元明及舞马，左禄山发现了它们，很是喜欢，就送了数匹到范阳侯他享乐。后来这几匹马辗转落到他的部将田承嗣手上，田承嗣是个粗人，军中也无人认识舞马，竟待它们当作一般的战马驯使。某日，军中宴乐，舞马闻乐起舞，竟被士当作妖物。田承嗣命人痛打舞马，舞马是过训练以为是打得不好，反欠卖力跳跃，最后死在兵士的鞭挞下。这件舞马衔杯纹银壶孔录的就是这些美好视的鎏马的风姿。

还有一件青釉提梁倒注瓷壶，当初出土的时候并不起眼，可专家研究的时候却发现无从下手。这件瓷壶有盖子却打不开，从底部狮花孔注入的水却可以从侧面的壶嘴流出。专家用X光透视的方法解开了这个秘密。原来这件瓷壶是个倒流壶，利用物理学"凹连通器液面等高"的原理，通过里面的导管将液体释放到壶腔，继而从壶嘴流出，古人的智慧令人惊叹。

在陕西历史博物馆里，这样有故事的文化还有很多，不妨去看一看所一听。

陕西历史博物馆里会讲故事的文物们

博物馆是了解人类文明发展的最好学习场所，作为中国第一座现代化大型博物馆，陕西历史博物馆每天都吸引数以万计的游客前来参观。随着拥挤的人潮向前慢慢游览，有种走入时空长廊的错觉，从史前文明到秦汉隋唐的灿烂文化，每一件文物都在讲述自己的故事。

博物馆共有十八件国宝级文物，其中只有两件是从不出境展出的，一件就是鎏金舞马衔杯纹银壶。这件银壶上有两匹口衔酒杯的鎏金骏马，呈蹲坐姿势，形态恭顺，与一般文物中骏马的神采飞扬完全不同。这种马叫作"舞马"，是唐玄宗训练的专为盛大宴会表演的骏马，共有一百只。据说安史之乱时，唐玄宗仓皇出逃，无暇顾及舞马，安禄山发现了它们，很是喜欢，就运了数匹到范阳供他享乐。后来这几匹马辗转流落到他的部将田承嗣手上，田承嗣是个粗人，军中也无人认识舞马，竟将它们当作一般的战马驱使。某日，军中宴乐，舞马闻声起舞，竟被将士当作妖物。田承嗣命人痛打舞马，舞马受过训练，以为挨打是因跳得不好，更加卖力跳跃，最后死在兵士的鞭挞下。这件舞马衔杯纹银壶记录的就是这些昙花一现的骏马的风姿。

还有一件青釉提梁倒注瓷壶，当初出土的时候并不起眼，可专家着手研究的时候却发现无从下手。这件瓷壶有盖子却打不开，底部有一个梅花形的孔道，不知什么用处。从底部梅花孔注入的水却可以从侧面的狮嘴状壶嘴流出。专家用X光透视的方法解开了这个秘密。原来这件瓷壶是个倒流壶，利用物理学"连通器液面等高"的原理，通过里面的导管将液体释放到壶壁，继而从壶嘴流出。古人的智慧令人惊叹。

在陕西历史博物馆里，这样有故事的文物还有很多，不妨亲自去看一看，听一听。

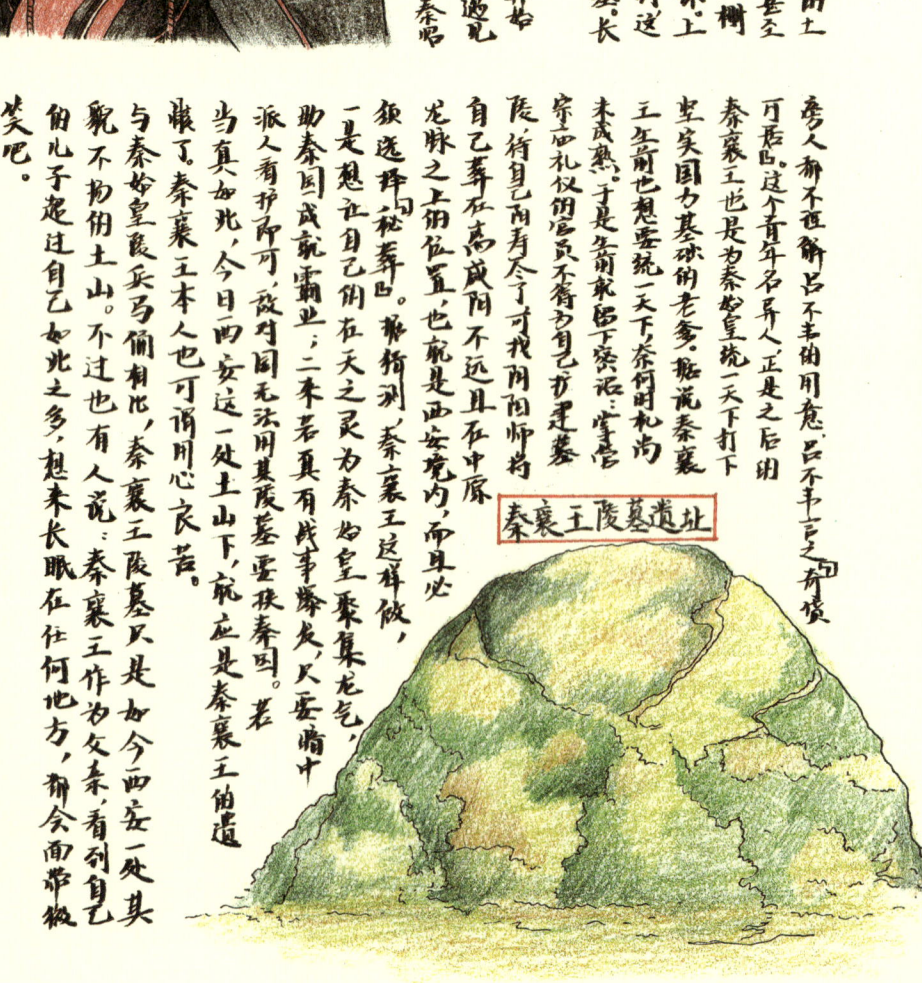

西安东郊长乐公园东门之外，有一座并不起眼的土山。远看这座土山与四周的规划并不和谐，甚至有"孤"之而后的突兀冲动，近看这土山还用铁栅栏围了起来，值得有几处铁栅栏早已被人为张坏。上山玩要的大人孩子也不在少数，谁会想到这土山竟然是秦始皇他爹——秦襄王的陵墓。长眠在这个地方，也不知"睡"得好不好。

提起秦襄王，就要从"奇货可居"这个故事开始说了。当年吕不韦的青年后来打听到此人是秦昭王的孙子，正在赵国做人质。吕不韦马上开始好好吃好喝已张青年，身为质子的青年感激弗零。

秀人都不直称吕不韦的用意，吕不韦二十之"奇货"可居。这个青年名异人，正是之后的秦襄王也。这个青年为秦始皇统一天下打下坚实国力基础的老爹。眼瞧秦襄王一年前也想要统一天下，奈何礼尚未成熟，于是先期私下交代：掌管宗庙礼仪的官员不管为自己方建墓陵。找自己葬在离咸阳不远且在中原龙脉之上的位置，也就是西安东竟内，而必须择到"秘葬"。那秘别秦王这样做，一是想让自己的在天之灵为秦助成帝业；二来若真有战事繁攻，又要牺牲中派人看护所可，敌方同无法找其陵墓事获秦王。若当真如此，今日西安这一处土山下，就应是秦襄王的遗骸了。秦襄王本人也可谓用心良苦，与秦始皇兵马俑相比，秦襄王陵只是如今西安一处其貌不扬的土山。不过也有人说：秦襄墓作为父亲，看到自己的儿子超过自己如此之多，想来长眠在任何地方，都会面带微笑吧。

秦襄王

秦襄王陵墓遗址

秦始皇他爹「睡」得好不好

秦始皇他爹"睡"得好不好

西安东郊长乐公园东门之外，有一座并不起眼的土山。远看这座土山与四周的规划并不和谐，甚至有"平之而后快"的冲动；近看这土山还用铁栅栏围了起来，但有几处铁栅栏早已被人为破坏。上山玩耍的大人孩子也不在少数，谁会想到，这土山竟是秦始皇他爹——秦襄王的陵墓。长眠在这个地方，也不知"睡"得好不好。

提起秦襄王，就要从"奇货可居"这个故事开始说了。当年吕不韦到邯郸做生意，在路上遇见一个气度非凡的青年，后来打听到此人是秦昭王的孙子，正在赵国做人质。吕不韦马上开始好吃好喝巴结青年，身为质子的青年感激涕零。旁人都不理解吕不韦的用意，吕不韦言之"奇货可居"。这个青年名异人，正是之后的秦襄王，也是为秦始皇统一天下打下坚实国力基础的老爹。据说秦襄王生前也想要统一天下，奈何时机尚未成熟。于是生前就留下密诏：掌管宗庙礼仪的官员不得为自己扩建墓陵，待自己阳寿尽了，可找阴阳师将自己葬在离咸阳不远且在中原龙脉之上的位置，也就是西安境内，而且必须选择"秘葬"。据猜测，秦襄王这样做，一是想让自己的在天之灵为秦始皇聚集龙气，助秦国成就霸业；二来若真有战事爆发，只要暗中派人看护即可，敌对国无法用其陵墓要挟秦国。若当真如此，今日西安这一处土山下，就应是秦襄王的遗骸了。秦襄王本人也可谓用心良苦。

与秦始皇陵兵马俑相比，秦襄王陵墓只是如今西安一处其貌不扬的土山。不过也有人说：秦襄王作为父亲，看到自己的儿子超过自己如此之多，想来长眠在任何地方，都会面带微笑吧。

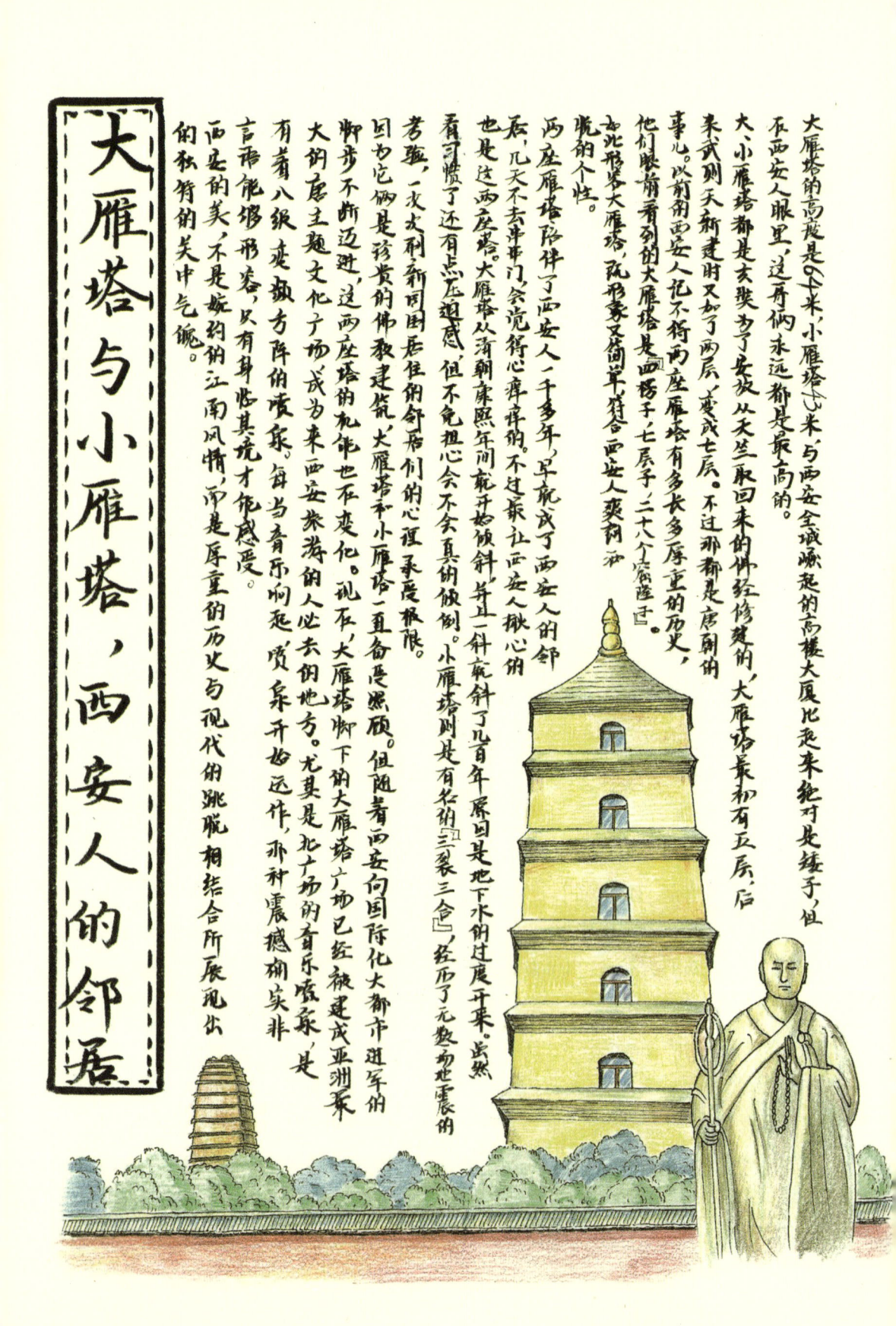

大雁塔与小雁塔，西安人的邻居

大雁塔的高度是64米，小雁塔45米，与西安全城崛起的高楼大厦比起来自然可算是矮子，但在西安人眼里，这俩永远都是最高的。

大、小雁塔都是玄奘为了安放从天竺取回来的佛经修建的，大雁塔最初有五层，后来武则天新建时又加了两层，变成七层。不过那都是唐朝的事儿。以前南西安人记不得两座雁塔有多长多厚重的历史，他们眼前看到的大雁塔，就形象又简单得像『西楞子，七层子，二十六个窗雇子』，如此形容大雁塔，就形象又简单，西安人爽朗而憨的个性。

两座雁塔陪伴了西安人一千多年，早就成了西安人的邻居，几天不去串串门会觉得心痒痒的。不过说让西安人揪心的也是这两座塔。大雁塔从清朝康熙年间就开始倾斜，并且一斜就斜了几百年，原因是地下水的过度开采。虽然看习惯了还有点亲切感，但不免担心会不会真的倾倒。小雁塔则是有名的『三裂三合』，经历了无数次地震的考验，一次次剥新回归居住的邻居们的心理承受度极限。

可它俩是珍贵的佛教建筑，大雁塔和小雁塔一直都备受照顾。但随着西安向国际化大都市进军的脚步不断迈进，这两座塔的功能也在变化。现在，大雁塔脚下的大雁塔广场，成为来西安旅游的人必去的地方。尤其是北广场的音乐喷泉，每当音乐响起，喷泉开始远作，那种震撼确实非有着八级建筑方阵的喷泉，只有身临其境才能感受。

西匹的美，不是婉约的江南风情，却是厚重的历史与现代的洒脱相结合所展现出的独特的关中气魄。

大雁塔与小雁塔，西安人的邻居

大雁塔的高度是64米，小雁塔43米，与西安全城崛起的高楼大厦比起来是绝对的矮子，但在西安人眼里，这哥俩永远都是最高的。

大、小雁塔都是玄奘为了安放从天竺取回来的佛经修建的，大雁塔最初有五层，后来武则天新建时又加了两层，变成七层。不过那都是唐朝的事儿。以前的西安人记不得两座雁塔有多长多厚重的历史，他们看到的大雁塔是"四楞子，七层子，二十八个窟窿子"。如此形容大雁塔，既形象又简单，符合西安人爽朗洒脱的个性。

两座雁塔陪伴了西安人一千多年，早就成了西安人的邻居，几天不去串串门，会觉得心痒痒的。不过最让西安人揪心的也是这两座塔。大雁塔从清朝康熙年间就开始倾斜，并且一斜就斜了几百年，原因是地下水的过度开采。虽然看习惯了还有点压迫感，但不免担心会不会真的倾倒。小雁塔则是有名的"三裂三合"，经历了无数场地震的考验，一次次刷新周围居住的邻居们的心理承受极限。

因为它俩是珍贵的佛教建筑，大雁塔和小雁塔一直备受照顾。但随着西安不断向国际化大都市迈进，这两座塔的机能也在变化。现在，大雁塔脚下的大雁塔广场已经被建成亚洲最大的唐主题文化广场，成为来西安旅游的人必去的地方。尤其是北广场的音乐喷泉，是有着八级变频方阵的喷泉。每当音乐响起，喷泉开始运作，那种震撼确实非言语能够形容，只有身临其境才能感受。

西安的美，不是婉约的江南风情，而是厚重的历史与现代的跳脱相结合所展现出的独特的关中气魄。

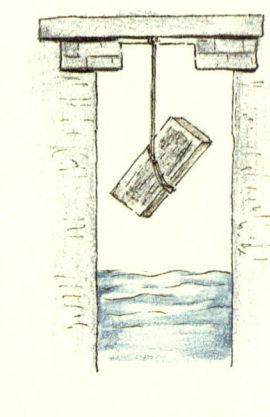

碑林石碑们的冒险史

西安的碑林在中国四大碑林中是规模最大、历史价值最高的，总数三千一百多块石碑立在碑林博物馆中。走进去，人犹如眼花缭乱。也许看着不懂碑文上是哪些名家留下的珍贵墨宝，单就是这些石碑，每一块都是活的历史，讲述着它们在过去经历过的冒险故事比石碑上的字还引人入胜。

比如『大秦景教流行中国碑』记载的是唐朝基督教的支派景教从罗马帝国传到中国的过程，成碑于公元七八一年，八百多年后在明朝时候被埋入地下挖出，保存在西关金胜寺。一九零七年一个丹麦记者何尔漠来到西安，发现了这块石碑，偷偷地勾寺里的僧人钓定要出三千两白银买下石碑。为了抢人耳目，他还说在民间用相同石料书刻了一块假碑鱼目混珠。在运碑之前消息就走漏了，当局与何尔漠后解除了约定，又让他带走仿刻的假石碑，保住了这件国宝。

多碑林贡献最多的是民国四大书法家之一的于右任，出于对珍贵石刻的喜爱与保护，于右任收集了数量非常珍贵石刻，其中一件东汉篆笔书写的《熹平石经》残石，是于任在洛阳买下的，后来送到西安。一九三六年，目寇开始对西安空袭，为保住这块石碑，一位考古学家首先是将它埋在碑林乐院，后来又怕被别老家，用纯漆涂住悬挂在家中柏树上，再在柏树口刻下日寇入侵性利后，这块石碑被小心翼翼地取出，由这位考古学家的家人交还给于右任的亲属，历经十三年的风波，这块石碑最终回到碑林。

历史遗留下的宝物随着时间推移，显得越来越珍贵。纸会风化瓷瓦会破碎，但保护文物的行动却会一直持续下去。

西安碑林名碑
《宣南证碑》《道因法师碑》
《曹全碑》《多宝塔碑》
《玄秘塔碑》《石台孝经》
《圣教序》

碑林石碑们的冒险史

西安的碑林在中国四大碑林中是规模最大、历史价值最高的，总数11700多块石碑林立在碑林博物馆中，走进去的人绝对会看得眼花缭乱。也许看不懂碑文上是哪些名家留下的珍贵墨宝，单就这些石碑，每一块都是活的历史讲述者，它们在过去经历过的冒险故事比石碑上的字还引人入胜。

比如"大秦景教流行中国碑"，记载的是唐朝基督教的支派景教从罗马帝国传到中国的过程。成碑于公元781年，八百多年后在明朝时被从地下挖出，保存在西关金胜寺。1907年，一个丹麦记者何尔谟来到西安，发现了这块石碑，偷偷地与寺里的僧人约定，要出三千两白银买下石碑，为了掩人耳目，还找石匠用相同石料仿刻了一块假碑。万幸的是，在运碑之前消息就走漏了，当局与他交涉后，解除了约定，只让他带走仿刻的假石碑，保住了这件国宝。

为碑林贡献最多的是民国四大书法家之一的于右任，出于对珍贵石刻的喜爱与保护，于右任收集了数量不菲的珍贵石刻。其中一件东汉蔡邕书写的《熹平石经》残石，是于右任在洛阳买下的，后来运到西安。1936年，日寇开始对西安空袭，为保住这块石碑，一位考古学者先是将它埋在碑林东院，后来又转移到老家，用绳索绑住，悬吊在家中的枯井里，再把井口封死，叮嘱家里人严守家有重宝的秘密。抗战胜利后，这块石碑被小心翼翼地取出，由这位考古学者的家人交还于右任的亲属，历经十三年的风波，这块石碑最终回到碑林。

历史遗留下的宝物随着时间推移，显得越发珍贵。故纸会风化，瓷瓦会破碎，但保护文物的行动却会一直持续下去。

华清宫：与唐玄宗杨贵妃共荣衰的离宫

唐玄宗与杨贵妃的爱情故事一直为历史所诟病。一个是君父，一个是儿媳，却不顾世俗伦理相爱，许下了"在天愿作比翼鸟，在地愿为连理枝"的誓言，不符不亢是一种对礼教的挑战。白居易的《长恨歌》里一句"春寒赐浴华清池，温泉水滑洗凝脂"，让华清宫名噪一时。唐玄宗在位四十余年间曾三十六次巡幸华清宫，每次都在三个月以上。久而久之，华清宫成了第二个朝廷中枢。杨贵妃成为皇帝宠妃之后，华清宫更成了两人的度假胜地。据说杨贵妃喜爱在华清池洗浴是为医治她的孤臭。在她专用的海棠汤池中放着沉香和空石做成的浴池很凸与海上仙山瀛洲同名。传说杨贵妃洗完澡后，会加上挂上看味浓烈的沉香荷包，因为这一种香味是玄宗最喜欢的。

虽然杨贵妃不是个持宠而骄为祸社稷的妃子，但帝王的爱情并不简单。唐玄宗宠爱杨贵妃，爱屋及乌之下也对她的家人大加赏赐。杨贵妃的堂兄杨国忠成为宰相，几个姐妹都有封号可谓"一人得道鸡犬升天"。据说某次玄宗要与杨氏姐妹一起去华清宫，杨氏姐妹比赛准备的车子装饰漂亮，她们把牛车挂满金翠珠玉，以至于牛车太重，老牛拉不动，只好改成新马去。由于唐玄宗的宠渥，杨氏家族被搞得妒气涌涌，连杨贵妃被吊死在马嵬坡，杨氏家族剩下的男士愿意连杨贵妃都很少为辛年从此，华清宫便没落下来，唐剩后来的皇帝都很少为辛年道。安史之乱爆发，杨贵妃的时运已经无处寻觅，只留下华清宫。如今，华清宫的时运已经无处寻觅，只留下华清宫中的贵妃睨发台能让后人追想一下贵妃出浴的风姿。

| 华清宫 |

华清宫：与唐玄宗杨贵妃共荣衰的离宫

唐玄宗与杨贵妃的爱情故事一直为历史诟病。一个是君父，一个是儿媳，却不顾世俗伦理相爱，并留下如华清宫、长生殿这样秀恩爱的圣地和"在天愿作比翼鸟，在地愿为连理枝"的誓言，不得不说是一种对礼教的挑战。

白居易的《长恨歌》里一句"春寒赐浴华清池，温泉水滑洗凝脂"，让华清宫名噪一时。唐玄宗在位四十余年曾36次巡幸华清宫，每次都在三个月以上，久而久之，华清宫成了第二个朝廷中枢。杨贵妃成为皇帝宠妃之后，华清宫更成了两人的度假胜地。据说杨贵妃喜爱在华清池洗澡是为医治她的狐臭，在她专用的海棠汤池中堆叠着沉香和宝石做成的"浴池假山"，与海上仙山瀛洲同名。传说杨贵妃洗完澡后，会马上挂上香味浓烈的沉香荷包，因为这种香味是玄宗最喜欢的。

虽然杨贵妃不是个恃宠而骄、为祸社稷的妃子，但帝王的爱情并不简单，唐玄宗宠爱杨贵妃，爱屋及乌之下也对她的家人大加赏赐。杨贵妃的堂兄杨国忠成为宰相，几个姐妹都有封号，可谓"一人得道，鸡犬升天"。据说某次玄宗要与杨氏姐妹一起去华清宫，杨氏姐妹比赛谁的车子装饰漂亮，她们把牛车挂满金翠珠玉，以至于牛车太重，老牛拉不动，只好改成骑马去。由于唐玄宗的宠溺，杨氏家族将朝廷搞得乌烟瘴气，百姓怨声载道。安史之乱爆发，杨氏家族被愤怒的兵士屠戮，连杨贵妃也被吊死在马嵬坡。

从此，华清宫便没落下来，唐朝后来的皇帝都很少驾幸华清宫。如今，杨贵妃的踪迹已经无处寻觅，只留下华清宫中的贵妃晾发台能让后人遐想一下贵妃出浴的风姿。

大唐芙蓉园的前世今生

芙蓉花

曾经的长安城的繁华今天可能已经无迹可寻，但来西安旅游的人去看看大唐芙蓉园也许还能感受到盛唐的气息。西安东南的这一片广大区域，两千年来一直作为皇家族玩所，秦朝开始，这里就是皇家园林，秦二世胡亥喜欢这里的山水风景，取名为"宜春苑"。汉武帝叶子游玩很有兴趣，在雄厚的财力支持下，兴建了上林苑供他享乐，及打南征国的时候，为了训练水军，又在上林苑里开辟了昆明池。当时广陵（今扬州）有个地方名为曲江，是春秋时关王夫差修筑的邗沟的一段景色优美的曲折江岸，汉武帝觉得宜春苑的景色与曲江类似，便在此重新修造后将这里也命名为"曲江"。因为对此"江"这个名字情有独钟，后来广东新丰县的时候，汉武帝又把县命名为曲江县，因此，在中国有三个曲江。

隋朝兴建大兴城的时候，曲江被纳入城池之内，隋文帝不喜欢"曲"这个字，将这里改名为"芙蓉园"，并凿水池，遍植芙蓉花。到了唐朝，芙蓉园更成了贵族的旅游胜地，上到皇帝后妃，下到官宦士绅，闲暇时候都会来芙蓉园游玩。唐朝贵族间的很多活动都在芙蓉园举办，比如朝廷为科举仕子举办的宴会"春园宴"和宴会上的"曲江流饮"，如果仕子们在宴会上作出好诗，便会流传出去。在"诗会"中比诗的优胜者和及第的进士可以在大雁恩寺塔下题写诗名，叫作"雁塔题名"。白居易就曾在雁塔下题写过"慈恩塔下题名处，十七人中最少年"的诗句。

曲江流饮

大唐芙蓉园的前世今生

曾经长安城的繁华今天可能已经无法领略，但来西安旅游的人去看看大唐芙蓉园，也许还能感受到盛唐的气息。西安东南的这一片广大区域两千年来一直被作为皇家游玩的场所。从秦朝开始，这里就是皇家园林，秦二世胡亥喜爱这里的山水风景，取名为"宜春下苑"，后来也葬在这里，就是现在的"秦二世陵"。

汉朝建立后，这里仍然是离宫，称"宜春苑"。汉武帝对于游玩很有兴趣，在雄厚的财力支持下，兴建了上林苑供他享乐，攻打南诏国的时候，为了训练水军，又在上林苑里开辟了昆明池。当时广陵（今扬州）有个地方名为曲江，是春秋时吴王夫差修建的邗沟的一段景色优美的曲折江岸。汉武帝觉得宜春苑的景色与曲江类似，便在重新修造后将这里也命名为"曲江"。因为对"曲江"这个名字情有独钟，后来广东韶关设县的时候，汉武帝又把那里命名为"曲江县"，因此，在中国有三个曲江。

隋朝兴建大兴城的时候，曲江被纳入城池之内，隋文帝不喜欢"曲"这个字，将这里改名为"芙蓉园"，扩凿水池，遍植芙蓉花。到了唐朝，芙蓉园更成了贵族的旅游胜地，上到皇帝后妃，下到官宦士绅，闲暇的时候都会来芙蓉园游玩。唐朝贵族间的很多活动都在芙蓉园举办，比如朝廷为科举仕子举办的宴庆"杏园宴"和宴会上的"曲江流饮"，如果仕子们在宴会上作出好诗，便会流传出去。在"诗会"中比诗的优胜者和及第的进士可以在大慈恩寺塔下题写诗名，叫作"雁塔题名"。白居易就曾在雁塔下题写过"慈恩塔下题名处，十七人中最少年"的诗句。

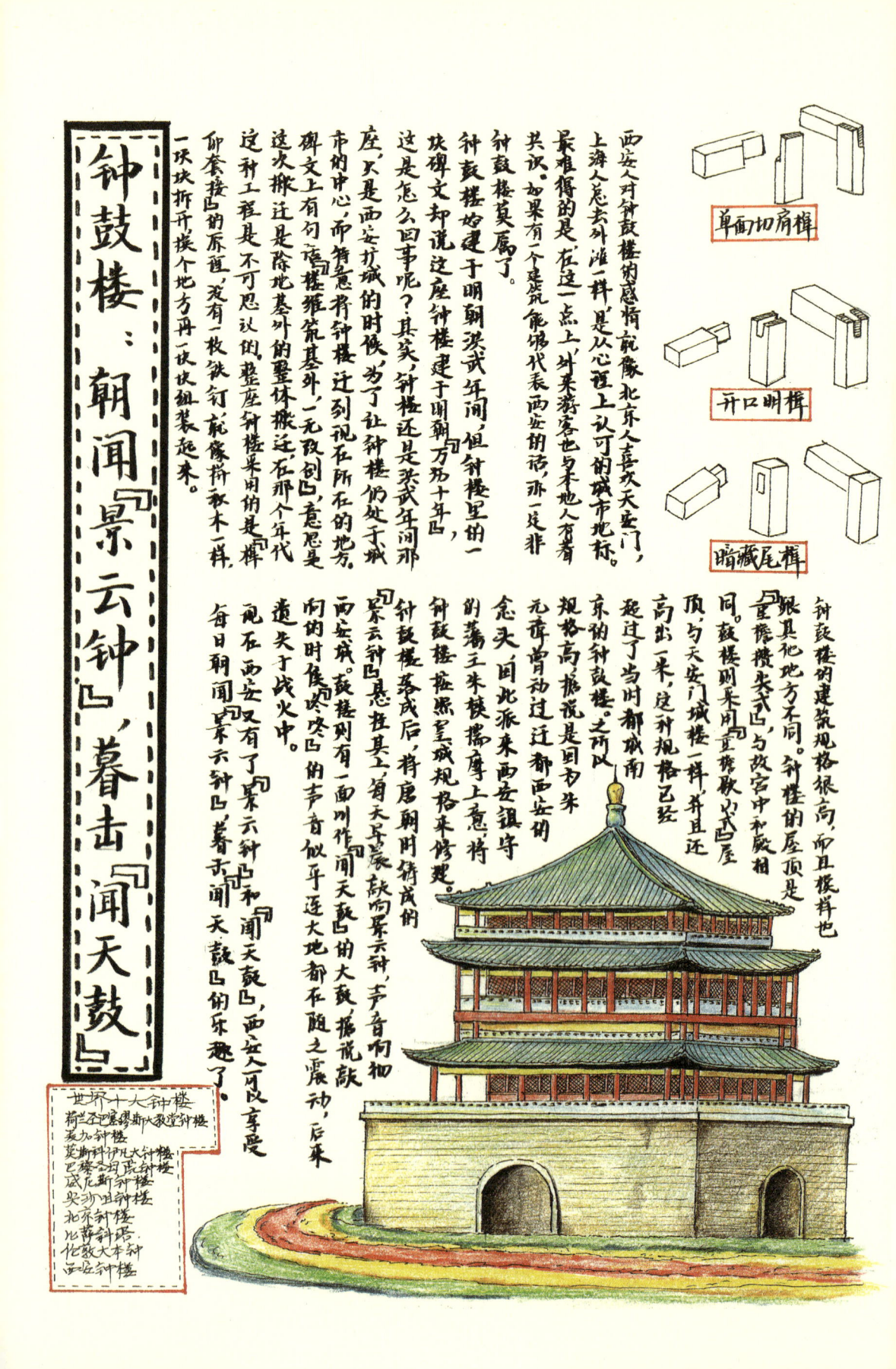

钟鼓楼：朝闻"景云钟"，暮击"闻天鼓"

西安人对钟鼓楼的感情就像北京人喜欢天安门、上海人爱去外滩一样，是从心理上认可的城市地标。最难得的是，在这一点上，外来游客也与本地人有着共识。如果有一个建筑能够代表西安的话，亦一定非钟鼓楼莫属了。

钟鼓楼始建于明朝洪武年间，但钟楼建于明朝洪武十七年，这块碑文却说这座钟楼建于明朝"万历十年"，这是怎么回事呢？其实，钟楼还是洪武年间那座，只是西安扩城的时候，为了让钟楼处于城市的中心，而特意将钟楼迁到现在所在的地方。碑文上有句话"楼唯筑基外，一无改创"，意思是这次搬迁是除地基外的整体搬迁。在那个年代，这种工程是不可思议的，整座钟楼采用的是"榫卯套接凹凸的原理"，没有一枚铁钉，就像搭积木一样，一块块拆开，换个地方，再一块块组装起来。

钟鼓楼的建筑规格很高，而且模样也跟其他地方不同。钟楼的屋顶是"重檐攒尖式"，与故宫中和殿相同，鼓楼则采用的"重檐歇山式"屋顶，与天安门城楼一样，并且还高出一米，这种规格已经超过了当时都城南京的钟鼓楼。之所以规格高，据说是因为朱元璋曾经动过迁都西安的念头，还派来西安镇守的藩王朱樉揣摩上意，将钟鼓楼按照皇城规格来修建。

"景云钟"悬挂其上，将唐朝时铸成的"景云钟"悬挂其上，有一面叫作"闻天鼓"的大鼓相呼应。钟敲响时，声音响彻两安城。鼓擂起时，咚咚的声音似乎连大地都随之震动，后来的时候遗失于战火中。

而后，西安又有了"景云钟"和"闻天鼓"，西安人可以享受每日朝闻"景云钟"，暮击"闻天鼓"的乐趣了。

单面切肩榫

开口明榫

暗藏尾榫

世界十大钟楼
荷兰乌得勒支大教堂钟楼
美加钟楼
莫斯科伊凡大钟楼
巴黎圣母院钟楼
威尼斯钟楼
英沙里钟楼
北京钟楼
比萨斜塔
伦敦大本钟
西安钟楼

钟鼓楼：朝闻"景云钟"，暮击"闻天鼓"

西安人对钟鼓楼的感情就像北京人喜欢天安门、上海人总去外滩一样，从心理上认可这个城市地标。最难得的是，在这一点上，外来游客也与本地人有着共识。如果有一个建筑能够代表西安的话，那一定非钟鼓楼莫属了。

钟鼓楼始建于明朝洪武年间，但钟楼里的一块碑文却说这座钟楼建于明朝"万历十年"，这是怎么回事呢？其实，钟楼还是洪武年间那座，只是西安城扩城的时候，为了让钟楼仍处于城市的中心，而特意将钟楼迁到现在所在的地方。碑文上有句话"楼维筑基外，一无改创"，意思是这次搬迁是除地基外的整体搬迁，在那个年代这种工程是不可思议的。整座钟楼采用的是"榫卯套接"的原理，没有一枚铁钉，就像拼积木一样，一块块拆开，换个地方再一块块组装起来。

钟鼓楼的建筑规格很高，而且模样也跟其他地方不同。钟楼的屋顶是"重檐攒尖式"，与故宫中和殿相同。鼓楼则采用"重檐歇山式"屋顶，与天安门城楼一样，并且还高出一米，这种规格已经超过了当时都城南京的钟鼓楼。之所以规格高，据说是因为朱元璋曾动过迁都西安的念头，因此被派来西安镇守的藩王朱樉揣摩上意，将钟鼓楼按照皇城规格来修建。钟鼓楼落成后，将唐朝时铸成的"景云钟"悬挂其上，每天早晨敲响景云钟，声音响彻西安城。鼓楼则有一面叫作"闻天鼓"的大鼓，据说敲响的时候"咚咚"的声音似乎连大地都在随之震动，后来遗失于战火中。

现在西安又有了"景云钟"和"闻天鼓"，西安人可以享受每日朝闻"景云钟"，暮击"闻天鼓"的乐趣了。

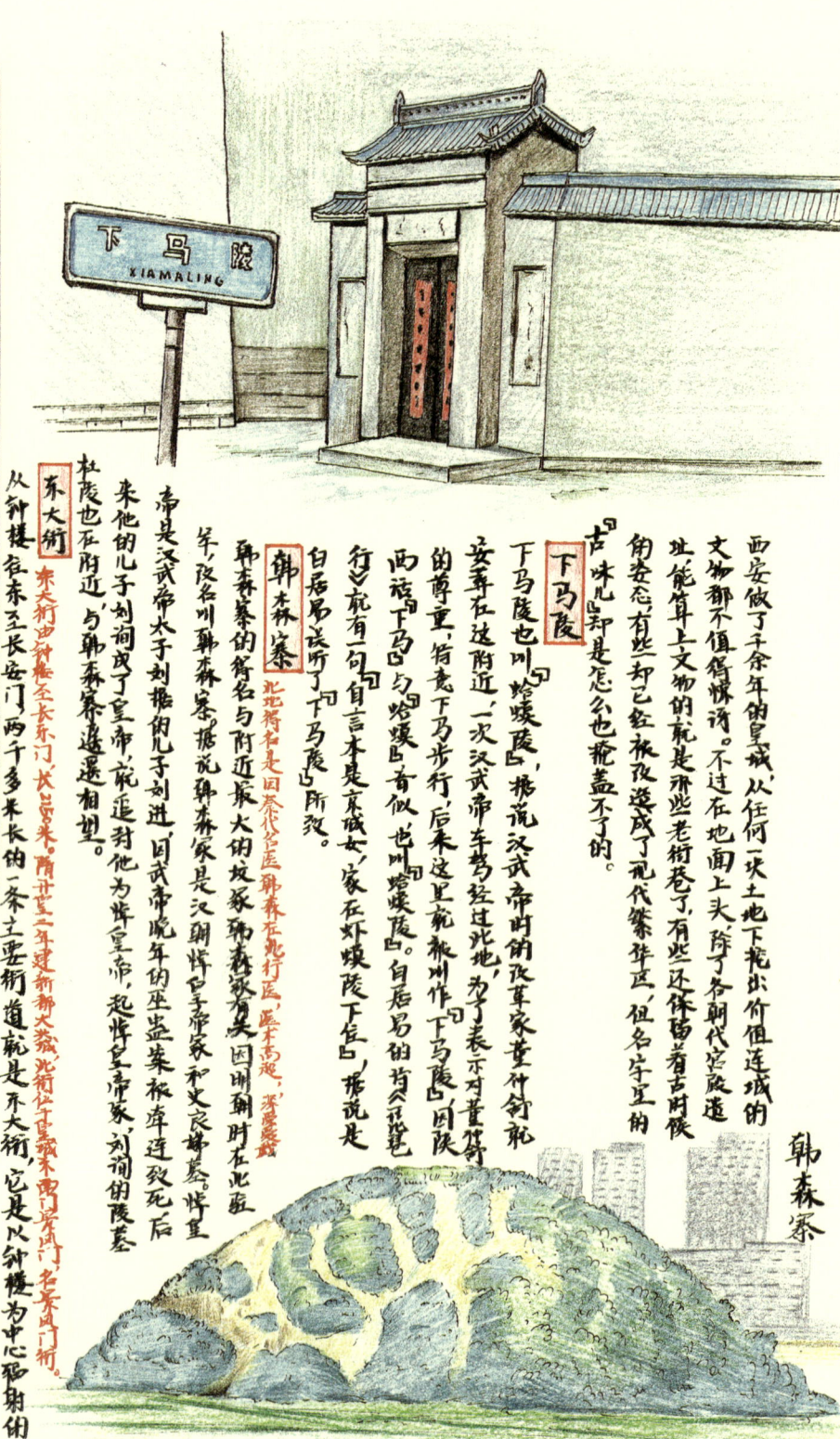

西安老街巷故事

西安做了千余年的皇城，从任何一次土地下挖出的文物都不值得惊诧。不过在地面上头，除了各朝代宫殿遗址，能算上文物的就是那些老街巷了。有些还保留着古时候的角楼态，有些却已经被改造成了现代繁华了。但名字上的"古味儿"却是怎么也掩盖不了的。

下马陵

下马陵也叫"蛤蟆陵"，据说汉武帝时的改革家董仲舒就安葬在这附近。一次汉武帝车驾经过此地，为了表示对董仲舒的尊重，特意下马步行。后来这里就被叫作"下马陵"。因西语下马与"蛤蟆"音似，也叫"蛤蟆陵"。白居易的《琵琶行》就有一句"自言本是京城女，家在蛤蟆陵下住"，所说的"下马陵"所改。

韩森寨

韩森寨的得名与附近最大的坟冢有关，据说韩森家是汉朝将军韩信的家族。韩信谋反被诛之后，他的儿子刘据的儿子刘进逃避到民间，就远封他为齐悼惠王的曾孙，起事反武帝事家，刘询的陵墓杜陵也在附近，与韩森寨遥遥相望。

东大街

东大街也叫中山大街，隋大业二年建新都大兴城，此街位于城东西两侧，名景风门街。

从钟楼往东至长乐门，两千多米长的一条主要街道就是东大街，它是以钟楼为中心辐射的四条大街中最长也是最繁华的一条。东大街的历史从隋唐开始，几经战火变迁，可以说是西安这座城市变化的缩影。其他三条是南大街、北大街和西大街，西安人每天都要和这条大街打交道。

韩森寨

西安老街巷故事

西安做了千余年的皇城，从任何一块土地下挖出价值连城的文物都不必惊讶。不过在地面上，除了各朝代宫殿遗址，能算是文物的就是那些老街巷了，有些还保留着古时候的姿态，有些却已经被改造成了现代繁华区，但名字里的"古味儿"却是怎么也掩盖不了的。

下马陵

下马陵也叫"蛤蟆陵"，据说汉武帝时的改革家董仲舒就安葬在这附近，一次汉武帝经过此地，为了表示对董仲舒的尊重，特意下马步行，后来这里就被叫作"下马陵"，因陕西话"下马"与"蛤蟆"音似，也叫"蛤蟆陵"。白居易的诗《琵琶行》就有一句"自言本是京城女，家在虾蟆陵下住"，据说是白居易误听了"下马陵"所致。

韩森寨

韩森寨的得名与附近最大的坟冢韩森冢有关，因明朝时在此驻军，改名叫韩森寨。据说韩森冢是汉朝悼皇帝冢和史良娣墓。悼皇帝是汉武帝太子刘据的儿子刘进，因武帝晚年的巫蛊案被牵连致死，后来他的儿子刘询成了皇帝，就追封他为悼皇帝，起悼皇帝冢，刘询的陵墓杜陵也在附近，与韩森寨遥遥相望。

东大街

从钟楼往东至长乐门，两千多米长的一条主要街道就是东大街，它是以钟楼为中心辐射的四条大街中最长，也是最繁华的一条。东大街的历史从隋唐开始，几经战火变迁，可以说是西安这座城市变化的缩影。其他三条是南大街、北大街和西大街，西安人每天都要和这四条大街打交道。

窦府巷

窦府巷的得名与唐高祖李渊有关。据说隋朝时窦毅来此北周任职，定渭时窦毅认村武公窦毅的，他的女儿窦氏以才貌闻名。到了逃婚的时候窦氏的社人在府门前画了一只孔雀，并说下谁能在百步之外射中孔雀双目，便将给谁的约定。结果，唐高祖李渊就成了窦府的女婿窦氏就是李世民的亲生母亲。

开報寺巷

据花东关炮坊街开報寺前有石兽，很是特别。当时太平公主为武则天祈福建了开報寺，门前有对狮子太平公主偷在开報寺与武攸暨的婚姻，久而久之，开報寺就成了许多妇女寻求摆脱婚姻不幸的地方。

早慈巷

早慈巷在今天心童公司的东鸡外，以前叫为靠近贡院，当时在茂鸣头涌两束刺若生们见束刺而怀父之，就把这条巷子叫作早慈巷。一九二七年，政府雅化改名为早慈巷。

古迥岭

明清时期，世界城文教区通浙在东南城区城区，与莱南文教区课迥相连，居里为高等学案。古迥岭，唐代齐刺脊岭是龙首山的一部分。唐代的刺脊岭是官府行刑之地，所有龙气所碎。

开极寺

粉巷

粉巷是一条三百多米长的巷子。不了解的人可能会以为过去这是個脂粉柳巷子，脂粉飘香。粉老街上两门房都是漆黑的木板，是以前老店铺的样子。现在的粉老另有许多小吃和如古时书店是这样的年轻人最愿意去的书巷，是一条着名的闹市。

专门在此镇压中唐地区的长民起义军特镇以震慑后先有此加工仙芝起义军的大将尚君长就在这里通清，后来雅化为古迥岭。

景龙池

在东关鸡市街往东有一条南北走向的巷子叫景龙池。巨龙石雕，这便是景龙池了。唐朝景龙年间，这是李隆基的蓝身的居所，据说某日地下水突然喷涌而出飞民般南龙塘，神寄龙池，世州把龙池。
当太子后便以自己居李隆基。

窦府巷

窦府巷的得名与唐高祖李渊有关。据说隋朝时曾在此居住的是定洲总管神武公窦毅，他的女儿窦氏以才貌闻名。到了选婿的时候，窦氏让人在府门前画了一只孔雀，并定下谁能在百步之外射中孔雀眼睛就嫁给谁的约定。结果，唐高祖李渊路过的时候搭箭一试，两箭俱中孔雀双目，于是李渊就成了窦府的女婿，窦氏就是李世民的亲生母亲。

罔极寺巷

据说东关炮坊街的罔极寺是太平公主为母后武则天祈福而建，门前有一对独角石兽，很是特别。当时太平公主虽然下嫁给武攸暨，两人却并不相爱，因此也有说法称太平公主借在罔极寺带发修行来逃避与武攸暨的婚姻。久而久之，罔极寺就成了已婚妇女寻求释放婚姻不幸的地方。

早慈巷

早慈巷在今天儿童公园的东墙外，以前因为靠近"贡院"，为了防止考生越墙舞弊，曾在院墙头插满枣刺。考生们见枣刺而惊，久而久之就把这条巷子叫作"枣刺巷"。1917年，政府雅化改名为"早慈巷"。

古迹岭

古迹岭，唐代称"狗脊岭"，是龙首山的一部分。唐代的狗脊岭是官府行刑之地，专门在此镇压中原地区的农民起义军将领，以震慑反抗者。比如王仙芝起义军的大将尚君长就在这里遇害，后来雅化为"古迹岭"。

粉巷

粉巷是一条三百多米长的小巷子，不了解的人可能会以为过去这里是胭脂柳巷，脂粉流香。然而粉巷的"粉"不是指脂粉，而是明清时遍布磨面的作坊和粮店的面粉的"粉"。粉巷街上的门房都是漆黑的木板，是以前老店铺的样子。现在的粉巷有着许多小吃和如古旧书店这样的年轻人最愿意去的书店，是一条著名的时尚街区。

景龙池

在东关鸡市拐往东有一条南北走向的巷子，巷子里有一座巨龙石雕，这里就是景龙池了。唐朝景龙年间，这里是李隆基幼年的居所，据说某日地下水突然喷涌而出形成数亩池塘，称"景龙池"，也叫"九龙池"。李隆基当太子后，便以自己居所有龙气而标榜身份，登基后在此建起了兴庆宫。

五味什字巷

五味什字

五味什字，虽然叫作什字，却是一条街。民国时期的街道，行人都很多，到了四十年代就有点冷清了。虽然大宅院附近的道路很窄，但是当地人的最爱。

五味什字到民国，虽然叫作什字，却是一条中药铺，因中药讲究四气五味，四气是春夏秋冬，四时之气，五味则是甘苦酸咸辛，到列民国，五味什字上都是中药铺，人们就把这条街叫作五味什字。就在西安随处可见的"探索"

大皮院

大皮院附近有不远的地方就没有繁华的小街的踪影。靠近大皮院的条小街，就是小皮院了。明朝时这是一条专做铜良的地方，过去这是一条专做铜良的地方，明朝时这是一条专做铜的小胡同。

书院门

书院门是一条从碑林到关中书院的步行街，街道不长，两侧都是售卖古玩字画的店铺。书院门的临近非常醒目，很有古色古香的韵味。腊月上有对联，碑林藏国宝书院有人才聊起书院门的来历要追溯到明朝万历年间，学者冯从吾在此建立
违建药局创建于明朝天启年间，原址就在这条街上。
病身份，登基后在此建起了炭灰宫。

安居巷

明朝时，安居巷所在位置是钦定的我局铸"钱的巷子"，后来我局搬走了，这条街就成了钦铸新款化市安居巷。穿过当地居民区，新款化的历史期望，现在是西安师范学校。林门外的一只斗上贴两千余枚铜币的铜狮就是这里我局所铸。

德福巷

很早以前，德福巷叫"黑虎巷"，据说原来这里是一片老房子，街巷又窄又文窄，路面很滑泛注，不行时。雇的孩子们也不敢过去玩，老人们说这条巷子像一只蹲伏的黑虎，因此叫"黑虎巷"。一九九三年，政府开始实施德福化区里最有滋味的一条街道。巷区建工程，新建的德福巷成了咖啡酒吧一条街，成了付玩文

美好的景色不一定要买门票才能看列，每个城市都有隐藏在边缘角落里的故事，又等着有缘人去发掘。

安居巷铜狮

大皮院

大皮院与回民街不同,是本地人才知道的小吃一条街,就在离回民街不远的地方默默潜伏着。据说明朝时这里是一条专做绸皮生意的街道,因此得名大皮院,现在大皮院中还有一条叫绸皮巷的死胡同。临近大皮院的一条小巷就是小皮院,以前是相通的,后来封死了。虽然大皮院周围的道路很窄,行人却很多,车也不少,一点不比回民街冷清。

五味什字

五味什字,虽然叫作"什字",却是一条东西走向的街道。从明朝到民国,五味什字这条街上都是中药铺,因中药讲究"四气五味",四气是"春、夏、秋、冬"四时之气,五味则是"甘、辛、酸、苦、咸",人们就把这条街叫作"五味什字"。现在西安随处可见的"藻露堂"药店创建于明朝天启年间,原址就在这条街上。

书院门

书院门是一条从碑林到关中书院的步行街,街道不长,两侧都是售卖古玩字画的店铺。书院门的牌坊非常醒目,很有古色古香的韵味,牌坊上有对联"碑林藏国宝,书院育人杰"。书院门的来历要追溯到明朝万历年间,学者冯从吾在此建立关中书院,现在则是西安师范学校。

安居巷

明朝时,安居巷所在位置是朝廷的钱局,称"钱局巷"。后来钱局搬走,这条街就成了纯粹的居民区,逐渐演化为"安居巷",寄托当地人安居乐业的愿望。现在碑林门外的一只身上贴满千余枚铜币的铜狮就是这里的钱局所铸。

德福巷

很早以前,德福巷叫"黑虎巷"。据说原来这里是一片老房子,街巷又黑又窄,路面坑坑洼洼,车行困难,孩子们也不敢过去玩,老人们说这条巷子像一只蛰伏的黑虎,因此叫"黑虎巷"。1993年,政府开始实施德福巷改造工程,新建的德福巷成了咖啡酒吧一条街,成了传统文化区里最有"洋味"的一条街道。

美好的景色不一定要买门票才能看到,每个城市都有隐藏在边缘角落里的故事,只等着有缘人去发掘。

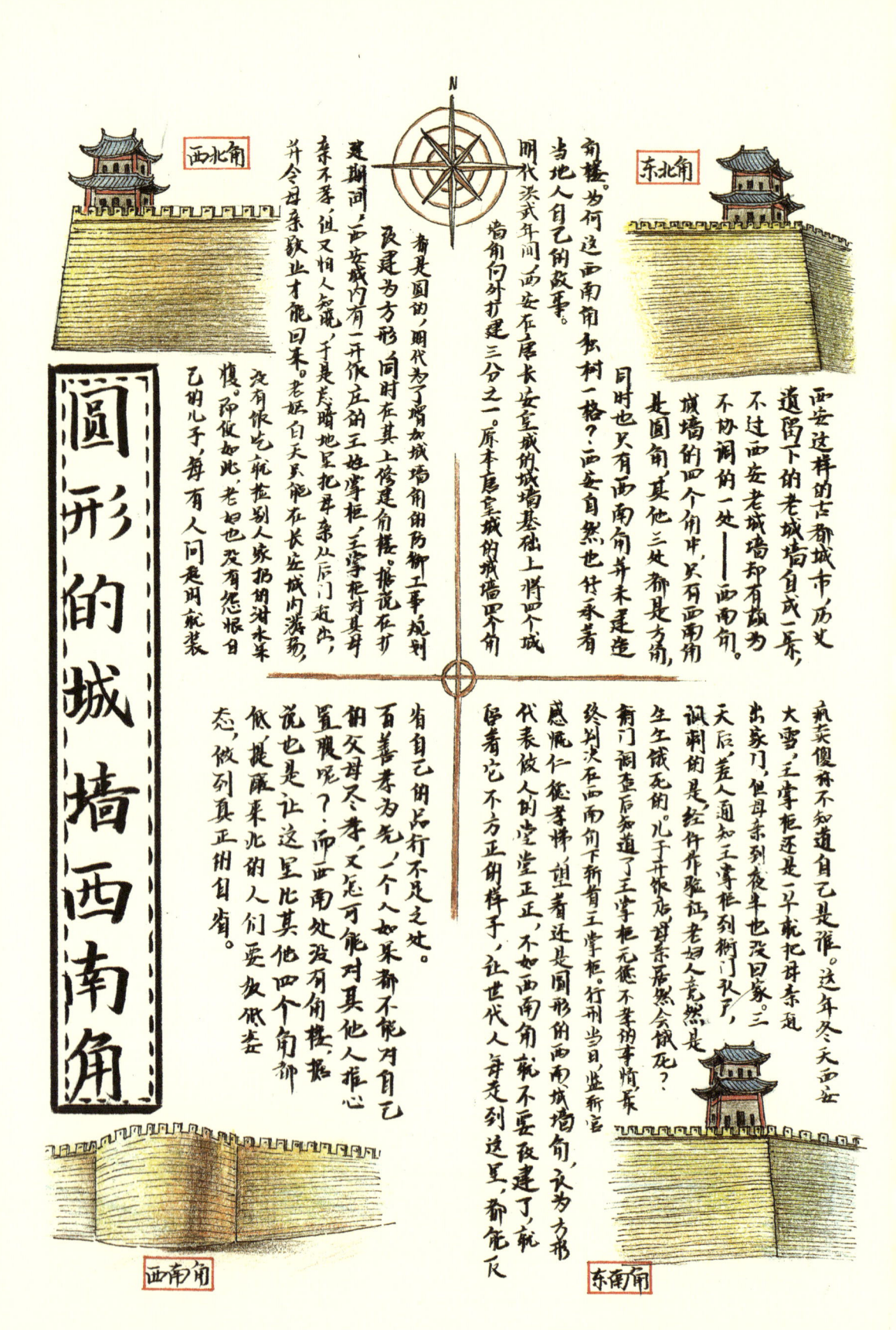

圆形的城墙西南角

西北角

东北角

西安这样的古都城市，历史遗留下的老城墙自成一系，不过西安老城墙却有颇为不协调的一处——西南角。

同时也只有西南角并未建成圆角的，其他三处都是方角，城墙的四个角中只有西南角是圆角，其他三处都承袭着明代洪武年间西安在原长安皇城的城墙基础上将四个城墙角向外扩建三分之一。原本唐皇城的城墙四个角当地人自己的故事。

角楼，为何这西南角却特别一格？西安自然也传承着当地人自己的故事。

看是圆的，明代为了增加城墙角的防御工事，规划是改为方形，同时在其上修建角楼。据说在扩建期间，西安城内有一户姓王的王掌柜，王掌柜为其母亲不孝，祖又怕人知晓，于是趁晚地是扒拉亲从后门起来，并令母亲就此才能回来。老娘白天只能在长安城内游荡，没有饭吃就到别人家扔掉的东西里刨，即便如此，老妇也没有怨恨自己的儿子，每有人问起时，就装傻，却仍旧说自己的儿子是个大善人，说的人都信了。

有一年冬天，西安疯狂傻着不知道自己是谁。这年冬天西安下大雪，王掌柜还是一早就把母亲赶出家门，但母亲到夜半也没回家。三天后，差人通知王掌柜到衙门认尸了，调侃的是经仵作验证，老妇人竟然是生生饿死的。儿子开饭店，母亲居然会饿死？衙门询查后知道了王掌柜不孝的事情后，感慨仁德孝悌，望着还是圆角的西南角下新首工掌柜元角，行刑当日，监斩官代表做人的堂堂正正，不如西南角的元角，行刑当日，监斩官终判次在西南角下新首王掌柜元角，不如西南角的西南城墙角，认为方形保着它不方正的样子，让世代人每走到这里，都能反省自己的品行不足之处。

百善孝为先，一个人如果对自己的父母尽孝，又怎可能对其他人推心置腹呢？而西南处也没有角楼，说也是让这里比其他四个角都低，提醒来西北的人们要放低姿态，做到真正的自省。

西南角

东南角

圆形的城墙西南角

西安这样的古都城市，历史遗留下的老城墙自成一景，不过西安老城墙却有颇为不协调的一处——西南角。城墙的四个角中，只有西南角是圆角，其他三处都是方角，同时也只有西南角并未建造角楼。为何这西南角独树一格？西安自然也传承着当地人自己的故事。

明代洪武年间，西安在唐长安皇城的城墙基础上，将四个城墙角向外扩建三分之一。原本唐皇城的城墙四个角都是圆的，明代为了增加城墙角的防御工事，规划改建为方形，同时在其上修建角楼。据说在扩建期间，西安城内有一开饭庄的王姓掌柜，王掌柜对其母亲不孝，但又怕人知晓，于是总暗地里把母亲从后门赶出，并命令母亲歇业了才能回来。老妪白天只能在长安城内游荡，没有饭吃就捡别人扔的泔水果腹。即便如此，老妇也没有怨恨自己的儿子，每有人问起时就装疯卖傻称不知道自己是谁。这年冬天西安大雪，王掌柜还是一早就把母亲赶出家门，但母亲到夜半也没回家。三天后，差人通知王掌柜到衙门认尸，讽刺的是，经仵作验证，老妇人竟然是生生饿死的。儿子开饭店，母亲居然会饿死？衙门调查后知道了王掌柜无德不孝的事情，最终判决在西南角下斩首王掌柜。行刑当日，监斩官感慨仁德孝悌，望着还是圆形的西南城墙角，认为方形代表做人的堂堂正正，不如这西南角就不要改建了，就留着它不方正的样子，让世代长安人每走到这里，都能反省自己的品行不足之处。

百善孝为先，一个人如果都不能对自己的父母尽孝，又怎可能对其他人推心置腹呢？而西南处没有角楼，据说也是让这里比其他四个角都低，提醒来此的人们要放低姿态，真正做到自省。

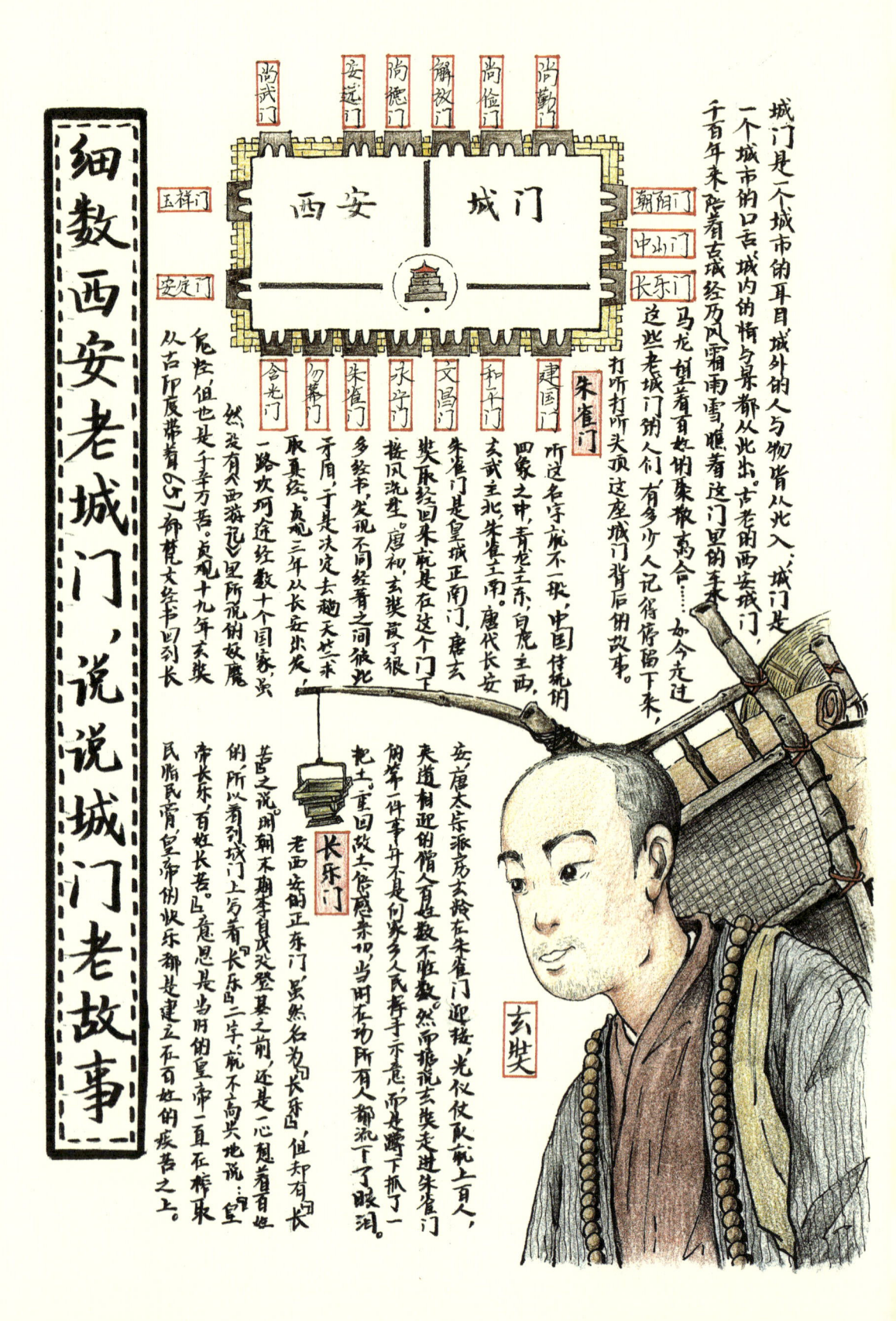

细数西安老城门，说说城门老故事

城门是一个城市的耳目，城外的人与物皆从此入，城内的人与物皆从此出。城门是一个城市的咽喉与心脏，城市的精气神都从此出。古老的西安城门，千百年来陪着古城经历风霜雨雪，驮着这门里的芸芸众生。马龙望着有些陈旧斑驳的城门头顶，这座城门背后留下来，如今走过这些老城门的人们，有多少人记得停下来，打听打听这座城门背后的故事。

西安城门

（城门名标注）尚勤门、尚俭门、解放门、朝德门、安远门、尚武门、朝阳门、中山门、长乐门、玉祥门、安定门、含光门、勿幕门、朱雀门、永宁门、文昌门、和平门、建国门

朱雀门

所说名字之一状，中国传统的四象之中，青龙主东，白虎主西，玄武主北，朱雀主南。唐代长安朱雀门是皇城正南门，唐玄奘取经归来，就是在这个门前受到皇帝礼遇。贞观十九年玄奘取经归来，就是在这个门迎接，发现不同经卷之间彼此多有不同，发现决定去趟天竺求取。贞观三年从长安出发，一路次历经数十个国家，历尽艰辛，然后有《西游记》里所说的故事，从古印度带着657部梵文经书回到长安，但也是千辛万苦。

长乐门

老西安的正东门，虽然名为"长乐"，但却有"长乐"二字，就不开心地说：皇帝之说"长乐"二字，就不开心地说：皇帝要的所以在城门上写着"长乐"，但百姓们的所以在城门上写着"长乐"，意思是当时的皇帝一直在榨取民脂民膏，皇帝的快乐都是建立在百姓的疾苦之上。

安唐太宗派房玄龄在朱雀门迎接，光仪仗队就上百人，夹道相迎的僧人直数不胜数，而据说玄奘走进朱雀门的第一件事不是向数多人挥手不意，而是蹲下抓了一把土，重回故土不禁感来初，当时在场所有人都流下了眼泪。

玄奘

细数西安老城门，说说城门老故事

城门是一个城市的耳目，城外的人与物皆从此入；城门是一个城市的口舌，城内的情与景都从此出。古老的西安城门，千百年来陪着古城经历风霜雨雪，瞧着这门里的车水马龙，望着百姓的聚散离合……如今走过这些老城门的人们，有多少人记得停留下来，打听打听头顶这座城门背后的故事。

朱雀门

听这名字就不一般，中国传统的四象之中，青龙主东，白虎主西，玄武主北，朱雀主南。唐代长安朱雀门是皇城正南门，唐玄奘取经回来就是在这个门下接风洗尘。唐初，玄奘读了很多经书后，发现不同经著之间彼此矛盾，于是决定去趟天竺求取真经。贞观三年从长安出发，一路坎坷途经数十个国家，虽然没有《西游记》里所说的妖魔鬼怪，但也是千辛万苦。贞观十九年玄奘从古印度带着657部梵文经书回到长安，唐太宗派房玄龄在朱雀门迎接，光仪仗队就上百人，夹道相迎的僧人百姓数不胜数。然而据说玄奘走进朱雀门的第一件事并不是向家乡人民挥手示意，而是蹲下抓了一把土。重回故土倍感亲切，当时在场所有人都流下了眼泪。

长乐门

老西安的正东门，虽然名为"长乐"，但却有"长苦"之说。明朝末期李自成起义，正是从长乐门攻入西安。李自成没登基之前，还是一心想着百姓的，所以看到城门上写着"长乐"二字，就不高兴地说："皇帝长乐，百姓长苦。"意思是当时的皇帝一直在榨取民脂民膏，皇帝的快乐都是建立在百姓的疾苦之上。李自成身边将领大多也是穷苦百姓出身，一听李自成的话也感觉这城门的名字不太顺耳，于是就放火烧了长乐门城楼泄愤。直到西安事变之前，张学良在长乐门城楼开展军事活

李自成

闯王名号
闯王原是高迎祥，李自成是其手下，称"闯将"，后来高迎祥被杀，李自成继任，依旧称为闯王。

安定门

李自成身边将领大多也是个善有恶此身，一听李自成的话也感觉这西安事变的名字不太顺耳，于是就放火烧了长乐门城楼泄愤。直到西安事变之前，张学良在长乐门城楼开展军事活动，这里才根如底修复作为西安事变的纪念地。

老西安的正西门，艺术誉为蒹葭艺术价值俱佳的城门。一九九二年日本天皇访年时他到了中国古都西安，安定门城楼北侧有日本天皇为此所建的一座观望台。据说当时欢迎的群众，非常多，天皇与天后在此处与西安分别时，久久不愿离去。守过安定门本身更显于门城楼上京外处观的体积六有余令年的精美绘工完差重放呢。这南学者研究明代新秘密这留信的是有文字。

安远门

老西安的正北门，在唐代有天事二门马防车方。身居起安远门老西安的正北门比较发达，安远门多用于携有方发数民族，古时候北方游牧民族不断造访，他们自多为骚扰，羌兵作战，非常名能板张，以北门能防战争安实作打扰来才可以保证安安的所时能对数最有庞慢城门以安远二字名，高气北为定定定元体积二字令有到的是西安执紫取策。

永宁门

老西安的正南门，是所有城门贵容最老，保存最完整的城门。永宁门有建来能多闻于数热面说城门以认识们，一见就知道这是西安城里正是朱雀门。追溯唐朝，要完些整的城门要有一座完整的城门，要有三张许嘛方合玉祥到南门是明门以起的民国南军到三祥庄朱雀是明门起时以北不不不门从以起时是一名三祥庄重西安被领国民三字名非有名同事们的重要守政不十二座爱诸权，西这是这西的武艺权最为独尚是火作。如今人能有安城明保存的发城址。西安当地老人都说：关于西安诸故之后，朱守门取意"永世安"门。

西安人说：走城门有十八个之多，二知数起来当地人说：走城墙是享受生活，写城门是品味人生。若真是到了西安，不妨拿上二天的时间筑城墙走一圈，在每个城门下驻足一会听一所那座城门的老故事。

真正今年其走。

动，这里才被彻底修复作为西安事变的纪念地。

安定门

老西安的正西门，它被誉为最具艺术价值的城门。1992年日本天皇访华特地到了中国古都西安，安定门城楼北侧有日本天皇访问时所建的一座观望台，据说当时欢迎的群众非常多，天皇与皇后在此处与西安分别时，久久不舍得离去。对于安定门本身而言，于城楼上意外发现的保存了六百余年的精美彩绘更值得学者关注，这为学者研究明代彩绘工艺和建筑艺术史等提供了重要资料。

安远门

老西安的正北门，在唐代有"天下第一门"的称号。自唐代起，安远门多用于接待北方少数民族。古时候北方游牧民族不好管理，他们自幼弓马娴熟，单兵作战能力极强。所以北门必须建得高大宏伟，打起仗来才可以保证守城安全，不打仗时也能对少数民族有所震慑。城门以"安远"二字命名，寓意北方安定，充分体现了中原朝廷的怀柔安抚政策。

永宁门

老西安的正南门，是所有城门中资格最老、沿用最久的城门。永宁门看起来很完美，然而熟悉城门知识的人一看就知道，这座城门并不完整。一座完整的城门需要有城楼、箭楼、闸楼三部分，西安古城门里唯一没有箭楼的正是永宁门。追其缘由，要从民国北伐战争开始说起。当时冯玉祥坐拥西安，要率领国民军与北洋军阀作战，就在冯玉祥率部南下时，北洋军阀十万镇嵩军围攻西安。八个月的死守，西安城墙发挥出不可忽视的作用。永宁门的箭楼则在这次战役中被镇嵩军炮火炸毁，如今只能看到保存的箭楼遗址。西安当地老人都说：只有在新中国成立之后，永宁门取意"永世安宁"才真正合乎其意。

西安城门现有十八个之多，一一细数起来恐怕能挖掘的故事可以写上一本书。当地人说：走城墙是享受生活，窝城门是品味人生。若真是到了西安，不妨拿出一天的时间绕城墙走一圈，在每个城门下驻足一会，听一听每座城门的老故事。

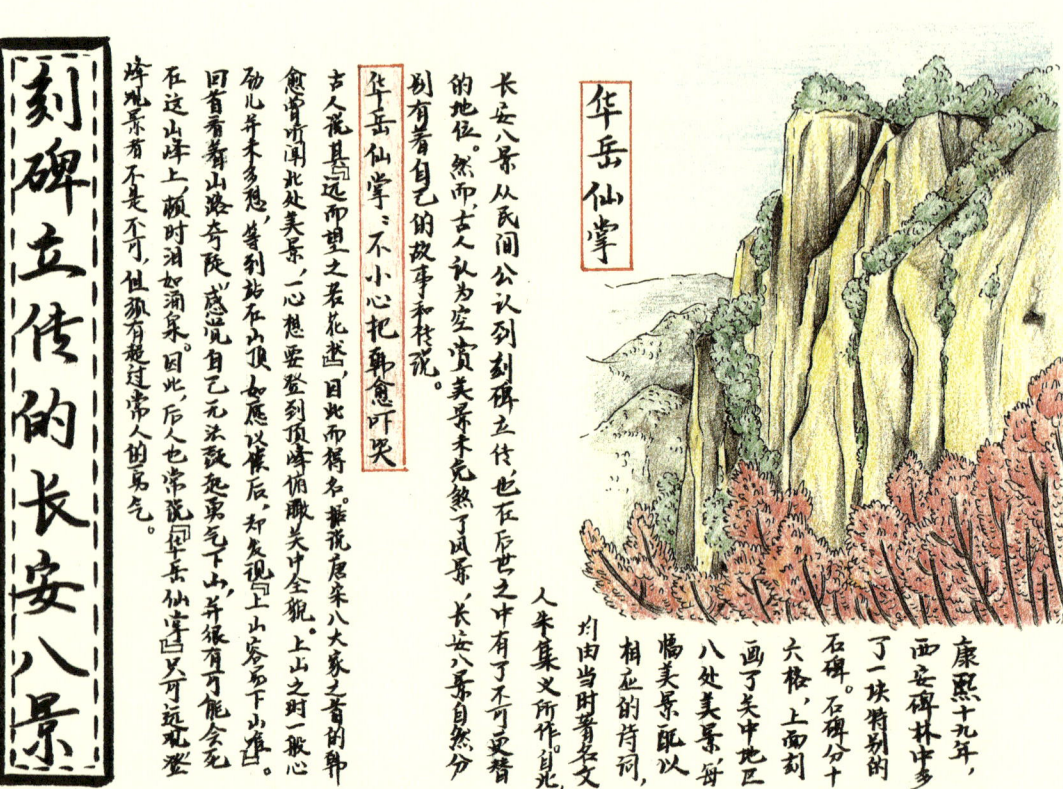

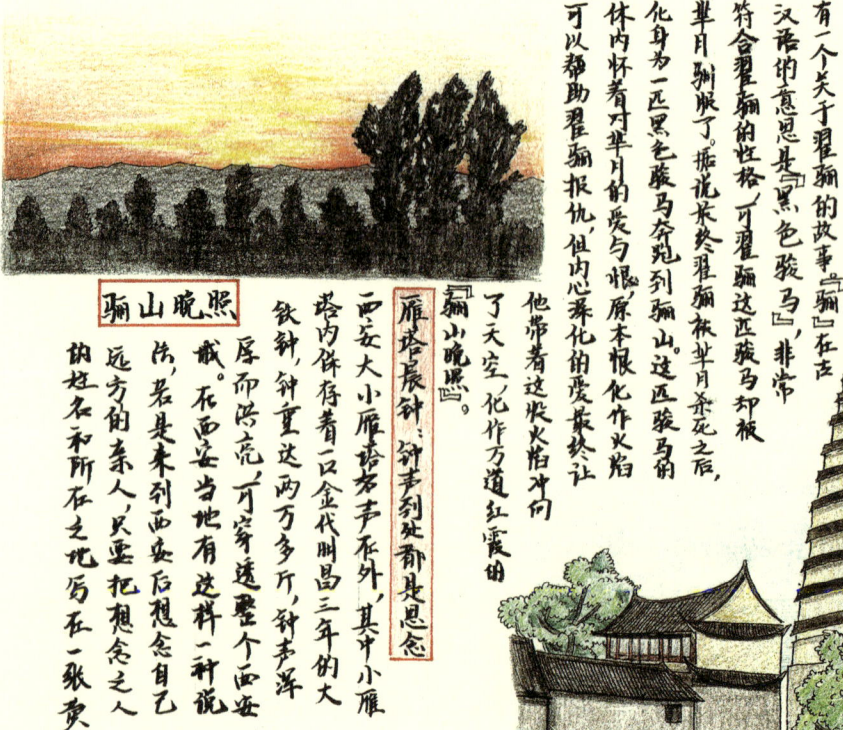

刻碑立传的长安八景

长安八景从民间公认到刻碑立传，也在后世之中有了不可更替的地位。然而古人认为盛赞美景未免熟了俗套，长安八景自然分别有着自己的故事和传说。

华岳仙掌

康熙十九年，西安碑林中多了一块特别的石碑。石碑分十六格，上面刻画了关中地区八处美景，每幅美景配以相应的诗词，人手集义所作首为均由当时著名文人。

古人说："远而望之若花状。"由此而得名。据说唐来八大家之首的韩愈曾听闻此处美景，一心想要登到顶峰俯瞰关中全貌。上山之时一般心劲儿尚未冬想，等到站在山顶，欲应以举后，却发视"上山容易下山难"。回首看着山路夺陡，感觉自己无法鼓起勇气下山，并很有可能会死在这山峰上。顿时涕如涌泉。因此，后人也常说"华岳仙掌"只可远观峰而不是不可，但须有起过常人的勇气。

华岳仙掌：不小心把韩愈吓哭

骊山晚照

随着《芈月传》的热播，更多的人熟悉了秦骊到死也爱着芈月多人知道骊山。"骊山晚照"同样有一个关于秦骊的故事。"骊"在古汉语的意思是"黑色骏马"，非常符合秦骊的性格。可秦骊这匹骏马却被芈月骑服了。据说芈终秦骊被芈月杀死之后，化身为一匹黑色骏马奔跑到骊山。这匹骏马的休内怀着对芈月的爱与恨，原本恨化作火焰可以帮助秦骊报仇，但内心的爱最终让他带着这收火焰冲向了天空，化作万道红霞的"骊山晚照"。

骊山晚照：秦骊到死也爱着芈月

雁塔晨钟

西安大小雁塔皆声在外，其中小雁塔内保存着一口金代铸造三年的大铁钟，钟重达两万多斤，钟声洋厚而悠远，可穿透整个西安城。在西安当地有这样一种说法，若是未来到西安后想要纳远方的亲人，只要把想念之人的姓名和所在之地写在一张黄纸上，贴在钟上敲钟，钟声到处都是思念。

雁塔晨钟：钟声到处都是思念

刻碑立传的长安八景

康熙十九年，西安碑林中多了一块特别的石碑。石碑分十六格，上面刻画了关中地区八处美景，每幅美景配以相应的诗词，均由当时著名文人朱集义所作。自此，"长安八景"从民间公认到刻碑立传，也在后世之中有了不可更替的地位。然而，古人认为空赏美景难免煞了风景，长安八景自然分别有着自己的故事和传说。

华岳仙掌：不小心把韩愈吓哭了

古人说其"远而望之若花状"，因此而得名。据说唐宋八大家之首的韩愈曾听闻此处美景，一心想要登到顶峰俯瞰关中全貌。上山之时一股心劲儿并未多想，等到站在山顶如愿以偿后，却发现"上山容易下山难"。回首看着山路奇陡，感觉自己无法鼓起勇气下山，并很有可能会死在这山峰之上，顿时泪如涌泉。因此，后人也常说"华岳仙掌"只可远观，登峰观景者不是不可，但须有超过常人的勇气。

骊山晚照：翟骊到死也爱着芈月

随着《芈月传》的热播，更多的人熟悉了翟骊这个草原之王，也有更多人知道了骊山。"骊山晚照"同样有一个关于翟骊的故事。"骊"在古汉语的意思是"黑色骏马"，非常符合翟骊的性格，可翟骊这匹骏马却被芈月驯服了。据说最终翟骊被芈月杀死之后，化身为一匹黑色骏马奔跑到骊山。这匹骏马怀着对芈月的爱与恨，原本恨化作火焰可以帮助翟骊报仇，但内心深处的爱最终让他带着这股火焰冲向了天空，化作万道红霞的"骊山晚照"。

雁塔晨钟：钟声到处都是思念

西安大小雁塔名声在外，其中小雁塔内保存着一口金代明昌三年的大铁钟，铁钟重达两万多斤，钟声浑厚而洪亮，可穿透整个西安城。在西安当地有

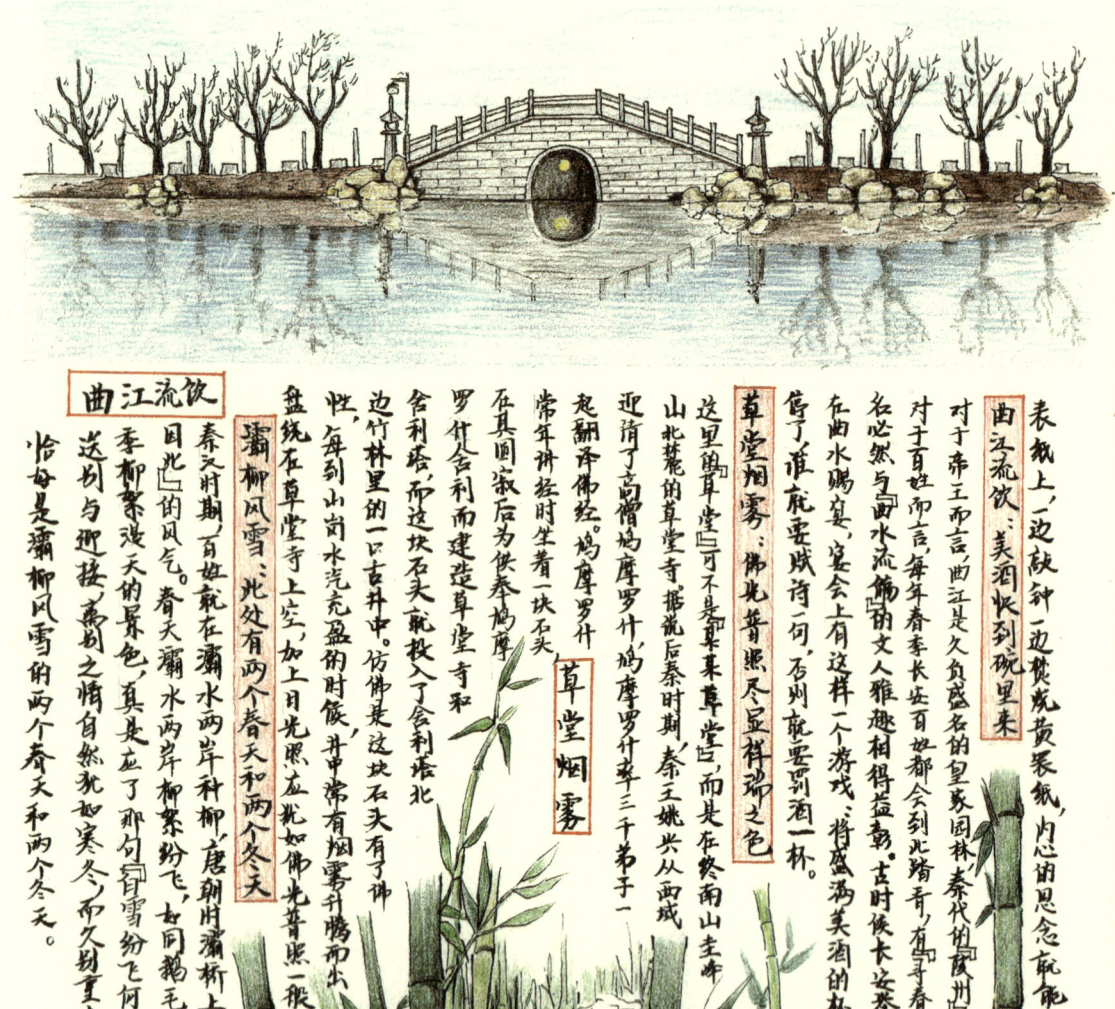

表达上，一边敲钟一边焚烧黄表纸，内心的思念就能随着钟声传达给对方。

曲江流饮：美酒长波到碗里来

对于帝王而言，曲江是久负盛名的皇家园林，秦代的"隑州"，汉代的"宜春苑"，唐代的芙蓉园都在这里；对于百姓而言，每年春季长安百姓都会到此踏青，有"寻春与送春，多绕曲江涔"之言。当然"曲江流饮"的美名必然，与"曲水流觞"的文人雅趣相得益彰。古时候长安奉行科举，朝廷会为当届取得进士功名的贡生们举办就要赋诗一句，否州就要别酒一杯，在曲水鹅宴，宴会上有这样一个游戏，停了谁要赋诗一句。否州就要别酒一杯。

草堂烟雾：佛光普照，尽显祥瑞之色

这里的"草堂"可不是那菜莽莓堂，而是在终南山圭峰山北麓的草堂寺。据说就在秦时期，秦王姚兴从西域迎请了高僧鸠摩罗什，鸠摩罗什率三千弟子一起翻译佛经。鸠摩罗什圆寂而建造草堂寺和舍利塔，而这一块石头，就投入了舍利塔里的一口古井中。仿佛来这块石头有个佛性，每到山岗水充盈的时候，井中常有烟雾升腾而出，绕在草堂寺上空，加上日光照应，犹如佛光普照一般。

灞柳风雪：此处有两个春天和两个冬天

春天时期，百姓就在灞水两岸种柳，唐朝时灞桥上设立了驿站，因此有了"都人送到此，折柳赠别"的风气。春天灞水两岸柳絮纷飞，如同鹅毛大雪，冬天飘起雪花，又让人想起来年春季柳絮漫天的景色，真是应了那句"白雪纷飞何所似，未若柳絮因风起"。另外，此处多可于送别与迎接离别之情自然就起寒冬，而久别重逢自然就像暖春，四季转换的内心感受的交替，恰好是灞柳风雪的两个春天和两个冬天。

这样一种说法，若是来到西安后想念自己远方的亲人，只要把想念之人的姓名和所在之地写在一张黄表纸上，一边敲钟一边焚烧黄表纸，内心的思念就能随着钟声传达给对方。

曲江流饮：美酒快到碗里来

对于帝王而言，曲江是久负盛名的皇家园林，秦代的"陕州"，汉代的"宜春苑"，唐代的"芙蓉园"都在这里；对于百姓而言，每年春季长安百姓都会到此踏青，有"寻春与送春，多绕曲江滨"之说。当然，"曲江流饮"的美名必然与"曲水流觞"的文人雅趣相得益彰。古时候长安举行科考，朝廷会为当届取得进士功名的贡生在曲水赐宴，宴会上有这样一个游戏：将盛满美酒的杯子放入盘中，让盘子随曲水而下，到谁面前停了，谁就要赋诗一句，否则就要罚酒一杯。

草堂烟雾：佛光普照尽显祥瑞之色

这里的"草堂"可不是"某某草堂"，而是在终南山圭峰山北麓的草堂寺。据说后秦时期，秦王姚兴从西域迎请了高僧鸠摩罗什，鸠摩罗什率三千弟子一起翻译佛经。鸠摩罗什常年讲经时坐着一块石头，在其圆寂后为供奉鸠摩罗什舍利而建造草堂寺和舍利塔，而这块石头就投入了舍利塔北边竹林里的一口古井中。仿佛是这块石头有了佛性，每到山岗水汽充盈的时候，井中常有烟雾升腾而出盘绕在草堂寺上空，加上日光照应犹如佛光普照一般。

灞柳风雪：此处有两个春天和两个冬天

秦汉时期，百姓就在灞水两岸种柳，唐朝时灞桥上设立了驿站，因此有了"都人送客到此，折柳赠别因此"的风气。春天灞水两岸柳絮纷飞，如同鹅毛大雪；冬天飘起雪花，又让人想起来年春季柳絮漫天的景色，真是应了那句"白雪纷飞何所似，未若柳絮因风起"。另外，此处多用于送别与迎接，离别之情自然犹如寒冬，而久别重逢自然就像暖春。四季转换与内心感受的交

灞柳风雪

咸阳古渡 秦中第一渡 出自甥舅之谓

"咸阳古渡"自古有"秦中第一渡"之称，古渡所在的渭河部分恰好是关中东西的分界线。从西而来的人必须要过此渭河，然后才能东出函谷，反句也必须经过这里，才能向西踏上丝绸之路。如今此处立有一块"咸阳古渡"的石碑，上面叙述了这里的东古。《诗经·渭阳》中记载，晋公子重耳此时，秦国君康公的舅舅，当时他非常好，送他到渭之边，还给了豪车和美玉如此丰厚，这"咸阳古渡"当真是有几千年的历史。

太白积雪

太白积雪，太白金星下凡
《录异记》中记载，有金星爵年化作童，来在终南山主峰的西面，以知落入山峰而不与，北山峰因此命名为"太白"。自山高耸入云，岭之处常年月积雪，如同柯诗中"太白金星"的句发一般"白雪说就即使盛夏也不会融化"。夏季观望景仕，人心神清爽，故观"太白积雪"成为"长安八景"之一。

咸阳古渡

长安八景图
西安市近年来创作的一组名画，取材于长安八景胜迹，利用本征原料精工制作而成，一景一画，一叶一景，美术相组合，一联合院，又领略八景风采。

很多城市或者地区的"八景""十景"都会因历史变迁而所替换或者是在不同的时代有所争议，而自从西安碑林上有了孔我，就微签于终身合同一样，重置不容置改。以长安八景的地位似一直很稳固。如果旭兢在这八景"长安八景"，不妨来背下这有在西安家庙古晚的诗：

草堂仙掌望崎湫雁塔晨钟响城南骊
山晚照披秦地曲江流饮微长安灞
柳风雪三春暖太白积雪久利
寒草堂烟雾紧相逢咸阳古渡几千年

替，恰好是灞柳风雪的两个春天和两个冬天。

咸阳古渡："秦中第一渡"出自甥舅之谊

"咸阳古渡"自古有"秦中第一渡"之称，古渡所在的渭河部分恰好是关中东西的分界线。从西而来的人必须要过此渭河，然后才能东出函谷，反向也必须经过这里，才能向西踏上丝绸之路。如今此处立有一块"咸阳古渡"的石碑，上面叙述了这里的出处。《诗经·渭阳》中记载：晋公子重耳是秦国国君康公的舅舅，当时他流亡到秦国，康公对他非常好；之后重耳回国之时，康公送他到古渡之处，还给了豪车和美玉。由此看来，这"咸阳古渡"当真是有几千年的历史了。

太白积雪：太白金星于此下凡

《录异记》中记载，有金星的精华化作流星，落在了终南山主峰的西面，只知落入一山峰而不可寻，此山峰因此命名为"太白"。太白山高耸入云，山顶之处常年有积雪，如同神话中"太白金星"的白发一般，白雪皑皑即使盛夏也不会融化。夏季观此景让人心神凉爽，故而"太白积雪"成为"长安八景"之一。

很多城市或者地区的"八景""十景"都会因历史变迁而有所替换，或者是在不同的时代有所争议。而自从西安碑林上有了记载，就像签了终身合同一样，而且还盖了公章，"长安八景"的地位一直很稳固。如果想记住这"长安八景"，不妨来背下这首在西安家喻户晓的诗：

华岳仙掌望崝涵，
雁塔晨钟响城南。
骊山晚照披秦地，
曲江流饮绕长安。
灞柳风雪三春暖，
太白积雪六月寒。
草堂烟雾紧相连，
咸阳古渡几千年。

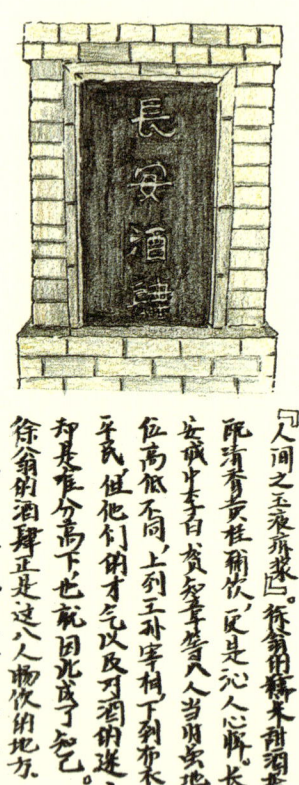

八仙宫的酒鬼们

八仙宫位于西安市东关的长乐坊，是西安最有名的道教观观。尽管这是道教全真道教教寺有的主殿八仙殿是供奉八位道仙的，但受到百姓的尊崇。民间有一种说法，这座道观其实是为了纪念八个酒鬼大聚用酒呢。"三字来形容此八人年不拾掇，因他们都是人中龙凤，即使贪杯也是被称为"饮中八仙"。

据说大唐年间，长安城内长乐坊一带有一家酒肆，老板是一个叫徐翁的老翁，徐翁的糯米甜酒非常独有，粘稠如粟，色泽如玉，被世人称为

『人间之玉液琼浆』。徐翁的糯米甜酒香所清香长桂相佐，足以沁人心脾的长安城中士大夫、贵族公卿等人当时多地位高低不同，上到王孙宰相下到布衣民，但他们的才气又及对酒的迷恋却是难分高下，也就目光成了乞。徐翁的酒肆正是这八个豪饮的地方。贺知章、李白、李适之、崔宗之、苏晋、张旭、焦遂，这样的平民还好，没有拘束，但像玄宗王的李琎等人在朝廷为官，即使没有什么事，喝醉了家人们也得把主人书回府邸。久而久之，为了方便那块刻有"长安酒肆"的巨大石碑就是谁手找，就在此地立了一座大石碑。后来八人相继过世，长安城为了纪念这"饮中八仙"，在此地建了"八仙宫"。

八仙宫什么时候我都是人用酒"，即使贪杯也是被务为"饮中八仙"。

但如今那块石碑和老徐家的酒肆都还在，店门口大旗上写着"李白问道谁家好，刻令问此此处高"，凡是有些酒力的人，当真不妨进去饮上几杯。

長安酒肆

八仙宫
初建于宋，位于西安东关长乐坊，又名八仙庵，为西安最大、最著名的道教观院。据说吕洞宾早期遁迹修炼之处，点破红尘迷梦始布道之处。

诗人饮酒

八仙宫的酒鬼们

八仙宫位于西安市东关的长乐坊，是西安最著名的道教观院。如今虽然这里供奉的是道教尊者，主殿"八仙殿"中吕洞宾等八位道仙仍是备受百姓尊崇。民间有一种说法：这座宫殿最早可是为了纪念八个酒鬼，大殿外那块刻有"长安酒肆"的巨大石碑就是证据。

用"酒鬼"二字来形容此八人也许并不恰当，因为此八人在历史上无一不是人中龙凤，即使贪杯，也是被杜甫称为"饮中八仙"。据说大唐年间，长安城内长乐坊一带有一家酒肆，老板是一个姓徐的老翁。徐翁的糯米甜酒非常独特，黏稠如浆，色泽如玉，被世人称为"人间之玉液琼浆"。徐翁的糯米甜酒搭配清香黄桂辅饮，更是沁人心脾。长安城中李白、贺知章等八人当时虽地位高低不同，上到王孙宰相，下到布衣平民，但他们的才气以及对酒的迷恋却是难分高下，也就因此成了知己。徐翁的酒肆正是这八人畅饮的地方。喝酒、论道、吟诗，如张旭、焦遂这样的平民还好，没有约束，但像汝阳王李琎等人在朝廷为官，没准什么时候宫中就得传召。即使没有公事，喝醉了家人们也得把主人抬回府邸。久而久之，为了方便寻找，就在此地立了一座大石碑。后来八人相继过世，长安为纪念这"饮中八仙"，在此地建了"八仙宫"。

八仙宫什么时候转而成为"道教八仙"的府邸已经不可考证了，但如今那块石碑和老徐家的酒肆都还在。店门口大旗上写着"李白问道谁家好，刘伶回言此处高"，凡是有些酒力的人，当真不妨进去饮上几杯。

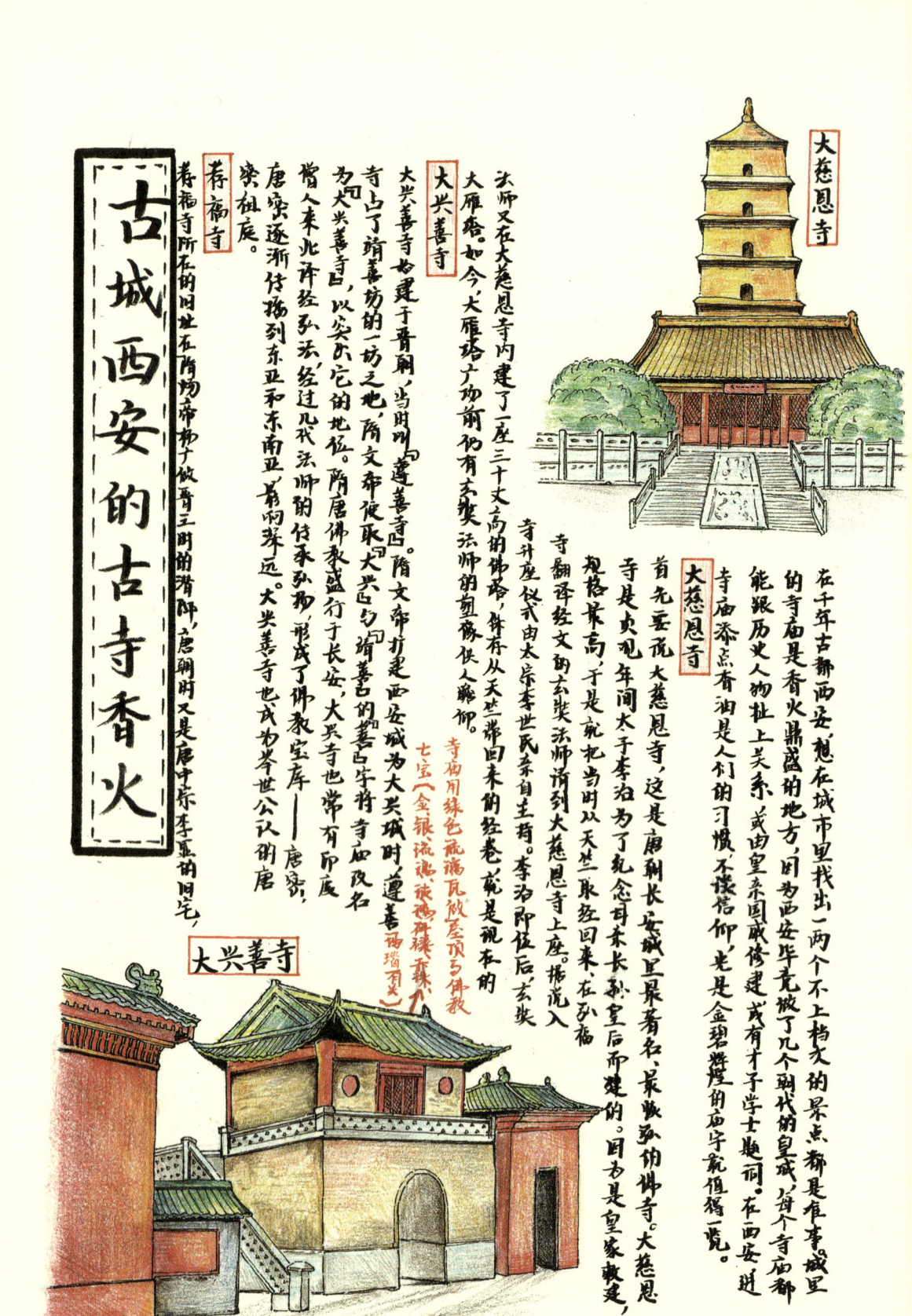

古城西安的古寺香火

在千年古都西安，想在城市里找出一两个不上档次的景点，都是件难事。城里的寺庙是香火鼎盛的地方，目前为西安毕竟被了几个朝代的皇城，每个寺庙都能跟历史人物扯上关系，或由皇亲国戚修建成，或有才子学士题词，在西安逛寺庙添点香油是人们的习惯，不读懂仰，光是金碧辉煌的庙宇就值得一览。

大慈恩寺

首先要说大慈恩寺，这是唐朝长安城里最著名、最敬重的佛寺。大慈恩寺是贞观年间太子李治为了纪念母亲长孙皇后而建的，目为是皇家敕建，规格最高，于是就把当时从天竺取经回来，在弘福寺翻译经文的玄奘法师请到大慈恩寺上座，操办此寺升座仪式由太宗李世民亲自主持。李治即位后，玄奘法师又在大慈恩寺内建了一座三十丈高的佛塔，用于收藏从天竺带回来的经卷，就是现在的大雁塔。如今，大雁塔广场前仍有玄奘法师的铜像供人瞻仰。

大兴善寺

大兴善寺始建于晋朝，当时叫"遵善寺"。隋文帝打建西安城为大兴城时，遵善寺所占的一坊之地，隋文帝便取"大兴"与"遵善"的首字将寺加名为"大兴善寺"，以突出它的地位。隋唐佛教盛行于长安，大兴寺也常有印度、来兆许多译经弘法、经过几代法师的传承付嘱，形成了佛教宝库——唐密，唐密逐渐传播到东亚和东南亚，影响深远。大兴善寺也成为举世公认的唐密祖庭。

荐福寺

荐福寺所在的旧址在阳阳帝杨坚子做晋王时的潜邸，唐朝时又是唐中宗李显的旧宅，

（寺庙用琉璃色琉璃瓦饮屋顶写佛教七宝【金银琉璃、玻璃砗磲、玛瑙、真珠】）

古城西安的古寺香火

在千年古都西安,想在城市里找出一两个不上档次的景点都是难事。城里的寺庙是香火鼎盛的地方,因为西安毕竟做了几个朝代的皇城,每个寺庙都能跟历史人物扯上关系,或由皇亲国戚修建,或有才子学士题词。在西安,进寺庙添点香油是人们的习惯,不谈信仰,光是金碧辉煌的庙宇就值得一览。

大慈恩寺

首先要说大慈恩寺,这是唐朝长安城里最著名、最恢弘的佛寺。大慈恩寺是贞观年间太子李治为了纪念母亲长孙皇后而建的。因为是皇家敕建,规格最高,于是就把当时从天竺取经回来、在弘福寺翻译经文的玄奘法师请到大慈恩寺上座。据说入寺升座仪式由太宗李世民亲自主持。李治即位后,玄奘法师又在大慈恩寺内建了一座三十丈高的佛塔,保存从天竺带回来的经卷,就是现在的大雁塔。如今,大雁塔广场前仍有玄奘法师的塑像供人瞻仰。

大兴善寺

大兴善寺始建于晋朝,当时叫"遵善寺"。隋文帝扩建西安城为大兴城时,遵善寺占了靖善坊的一坊之地,隋文帝便取"大兴"与"靖善"的"善"字将寺庙改名为"大兴善寺",以突出它的地位。隋唐佛教盛行于长安,大兴善寺也常有印度僧人来此译经弘法,经过几代法师的传承弘扬,形成了佛教宝库——唐密,唐密逐渐传播到东亚和东南亚,影响深远。大兴善寺也成为举世公认的唐密祖庭。

荐福寺

荐福寺所在的旧址在隋朝时是隋炀帝杨广做晋王时的潜邸,唐朝时又是唐中宗李显的旧宅,李显被废后,武则天敕命在他的旧宅建起一座为唐高宗李治献福的寺院,皇亲国戚争先为先皇献福

本显被废后，武则天敕命在他的旧宅建起一座寺院，宣李园赦争先为先皇献福筹教，很快建起了一座献福的寺院。几年后改州府福寺叫武则天为表重视，亲手书写的敕赐奉福寺寺额。唐武宗灭佛时，具有大慈恩寺、西明寺、庄严寺都奉福寺得以保存，奉福寺的格局建筑是小雁塔。

广仁寺

广仁寺是陕西省唯一的藏传佛教寺院，始建于康熙年间，年代并不久远，但因其神秘的藏教文化所制初年藏教上层制嘛纷纷进京朝见皇帝，为表重视，康熙帝命令在唐制嘛的驻锡处，广仁寺就是这个时期修建的。康熙亲手云西藏制嘛祭赐给广仁寺供奉莲花生大师也多次在广仁寺弘法讲经，菩提来缘成就中广仁寺见证很具，新政府拔款修好，视为伪有藏传佛教活动。唐代曾将其中的爱国主义者、一位佛大师爱国主义者。

青龙寺

青龙寺是佛教八大宗派之一的密宗祖庭，青日本佛教其上宗科庭地址在西安城东南朗乐源原上，青龙寺也建了惠果、座制中期佛教鼎盛，青龙寺成为许多国外僧人交流学习的场所，著名的《唐八大家》中的大家——日本的空海、圆行、圆仁、惠运、圆载、宗睿都曾是来寺北。空海科家后悲某为师，回国后创立真言宗，青龙寺由此成为日本真言宗的祖庭。

荐敬寺

荐教寺也称大唐护国真教寺，在唐代地位颇高，这里是玄奘法师长眠之地。他的弟子冕基法师、圆测法师灵塔在北。唐高宗年间，玄奘圆寂了五华宫，安葬在白鹿原上，高宗为了能时时看到大奘师的长塔，就在少陵原上建起了一座寺院。玄奘终尽来此安葬。荐教寺是唐代的鼎川八大寺之首也是中国佛教八家法相宗的祖庭。

香积寺

香积寺位于终南山子午谷正北，是唐代的鼎川八大寺之一，中国《佛教八家》之一"净土宗"的祖庭。香积寺是唐高宗年间为纪念善导大师而修建。善导大师的弟子怀恽为了能时念师的功德，就在少陵原上建起了一座寺院。过玄奘遗骨来此安葬。并曾写过一首诗《过香积寺》这首诗后来被编入日本的小学课本。
另外，西安还有外嘉寺、卧龙寺、寺业寺、青龙寺等著名寺庙，都是值得一去的地方。

不知香积寺，数里入云渊。古木无人径，深山何处钟。泉声咽危石，日色冷青松。薄暮空潭曲，安禅制毒龙。

筹款，很快建起了一座"献福寺"，几年后改叫"荐福寺"。武则天为表重视，亲书飞白体的"敕赐荐福寺"寺额。唐武宗灭佛时，只有大慈恩寺、西明寺、庄严寺和荐福寺得以保存。荐福寺的标志建筑是小雁塔。

广仁寺

广仁寺是陕西省唯一的藏传佛教寺院，始建于康熙年间，年代并不久远，但因其神秘的藏教文化而独树一帜。清朝初年，藏教上层喇嘛纷纷进京朝见皇帝，为表重视，康熙帝命沿途建立寺院，作为喇嘛的停驻处，广仁寺就是这个时期修建的，康熙亲书"慈云西荫"殿额赐给广仁寺。班禅额尔德尼曾停驻在广仁寺，喜饶嘉措大师也多次在广仁寺"为大众说皈依，普结法缘"。战乱中，广仁寺几经损毁，都被政府拨款修好，现在仍有藏传佛教活动。

青龙寺

青龙寺是佛教八大宗派之一的密宗祖庭和日本佛教真言宗祖庭，地址在西安城东南的乐游原上。青龙寺始建于隋朝，唐朝中期佛教鼎盛，青龙寺成为许多外国僧人交流学习的场所。著名的"入唐八大家"中的六家——日本的空海、圆行、圆仁、惠远、圆珍、宗睿都曾受法于此。空海拜密宗惠果为师，回国后创立真言宗，青龙寺因此成为日本真言宗的祖庭。

兴教寺

兴教寺也称"大唐护国兴教寺"，在唐代时的地位颇高。这里是玄奘法师的长眠之地，他的弟子窥基法师和圆测法师也埋葬在此。唐高宗年间，玄奘圆寂于玉华宫，安葬在白鹿原上，高宗为了能时时看到玄奘的灵塔，就在少陵原上建起了一座寺院，迁玄奘遗骨来此安葬。兴教寺是唐代的樊川八大寺之首，也是中国佛教八宗法相宗祖庭之一。

香积寺

香积寺位于终南山子午谷正北，是唐代的樊川八大寺之一，中国"佛教八宗"之一"净土宗"祖庭。香积寺是唐高宗年间由净土宗创始人善导大师的弟子怀恽修建，修建香积寺的目的是纪念善导大师的功德。香积寺环境清幽，庄严整齐，诗人王维还曾写过一首《过香积寺》，这首诗后来被编入日本的小学课本。

另外，西安还有仙游寺、卧龙寺、净业寺、青龙寺等著名寺庙，都是值得一去的好地方。

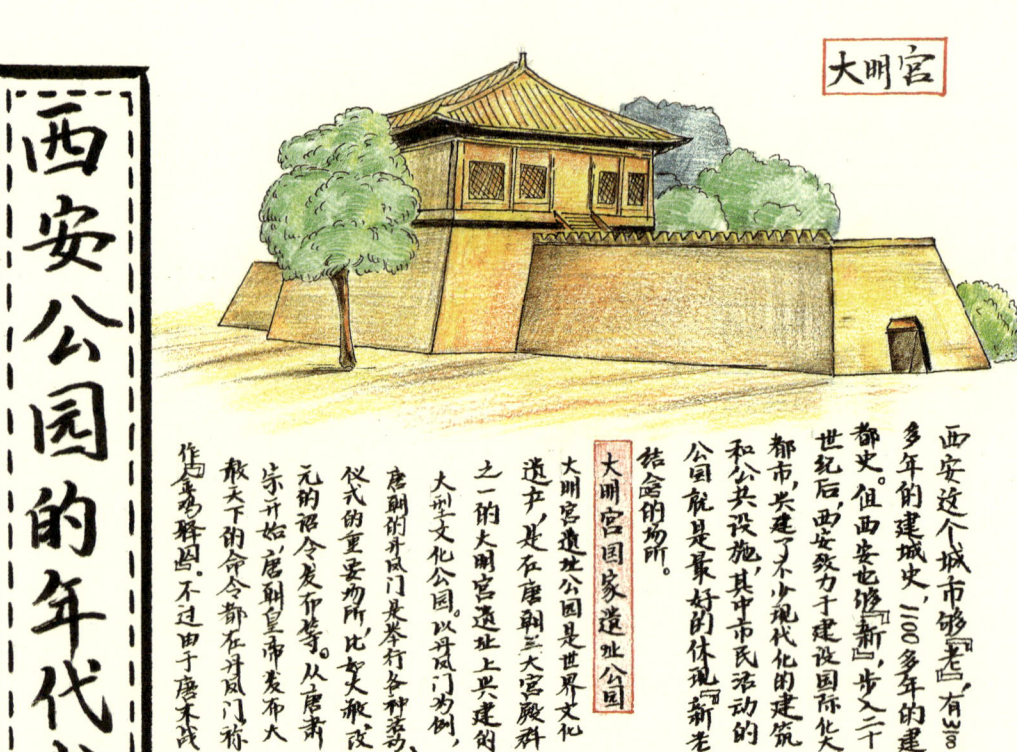

西安公园的年代感与时代感

大明宫

西安这个城市够"老",有3100多年的建城史,但西安也够"新",步入二十一世纪后,西安致力于建设国际化大都市,兴建了不少现代化的建筑和公共设施,其中市民活动的公园就是最好的体现,"新老结合的场所。

大明宫国家遗址公园

大明宫国家遗址公园是世界文化遗产,是在唐朝三大宫殿群之一的大明宫遗址上兴建的大型文化公园。以丹凤门为例,唐朝的丹凤门是举行各种登基、颁布赦令的重要场所,比如改元的诏令发布等。从唐肃宗开始,唐朝皇帝发布大赦天下的命令都在丹凤门,作为雄图一览天下的"第一门"。不过由于唐末武宗年间凤门被毁,现在的丹凤门建是根据原遗址原貌复原改建的,不过大明宫"九开间"被设现在的丹凤门已是缩小了,现在开放的区域只是很小一部分,更多的建筑还在进行考古发掘。

兴庆公园

兴庆公园所在位置是唐朝的兴庆宫遗址。兴庆宫处在唐玄宗作为藩王时的府邸和作为太上皇时的粼萃所,可以说李隆基的辉煌一生从兴庆宫开始,又葵千此。唐玄宗时期的很多政治活动和大型宴会都在兴庆宫举行,留下了不少名诗,比如李白的《清平调》(云想衣裳花想容,春风拂槛露华浓)就是在兴庆宫里的沉香亭所作。今天的兴庆公园已看不到盛唐的痕迹,倒是一处幽静美观的世外桃源。

西安公园的年代感与时代感

西安这个城市够"老",有3100多年的建城史,1100多年的建都史。但西安也够"新",步入21世纪后,西安致力于建设国际化大都市,兴建了不少现代化的建筑和公共设施,其中市民活动的公园就是最好的体现"新老结合"的场所。

大明宫国家遗址公园

大明宫遗址公园是世界文化遗产,是在唐朝三大宫殿群之一的大明宫遗址上兴建的大型文化公园。以丹凤门为例,唐朝的丹凤门是举行各种活动、仪式的重要场所,比如大赦、改元的诏令发布等。从唐肃宗开始,唐朝皇帝发布大赦天下的命令都在丹凤门,称作"金鸡释囚"。不过由于唐末战乱,丹凤门被毁,现在的丹凤门是高科技复原遗址原貌后改建的。不过大明宫太大了,现在开放的区域只是很小一部分,更多的建筑还在进行考古发掘。

兴庆公园

兴庆公园所在位置是唐朝的兴庆宫遗址。兴庆宫是唐玄宗作为藩王时的潜邸和作为太上皇时的软禁场所,可以说李隆基的辉煌一生从兴庆宫开始,又终结于此。唐玄宗时期的很多政治活动和大型宴会都在兴庆宫举行,留下了不少名诗,比如李白的《清平调》("云想衣裳花想容,春风拂槛露华浓")就是在兴庆宫里的沉香亭所作。今天的兴庆公园已经找不到盛唐的痕迹,倒是一处幽静美观的世外桃源。

莲湖公园

莲湖公园的原址位于唐代西内太极宫的正南门承天门,明朝初年,朱元璋的次子朱樉在这里建藩王府花园,借助这里高低不平的地势,引通济渠的水入园,开凿人工池,遍植莲花,起名"莲花池"。清朝康熙年间,陕西巡抚贾复汉见这里景色优美,只是池塘年久失修无人管理,被污泥阻塞,于是主持疏浚池泥,并将这里改名为"放生池"。1916年,这里被辟为莲湖公园。

莲湖公园

莲湖公园的原址位于唐代西内太极宫正南门承天门,明朝初年,朱元璋的次子朱樉在这里建筑王府花园,借助这里高低不平的地势,引通济渠的水入园,开凿人工池,遍植莲花,起名"莲花池"。清朝康熙年间,陕西巡抚贾汉见这里景色优美,只是池塘年久失修无人管理,旅污泥阻塞,于是主持疏浚池泥,并将这里改名为"莲湖公园"。

革命公园

革命公园建成于一九二九年,是为纪念北伐战争前夕坚守西安死难的军民而建。一九二七年二月为纪念西安固城期间死难的军民而开发建设,西安开城后,城市民众公葬,建革命公园,凿土筑冢建立烈士祠和革命亭为八角飞檐攒尖三角水坊古建筑。楹联上有当年杨虎城将军题写的对联,"生也千古,死也千古,功昭三秦";"功为三秦,怨为三秦"。

丰庆公园

丰庆公园是在以前的"西关机场"旧址上共建的公园。抗战时期,这里曾是紫时机场。西安事变前夕,"蒋介不敢"从这里乘坐飞机离开西安,事变后建老机场的成为地航建成了丰庆公园,公园的名字是由西安市文物园林局向全社会公开征集的,这也是西安市公园首次通过这种方式取名字。

二十世纪九十年代搬迁之后,百姓所打扰。二十世纪九十年代城区已太近,对附近居民的生活于千戎之城,正因此机场的所在地,不过由于机场的所在地,老机场的成为地面航建成了丰庆公园,公园的名字是由西安市文物园林局向全社会公开征集的,这也是西安市公园首次通过这种方式取名字。

任何一个角落都能听到悦耳的音乐声,非常适合工作设有背景音乐,公园还设有背景音乐,公园里人都能在其中不断享受到现代化城市人的便捷和繁华,还能不断感到亲切的饭食提礼和多样文化的熏陶,正是这种特殊的成长环境,才培育出西安人不拘小节、勇往直前的性格,西安的公园还有很多,大气磅礴的有,小巧可爱的也有,每一个都有自己的故事,难让西安就是一个会讲故事的老城呢?

城市运动公园

位于西安未央区的城市运动公园是西安地区第二个绿色、开放、自由的运动型主题公园,与其他公园或情助遗址召挽人气或饶借自然风景

革命公园

革命公园建成于1929年，是为纪念北伐战争前夕坚守西安死难的军民而建。1927年2月，为纪念西安围城期间死难的军民，冯玉祥率众公祭，建革命公园，负土筑冢，建立烈士祠和革命亭，供市民凭吊纪念。革命亭为八角飞檐攒尖三滴水仿古建筑，楹联上有当年杨虎城将军题写的对联："生也千古，死也千古；功满三秦，怨满三秦。"

丰庆公园

丰庆公园是在以前的"西关机场"旧址上兴建的公园。抗战时期，这里曾是临时机场，西安事变解决的时候，蒋介石就是从这里乘坐飞机离开西安的。新中国成立后，这里正式成为西安飞机场的所在地，不过由于离主城区太近，对附近居民的生活有所打扰，20世纪90年代搬迁至咸阳机场。老机场的所在地就建成了丰庆公园。丰庆公园的名字是由西安市文物园林局向全社会公开征集的，这也是西安市的公园首次通过这种方式取名字。

城市运动公园

位于西安未央区的城市运动公园是西北地区唯一一个绿色、开放、自由的运动型主题公园。与其他公园或借助遗址招揽人气，或凭借自然风景开发旅游不同，城市运动公园是一个以球类运动为主的现代化公园，占地广阔，拥有十余个主副运动场馆，可以满足不同球类爱好者的需求。公园里设有背景音乐，在公园的任何一个角落都能听到悦耳的音乐声，游客可以全程放松心情，非常适合工作繁忙缺少运动的人群。

能够居住在如西安这样的古都的人都很幸运，他们既能享受到现代化城市的便捷和繁华，还能不时受到厚重的历史沉淀洗礼和多样文化的熏陶。正是这种特殊的成长环境，才培养出西安人不拘小节、勇往直前的性格。西安的公园还有很多，大气磅礴的有，小巧可爱的也有，每个都有自己的故事，谁让西安就是一个会讲故事的老城呢？

第四章

西安物产

品西安小吃——面、馍、饼、点

biáng 面——笔画最多的面名 biáng

biáng：面蹦就蹦在了名字上。做法，它是用其中麦子磨的面做成的宽裤带，再加了些酱油、醋、味精、花椒等佐料，浇入烧热的辣椒油而已。但这个名字绝对让它蹿入眼球。

biáng（字）面的 biáng 字有五十多画，是汉字中笔画最多的字，写得最人估计得用一碗饭的工夫。它的这个字被一位老师发现，竟变成了惩罚捣蛋准不好好作业抗抄 biáng 字若干遍！不过你若家里跟本找不到这个字，打开电脑用键盘打也打不出来，你不禁长叹，这是哪个淘气的吃货发明了这个字呢！

米皮——面皮

济皮——米皮和面皮，一对好兄弟

总结起来济皮非秦镇米皮莫属，因为秦镇自古盛产优质粳米，相传秦宣王时，有一年大旱，秦镇粳稻无收，无米上贡，大家正着急，一人将陈年大米浸泡磨浆，沉淀，蒸制成皮，再加调料制成秦镇米皮上贡，秦始皇尝过后，龙颜大悦，随即免了秦镇当年的赋税，并将秦镇米皮定为皇家贡品，从此秦镇米皮名扬天下。面皮源于秦汉时期，传刘邦在汉中称王后，命人修筑河堰，食选年丰收，当地人为改善生活，就用面粉做成蒸饼，切条拌食之，一天刘邦微服出访，吃到了这种凉拌薄饼丝，就根据它的做法将其称为"蒸饼"。也是最早的面皮。

肉夹馍套餐

西安人最是价套餐不是肯德基套餐，也不是麦当劳套餐，它味道美，食用方便，完全不输汉快餐。

套餐，即是济皮、肉夹馍、冰峰汽水组成的肉夹馍套餐。

馍：肉夹馍——肉夹于馍的中国式汉堡包

→ 冰峰汽水
→ 肉夹馍

济皮
糕（面皮）
面筋　黄瓜

品西安小吃——面、馍、饼、点

面：biáng（biáng）面——笔画最多的面名biáng

biáng面赢就赢在了名字上。论做法，它只是用关中麦子磨的面做成的宽面条，又加了些酱油、醋、味精、花椒等佐料入汤，浇了些烧热的植物油而已。但这个名字绝对让它赚足眼球。

biáng面的biáng字有五十多画，是汉字中笔画最多的字，写得慢的人估计得用一顿饭的工夫。它的这个特点被一位老师发现，竟变成了课堂惩罚措施，谁完不成作业就抄biáng字若干遍！不过你在字典里却根本找不到这个字；打开电脑用键盘打也打不出来。你不禁长叹，这是哪个淘气的吃货发明了这么个字啊！

凉皮——米皮和面皮，一对好兄弟

总结起来，凉皮分两种：一种是米皮，用大米做成；另一种是面皮，用面粉做成。

最有名的米皮非秦镇米皮莫属，因为秦镇自古盛产优质粳米。相传秦始皇时，有一年大旱，秦镇颗粒无收，无米上贡，大家正着急，一人将陈年大米浸泡、磨浆、沉淀、蒸制成皮，再加调料，制成秦镇凉皮上贡。秦始皇尝过后，龙颜大悦，随即免了秦镇当年的赋税，并将秦镇凉皮定为皇家贡品，从此秦镇米皮名扬天下。面皮源于秦汉时期。相传刘邦在汉中称王后，命人修筑河堰，粮食连年丰收。当地人为改善生活，就用面粉做成薄饼，切条凉拌食之。一天，刘邦微服出访，吃到了这种凉拌薄饼丝，就根据它的做法将其称为"蒸饼"，这是最早的面皮。

西安人最爱的套餐不是肯德基套餐，也不是麦当劳套餐，而是凉皮、肉夹馍、冰峰汽水组成的肉夹馍套餐，它

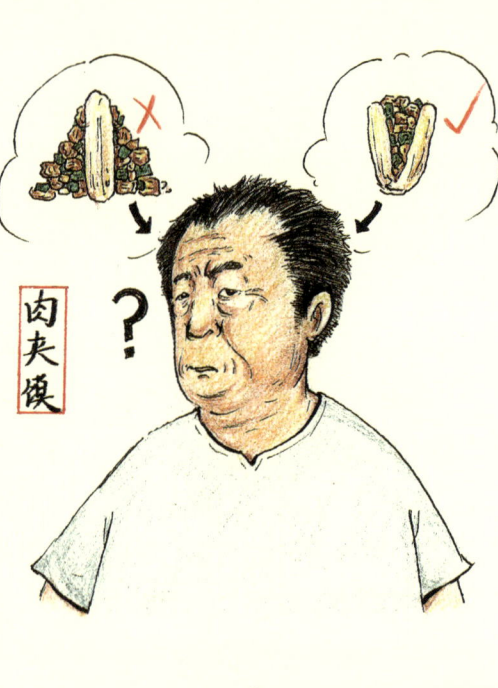

「肉夹馍」这个名字其实是个「艺名」。有人说「肉夹馍」其实是肉夹于「饃」，是古汉语用法。但这种之乎者也的用法，老百姓用不惯，加上陕西两人性子又急，就将其简化成「肉夹馍」。也有人说，肉夹馍本来叫「馍夹肉」，但用方言说出来，好似「没加肉」一听就没加肉，食欲就没了。于是就有人将其改成「肉夹馍」，「肉」字在前，一上来就抓住了人们的胃口，这是个很成功的艺名。

我觉得这种改变完全就是包，肉夹馍的馍在外国人眼中，就是中国的汉堡包。但研究「铁围虎背菊花心」，内软外脆还好看，腊汁肉肉烂汤浓又香，比汉堡包技术含量高多了！

肉夹馍

泡馍——牛羊肉泡馍和葫芦头泡馍，都是有发孝的泡馍

牛牛肉泡馍是在古代牛羊羹的基础上演变而来的，算是一种古老的小吃。五十牛羊肉泡馍的出名，可源于一则这样的改事：相传宋太祖赵匡胤穷困潦落长安街头，身上只剩两块干馍，怜好路边有个羊肉铺，店主见他可怜，就让他将馍掰碎，浇了一勺羊肉汤给泡了泡。赵匡胤接过泡馍，觉得这世界上没有比它更好吃的东西，呼呼几下吃完。后来赵匡胤当了皇帝，出巡长安的时候路过当年那家煮羊肉的摊子，想起当年泡馍的美味，就想再来一碗。可是店里没馍，店主就让老子妻子一时间要不及，一来店家妻子心里激动，竟然用死（未发酵面粉）了饼。可是店主将这饼掰碎，泡上羊肉煮了煮，再放上羊肉，调料撒给起匡胤，赵匡胤吃得相当开心，随即夸赞百两，羊肉泡馍就此成名。

葫芦头的成名则源于唐朝。孙说唐朝时，有二个人在朱雀大街开了家店，卖猪杂碎。有一天，药圣孙思邈路过此地，就进店吃了一碗煎白肠，升思觉得这煎白肠又腻又油，就给店主配了一个方子。店主按照配方来做，做出来的煎白肠果然不腻，油而不腻，味道好了许多，很受顾客欢迎。为了感谢药圣指点，店主就在门口挂一药葫芦以示纪念，并将这煎白肠改名为「葫芦头」。

葱
青菜
馍
牛肉泡馍
粉丝
青蒜苗
羊肉泡馍
木耳
葫芦头泡馍

味道美，食用方便，完全不输洋快餐。

馍：肉夹馍——肉夹于馍的中国式汉堡包

"肉夹馍"这个名字，其实是个"艺名"。有人说，"肉夹馍"其实是"肉夹于馍"，是古汉语用法。但这种之乎者也的用法老百姓用不惯，加上陕西人性子直又急，就将其简化成"肉夹馍"。也有人说，肉夹馍本来叫"馍夹肉"，但用方言说出来，好似"没加肉"一样。人们一听没加肉，食欲就没了。于是就有人将其改成"肉夹馍"。"肉"字在最前，一上来就抓住了人们的胃口，这是个很成功的"艺名"。

在外国人眼中，肉夹馍就是中国的汉堡包。但我觉得这肉夹馍完爆汉堡包。肉夹馍的馍讲究"铁圈虎背菊花心"，内软外脆还好看，而那腊汁肉肉烂汤肥泛着香，比汉堡包技术含量高多了！

泡馍——牛羊肉泡馍和葫芦头泡馍，都是有故事的泡馍

牛羊肉泡馍是在古代牛羊羹的基础上演变而来的，算是一种古老的小吃。至于牛羊肉泡馍的出名，则源于一则这样的故事：相传宋太祖赵匡胤曾经流落长安街头，身上只剩两块干馍，干硬无法下咽。恰好路边有个羊肉铺，店主见他可怜，就让他将馍掰碎，浇了一勺羊肉汤给泡了泡。赵匡胤接过泡馍，觉得这世界上没有比它更好吃的东西，呼呼几下吃光。后来赵匡胤当了皇帝，出巡长安的时候路过当年那家煮羊肉的摊子，想起曾经的美味，就想再来一碗。可是店里没馍，店主就让妻子烙饼。一来时间来不及，二来店家妻子心里激动，竟然用死（未发酵）面烙了饼。店主将这饼掰碎，浇上羊汤煮了煮，再放上羊肉和调料端给赵匡胤。赵匡胤吃得相当开心，随即赐银百两，羊肉泡馍就此成名。

葫芦头的成名则源于唐朝。据说唐朝时，有一个人在朱雀大街开了家店，专卖猪杂碎。有一天，药圣孙思邈路过此地，就进店吃了一碗煎白肠。孙思邈觉得这煎白肠又腥又油，就给店主配了一个方子。店主按照配方来做，做出来的煎白肠肥而不腥，油而不腻，味道好了许多，很受顾客欢迎。为了感谢药圣指点，店主就在门口挂一药葫芦以示纪念，并将这煎白肠改名为"葫芦头"。

饼：油酥饼——为唐僧而做

西安街头有很多卖油酥饼的小摊，金黄的小油酥饼起着层层脆皮，让人忍不住想上去咬两口。不过，你可能不知

饼：油酥饼——为唐僧而做

西安街头有很多卖油酥饼的小摊。金黄的小油酥饼起着层层晚衣，忍不住想上去买两只。不过，你可能不知道，这有名的小油酥饼，却是唐玄奘专门让人给唐僧做的吃。

相传有一天，高宗李治来到大慈恩寺看望，随喜，见一老僧正手心致志地伏集经籍。住持介绍此要宣读，高僧名玄奘，阿。高宗听说阿弥，这正是去天竺取经老佛，这正是去天竺取经老的奘法师。高宗看了玄奘从西天取经回来的奘法师。原来居玄奘从西天取经回来的奘料子制，

玄奘食用油酥饼

后院在寺内见日起夜地翻译佛经，经常忘了此斋饭，十分令人安摇料。高宗心正敬佩，敕令御厨每天用千斤奶面制两种斋食，御厨发愁不已，终于制成这既酥而不碎，油而不腻，色香味俱全的酥饼。玄奘吃了油酥饼后，面色渐红起来。李治的工作效率提高。

点：金线油塔——让人玩了马的帽

金线油塔原名"金线油塔"，因其提起似金线，落下似发塔而得名。"金线油塔"是唐代一位宰相家里的女什发明的。金线油塔不但是好吃又漂亮，还是好吃又漂亮。

甑糕切面图

- 蜜枣
- 糯米
- 甑糕

甑糕是用糯米和红枣放置铁瓶上蒸，"铁瓶"是一种古老的厨具，底座制的虎头是陶瓶，铜瓶至今仍是一种古老的厨具，铜瓶。甑是一种开罐古老的厨具，底座制的虎头是陶瓶已经失传，仅留下铜制的贵最，彼甑糕时，介于三种，甑糕实是以糯米粉为主料，加上金线油塔大要蒸熟的蒸笼一分钟即可出笼，大小间约五六个小时，甑糕以糯米粉为主料，金线油塔的用其是同样制大料据到成型的蒸笼。这蒸笼的用其是一个蒸笼里人能放到一圆形隔板，蒸层一次，在隔板上。蒸笼式三红三种，加上金线油塔一次可蒸百个。这种。是每个小蒸笼放到一圆形隔板上面，白色糖粒。切的小圆饼，面点上五红蒸笼珠的糖粒。形状似女士化妆盒不足。

金线油塔

好不容易看到武则天家识马上就免开列三只。张街很高兴，一目两吃一天就在金线油塔的香味。简味开市天，头尖晚街试街来就在金线油塔的有使统，了皮黄其解都，张衡饼里人多，当街有人名叫张衡，饼里人多，当街有人名叫张衡。

酥（饼）——点示镜糕，做法大不相同

道，这可爱的小油酥饼，却是唐高宗专门让人给唐僧做的呢。

相传有一天，高宗携群臣到大慈恩寺中随喜，见一老僧正专心致志地伏案译经。随从正要喧嚷，高宗摆手制止，悄声问住持此人姓名。住持双手合十说"阿弥陀佛，这正是玄奘法师"。高宗一惊：玄奘法师我见过，不是这么个憔悴苍老的样子啊。原来唐玄奘从西天取经回来后，便在寺内没日没夜地翻译佛经，经常忘了吃斋饭，才成如今模样。高宗心生敬佩，便命御厨为玄奘研制一种热冷吃了都无害的斋食。御厨绞尽脑汁，终于制成这脆而不碎、油而不腻、冷热皆宜的油酥饼。玄奘吃了油酥饼后，面色渐渐红润起来，译经的工作效率大增。

点：金线油塔——让人丢了乌纱帽

金线油塔层多丝细，因其提起似金线，落下似金塔而得名"金线油塔"，据说是唐代一位宰相家里的女仆发明的。金线油塔制作虽然费时，但是好吃又精致，所以很快流传民间。当时有个名叫张衡的四品官，好不容易受到武则天赏识，马上就能升到三品，张衡很高兴，一日退朝归来，路过街市，闻到金线油塔的香味，循味而去，买来就在马背上吃了起来。御史可能觉得堂堂朝官马上吃东西有失体统，于是将其弹劾，张衡竟因此丢了乌纱帽。

甑（zèng）糕和镜糕——做法大不相同

甑糕是将糯米和红枣放置在铁甑上蒸制而成，蒸制的亮点是甑。甑是一种非常古老的厨房用具，在原始社会后期已经出现，有陶制、铜制和铁制三种，甑糕味道以陶甑蒸制的为最佳。做甑糕时，人们首先将食物放到这甑中，让热蒸汽通过底部小孔进入甑中，慢慢将食物蒸熟。甑糕比较厚，一个甑糕的蒸制时间约在五六个小时。

镜糕以糯米粉为主料，蒸镜糕的用具是用特制木料雕刻成的蒸笼。这蒸笼小而精巧，一个笼里只能放一个圆形镜糕，蒸笼层层累叠几十层，恰似宝塔直立空中。与甑糕不同，镜糕只要蒸制一分钟即可出笼，大小形状似女士化妆用的小圆镜，白色糕面点上红红绿绿的糖粒、果脯，卖相十足。

陕菜：我不做大哥好多年

陕菜虽然不在中国四大菜系之中，但因历史悠久，算个中国菜系老大哥也够资格是毫无压力的。

从伏羲"结绳为网罟以佃以渔"到半坡道址出土的饮具，陕菜的影子依稀可辨。同定都西安后，不但促进了陕菜的成型，还让其处于全国最高水平。那时陕菜除了"周八珍"还有美味佳肴百千品，肉酱、肉脯腌制之类。春秋战国时，随着面粉伴出现，陕菜开启了面食时代。汉代西安成为丝绸之路的起点后，蔬菜、胡萝卜等大批新品种食材涌入长安，陕菜更加丰富。到了盛唐，西安人更是将陕菜吃出了新境界。那时，不仅烹饪方法和烹任器具也是花样翻新，烹任原料、辅料及调味料琳琅满目，再加上与多种异域风情饮食风俗的融合，陕菜征服写锅功力更加深厚。

有趣的是，当时西安聚集了大批文人。这些文人不光爱吟诗作赋，也爱饮食，只是吃饱吃好早已不能满足这些文艺青年，他们还要情调，甚至致入到饮食研制之中。

当时有个州柳川小样所排，就是他们曾作。唐代还有个"神妙烧尾宴"也是大家入列饮食之仆。

唐代还有个诗人王维所喻"柳川图"而做，今上有个"素蒸音声部"，是一组面团捏成的美女面人。面人美女们手持不同乐器，面点上席时，需按照乐舞预奏的章法来安放，面人仙袋。宾客们先要对其品评一番，再下筷开吃。

可惜的是，由于以前宫廷饮食属于国家机密，所以唐亡后，随着政治中心的迁移，陕菜宫廷菜大多失传，官府菜保留了一部分，比较全的流传民间菜了。陕菜渐渐让位给苏菜等几大哥。虽如此，陕菜却因为几乎每盘菜都有一段故事，每上一道菜，服务员都会讲一个与之有关的典故，也算是陕菜一绝。

陕菜：我不做大哥好多年

陕菜虽不在中国四大菜系之中，但因历史悠久，得个"中国菜系老大哥"的称号是毫无压力的。

从伏羲"结绳而为网罟，以佃以渔"，到半坡遗址出土的炊具，陕菜的影子依稀可辨。西周定都西安后，不但促进了陕菜的成型，还让其处于全国最高水平。那时陕菜除了"周八珍"，还有美味佳肴百二十品，肉酱、羹臐五六百种。春秋战国时，随着面粉的出现，陕菜开启了面食时代。汉代西安成为丝绸之路的起点后，菠菜、胡萝卜等大批新品种食材流入长安，陕菜更加丰富。到了盛唐，西安人更是将陕菜吃出了新境界。那时，不仅烹饪原料、辅料及调味料琳琅满目，烹饪方法和烹饪器具也是花样翻新。再加上与多种异族风情饮食风格的融合，陕菜征服胃的功力更加深厚。

有趣的是，当时西安聚集了大批文人。这些文人不光爱吟诗作赋，也爱饮食。只是吃饱、吃好早已不能满足这些文艺青年，他们还要情调，甚至投入到饮食研制之中。当时有个叫"辋川小样"的凉拼，就是他们按照诗人王维所绘"辋川图"而做；唐代还有种宴席叫"烧尾宴"，宴会上有个"素蒸音声部"，是一组面团捏成的美女面人。面人美女们手持不同乐器，面点上席时，需按照乐舞演奏的章法来安放面人位置。宾客们先要对其品评一番，再下箸开吃。

可惜的是，由于以前宫廷饮食属于国家机密，所以唐亡后，随着政治、经济中心的迁移，陕菜宫廷菜大多失传。官府菜保留了一部分，比较全的就剩民间菜了。陕菜渐渐让位给菜系中的"新人"，不再做大哥。虽如此，陕菜却因为几乎每盘菜都有一段故事，每上一道菜，服务员都会讲一个与之有关的典故，也算是陕菜一绝。

老店必出好味道

好雨知时节
当春乃发生

著名作家贾平凹曾说过去，我住在南院门时时候，可谁能冷未料相春发生葫芦头泡馍。

春发生在他许多创作感感质平回说过：我在《废都》里有一段专门写的就是春发生。

餐饮老店之所以老而不衰，一定只有一个——好吃，不光一代老店味道。这座城市祖祖辈辈的人都喜欢，所以可以青赖老店的味道，这座城市的口味，感觉前人长吃这老店味道就等于感受这座城市的口味，感觉前人长吃这好味道时的激动心情。所以如果要来西安，这几家老店的好味道就不可错过。

春发生：葫芦头泡馍是主打

很多人看到"春发生"这三个字，都会想起杜甫的"好雨知时节，当春乃发生"。然而细想，这首诗和葫芦头泡馍又有什么关系？

据说民国时期，猪肉店小掌柜何乐义觉得卖葫芦头泡馍是个赚钱的活儿，就挑起担子上街开卖。所谓"心无我心也"，也招揽生意，何乐义在传统葫芦头泡馍的基础上进行改进，配戊独家秘方，做的葫芦头泡馍汤浓肉嫩，成为一绝。由于生意兴隆，何乐义在西南大荐福寺开了一家葫芦头泡馍店。一文人进店品尝之后，觉得这美味哈不亚于春夜喜雨，于是取杜甫《春夜喜雨》中的"好雨知时节，当春乃发生"之意，给这个小店取名"春发生"。这样看来，春发生店的名字完全是因为葫芦头泡馍激发了吃货的灵感。

德发长：一饺一形一态，有饺百捏百味

有人说，能把一件事做到极致你就是大师。德发长就是因为把饺子做到了极致而入选"中华老字号"。我们常见的饺子一般都是弯月形状或者元宝状，但德发长的饺子形状控制、雕塑、组合、点缀等技艺，达到了可以"一饺一形一态"，除了外形上的创新，德发长还集中国各地

小贴士
饺子的版本：乔汉正至张中英

饺子宴

老店必出好味道

餐饮老店之所以老而兴，理由只有一个——好吃。不光一代人青睐老店的味道，这座城市祖祖辈辈的人都喜欢，所以回味老店味道就等于感受这座城市的口味，感受前人品尝这些好味道时的激动心情。所以如果你要去西安，这几家老店的好味道就不可错过。

春发生：葫芦头泡馍是主打

很多人看到"春发生"这三个字，都会想起杜甫的"好雨知时节，当春乃发生"。然而细想，这首诗和葫芦头泡馍又有什么关系呢？

据说民国时期，猪肉店小掌柜何乐义觉得卖葫芦头泡馍是个赚钱的活儿，就挑起担子上街开卖。所谓"人无我有，人有我优"，为了招揽生意，何乐义在传统葫芦头泡馍的基础上进行改进，配成独家秘方，做的葫芦头泡馍汤浓肉嫩，成为一绝。由于生意兴隆，何乐义便在西安南广济街开了一家葫芦头泡馍店。一文人进店品尝之后，觉得这美味给人带来的惊喜不亚于春夜喜雨，于是取杜甫《春夜喜雨》中的"好雨知时节，当春乃发生"之意，给这个小店取名"春发生"。这样看来，"春发生"的名字完全是因为葫芦头泡馍激发了吃货的灵感。

德发长：一饺一形一态，百饺百馅百味

有人说，能将一件事做到极致，你便是大师。德发长就是因为做饺子做到了出神入化的境界，成了饺子界的老大。我们常见的饺子一般都是半圆状或者元宝状，但德发长的饺子综合捏塑、雕塑、组合、点缀等技艺，达到了"一饺一形一态"。除了外形上的创新，德发长还集中国各地美食之长，采用多种原料，多种烹饪方法，达到"百饺百馅百味"的效果。

西安饭莊
XI'AN RESTAURANT
食领三秦 文化饮食
· since 1929 ·

泡馍

老刘家饭庄：
如今牛羊肉泡馍是盆具特色的经典。他们肉烂味醇，馍劲却筋，却是泡馍中的经典。

西安饭庄：陕菜正宗
西安饭庄菜和是由马克昌等西北社会饭店、社会各名人多议开，刘华清也来过，所以西安饭庄被誉为正宗陕菜。宴运宴、小米宴，成州，还有东种西菜，菁龙白虎，菁菜热动，西同恩来为、朱子炜访、四近年度，就在西安饭庄。抗日民主人士等，所以它是一个很有历史底蕴的。

樊记腊汁肉：许是唐朝真传
相传唐朝时，长安城李有子在樊记买肉作官人家，一闻才知是逸莫到此，死了亲母，樊老爷同情他，汁肉店，发了酬，为很想在府之恩，就在樊老爷八十大寿之时，这个本柜。原来樊老爷曾犯了刷过家道中落，生活很惟，这时有人发现了本柜。人们将其打开，里面竟然是满满一柜腊汁肉。樊家老夫人片人拿去......

美食之长，采用多种原料，多种烹饪方法，达到"肉香百鹾百味"的效果。

西安饭庄
名誉于一九二九年集资建成的西安饭庄菜有极佳也，正日北西药膳宴金都通着高大上。饭庄创建安饭庄的风格流传、神秘感走上。一九六六年，庄这个牛宴出，则西安饭庄特色菜把张学良，杨虎城宴左也鲜活了泡馍所的给老刘家牛牛魅力！

棺材里的腊汁肉

西安小吃的经典之作，那么老刘家饭庄的牛羊肉泡馍，樊家的牛羊肉泡馍料真实饼，造型美观凡，无化学剂还是味道，未不注附。杨虎城、伏学良献对自己吃，来了兄弟朋及也川运

二天樊老爷回府，见小伙衣衫褴褛，就在了体旁痛哭。就郝他安葬好老母，并瞒银百两，让其谋生。小伙行了个腊汁贺礼众多谁也没在意。

孙家饭庄：牛羊肉泡馍，天下第一碗

如果牛羊肉泡馍是西安小吃的经典之作，那么老孙家饭庄的牛羊肉泡馍就是经典中的经典。他们家的牛羊肉泡馍"料重汤鲜，肉烂味醇，馍筋光滑，造型美观"，无论卖相还是味道，都是泡馍中的经典款，永不过时。杨虎城、张学良就好老孙家泡馍这一口，不光自己吃，来了兄弟朋友也用这个招待；周恩来、刘少奇、彭德怀等人尝过后也给出了泡馍界的高分；解放军高级将领刘华清吃完后直接给老孙家牛羊肉泡馍题词"天下第一碗"，可见这泡馍的魅力！

西安饭庄：陕菜正宗

西安饭庄最初是由冯克昌等西安社会名流于1929年集资建成的西安饭店。社会名流见多识广，对饮食有研究，所以西安饭庄的菜肴极佳。也正因此，西安饭庄做得了正宗的陕菜，宫廷宴、小吃宴、药膳宴全都透着高大上。饭庄刚建成时，还有"东钟西鼓、青龙白虎、香菜热汤、西安饭庄"的民谣流传，神秘感十足。1936年，周恩来为和平解决西安事变，就在西安饭庄设下"和平宴"，用西安饭庄的特色菜招待张学良、杨虎城及抗日民主人士等。所以它是一个极有历史意义的饭庄。

樊记腊汁肉：许是唐朝真传

相传唐朝时，长安城东有户姓樊的官宦人家。一天，樊老爷回府，见一小伙衣衫褴褛，跪在尸体旁痛哭。一问才知是逃荒到此，死了老母。樊老爷同情他，就帮他安葬了老母，并赠银百两，让其谋生。小伙开了个腊汁肉店，发了财，为报樊府之恩，就在樊老爷八十大寿之时，用上等木料做成木柜，内放自家腊汁肉送上。此时贺礼众多，谁也没在意这个木柜。后来樊老爷冒犯了朝廷，家道中落，生活艰难。这时，有人发现了木柜。人们将其打开，里面竟然是满满一柜腊汁肉。樊家老夫人命人拿去卖，众人买完后纷纷回来要再买。老夫人就让人买些鲜肉，用棺木中的肉汁

慈禧食牛肉

老童家腊牛羊肉

如果你不小心路过老童家腊牛羊肉店门口，那香味准是卸货不了。慈禧太后就是这样。一九○○年，八国联军很快就进京，慈禧带着光绪皇帝仓皇逃往西安避难。二天早上，慈禧太后乘坐御辇经过西大街广济街口，就在这时慈禧太后忽然闻到一股香气，于是命人停下手来找，原来是一家做卖众人爱吃完后，纷纷回来要再买。老夫人就让人买些腊肉中的肉牙有成，新腊汁肉味道越发奇特。二十世纪二十年代，老童家赵父子在西安挂起了"樊九腊汁肉"的牌子，从此腊肉不仅色艳味香，而且久吃不忌。有人说，这就是等了当年樊家其佳。

德懋恭食品商店，我有水晶饼"秦点之首"

人家的腊牛羊肉店正在卖肉，慈禧当时就爱吃牛肉，就要御厨做尝尝，虞过之后，直接爱上了这个味道，还将其列为贡品。从此，老童家腊牛羊肉名震西安。

老陕人一说起德懋恭涌上心头的必定是甜蜜的回忆，因为德懋恭制点是很多老陕人童年时最想吃到的不两而德懋恭的糕点中又数水晶饼最有名。水晶饼渊源于千年代，刚被为朝庭贡品之中，人称迎，宵夕慈禧高银斗全华火腿齐名。经过德懋恭的老师傅改进，水晶饼更加美味有效，璀璨艺术知。慈禧太后西逃西安时，品尝了德懋恭水晶饼后，对其大加赞赏，将其钦点为朝天能哺加感情；如果还没成，最好送点德懋恭水晶饼，很能凸显情浪漫，效果不比笑巧克力差。

贡品。有这么一个说法，说西安纳后去吃年面，加辣椒辣到热火去。

水晶饼

西安老店中的潜财这道除了这些老店，西安同盛祥邻左的牛肉饼和投汤好家的潜动包，柿子饼和西安烤鸭店的小吃也足以挑逗你的味蕾，勾起你的馋虫。去西安你可要小心嘴，因为这些老店的小吃让你根本停不下来。

煮成新腊汁肉，味道越发奇特。

20世纪20年代，一对姓樊的父子在西安挂起"樊记腊汁肉"的牌子，做出的肉不仅色艳味香，而且久贮不变。有人说，这就是得了当年樊家真传。

老童家腊牛羊肉：勾起慈禧太后肚子里的馋虫

如果你不小心路过老童家腊牛羊肉店门口，那香味一定会让你想走都走不了，慈禧太后就是这样。1900年，八国联军侵占北京，慈禧太后偕光绪皇帝仓惶逃往西安暂住。一天早上，慈禧太后乘坐御辇经过西大街广济街口。当时那里有个陡坡，车子不得不放慢速度。就在这时，慈禧太后忽然闻到一股香气，于是命人停车寻找，原来是一家童姓人家的腊牛羊肉正在烹肉。慈禧正好没吃早饭，就要"御口恩尝"。尝过之后，直接爱上了这个味道，还将其列为贡品。从此，老童家腊牛羊肉名噪西安。

德懋恭食品商店：我有水晶饼，乃"秦点之首"

老陕人一说起德懋恭，涌上心头的必定是甜蜜的回忆，因为德懋恭甜点是很多老陕人童年时最想吃到的东西。而德懋恭的糕点中，又数水晶饼最有名。

水晶饼源于宋代，刚被发明出来就备受关中人欢迎，曾与燕窝、银耳、金华火腿齐名。经过德懋恭的老师傅改进，水晶饼更加美味精致，堪称艺术品。慈禧太后西逃西安时，品尝了德懋恭水晶饼后，对其大加赞赏，将其钦点为贡品。有这么一个说法，说西安的后生谈恋爱，如果成了，可以一起去吃面，加辣椒辣到热火朝天能增加感情；如果还没成，最好送点德懋恭水晶饼，很能凸显精致浪漫，效果不比德芙巧克力差。

鸟为媒的临潼石榴和火晶柿子

关于临潼石榴的来历说法是这样的。相传女娲补天时,将"炼红宝石落在了骊山脚下。后来的某一天,听说的安石国王子去山中打猎,见地上有一只快被冻死的金翅鸟,就抱回宫中救治。金翅鸟复活后,为了报恩,就飞到骊山脚下,将那红宝石衔到安石国的御花园。红宝石落土后不久,竟然长成一棵石榴树,开艳红火焰花,结籽亮如宝石。

到了公元前二九年,西汉张骞从西城,路过安石国。当前安石国正经历一百多年不遇的大旱,眼看庄稼就要颗粒无收,定石国即将断粮,张骞就把汉朝耕作水利的经验告诉他们,使安石国逃过一劫。安石国王为了报答张骞,就将石榴种子送给张骞,张骞将其带回了长安(今西安)。这故事虽然具有传奇色彩,但石榴是张骞从西城带回西安的种儿却是千真万确的。《群芳谱》记载:"石榴本出涂林安石国,汉张骞使西域得其种以归故名安石榴"。

有趣的是,石榴刚传入西安的时候,因为花朵、果实皆美艳无比,所以皇家将其庇植于御花园、上林苑和骊山温泉宫内,以供皇子后妃观赏,这也是最早的临潼石榴。后来又

石榴裙
石榴在唐代,石榴裙最
受女子喜爱,这种
裙子色如石榴红
不添其他颜色,可
使女子倍丽动人。而
"石榴裙"数次不
衰,次次现了"拜倒
在石榴裙下"的
依恋,书籍果又
张美色所征服。

[后妃食石榴]

等到秋天,西安的大街的水果摊都是临潼的石榴和火晶柿子了片红火火的景象,煞是惹眼,吃一口甜炸了天。更难得的是临潼石榴柿子不仅好看好吃,还都自带一段乌为媒的故事。就着故事吃水果,也算一天一赠一吧。

鸟为媒的临潼石榴和火晶柿子

等到秋天，西安满大街的水果摊都是临潼的石榴和火晶柿子，一片红火火的景象，煞是惹眼，吃一口甜炸天。更难得的是临潼石榴和火晶柿子不仅好看好吃，还都自带一段鸟为媒的故事。就着故事吃水果，也算"买一赠一"了。

关于临潼石榴的来历，说法是这样的。相传女娲补天时，将一块红宝石落在了骊山脚下。后来的某一天，中亚的安石国王子去山中打猎，见地上有一只快被冻死的金翅鸟，就抱回宫中救治。金翅鸟复活后，为了报恩，就飞到骊山脚下，将那红宝石衔到安石国的御花园。红宝石入土后不久，竟然长成一棵石榴树，开花红火明艳，结籽亮如宝石。

到了公元前119年，西汉张骞出使西域，经过安石国。当时安石国正经历一场百年不遇的大旱，眼看庄稼就要颗粒无收，安石国百姓即将断粮，张骞就把汉朝兴修水利的经验告诉他们，使得安石国逃过一劫。安石国国王为了报答张骞，就将石榴种子送给张骞，张骞将其带回了长安。这故事虽然具有传奇色彩，但石榴是张骞从西域带回西安的事儿却是千真万确。据《群芳谱》记载，石榴"本出涂林安石国，汉张骞使西域得其种以归，故名安石榴"。

有趣的是，石榴刚传入西安的时候，因为花朵、果实皆美艳无比，所以皇家将其遍植于御花园、上林苑和骊山温泉宫内，以供皇子后妃观赏，这也是最早的临潼石榴。后来又因为其可口更受大家青睐，唐朝时已经是"榴花遍近郊"，临潼石榴因此名扬天下。后来西安不再是国家的都城，嘴馋的皇帝们就将临潼石榴列为贡品，到秋天，一下朝，就迫不及待地回去大吃一顿。

至于临潼火晶柿子，则是柿子中的极品。火晶柿子因为含糖量高，被誉为

火鸟报恩

其中可以看出大家青睐，唐朝时已经是榴花遍近都凸。柿澄石榴同此名扬天下。后来西安不及是国家的都城，嘴馋的皇帝们就将橙澄石榴列为贡品。到秋天，一下朝，就迫不及待地回去大吃一顿，火晶柿子，则是柿子中的极品。火晶柿子同为今户甄置高，秋冬时家树的金果山。而关于火晶柿子的来龙，则是这样的：

从前临潼骊山半山腰斤元柿子村，半山腰下，则是有个老汉，和其州四子的儿子相依为命。老汉家门前有棵大树，树上有只火鸟窝。火鸟每年都在这树上做窝，有二天，四子干活回来。他听得树上的火鸟说："阿……我命恩人，你愿意救我吗？"他心里一惊，顶已答道："火鸟，我当然喜欢，你快下凸，火鸟听后，便扔出一根茱萸树枝儿丢给四子凸正想弓箭箭，要射火鸟。四子上去制止，但为时已晚。火鸟中箭落地，四子非常着急，连忙把火鸟抱回家包扎伤凸，并上山采药。为火鸟疗伤，直到火鸟他凸愈合，才把火鸟放送同窠。

然奇怪，但还是收下了。第三天，早上下地干活，见地头那棵茱萸树开了许多花，又过了三天，树见了茱萸树美的装扮王着绿衣红花，却是火鸟垂了报恩凸。早早将火鸟救给他抢给抢救到来，树上，三年后，那树老然结出红形形如枣龙眼大火晶，是讨你来列这么的吃起完撩好吃的果子，老汉还这相命师我村的火晶四子，使得训他吃火晶四子凸

老汉将这果子分给邻里相亲吃。大家吃到这么好吃的果子，都问它的名字，老汉就训它火晶四子，使得大家都不愁吃，时间一长，大家把这叫火晶柿子凸特成了炯晶柿子凸。

"最甜的金果"。而关于火晶柿子的来历，则是这样的：

从前临潼骊山半山坡并无柿子树，半山坡下，倒是有个老汉和名叫四子的儿子相依为命。老汉家门前有棵大树，树上有个火鸟窝，火鸟每年都在这树上做窝。有一天，四子干活回来，见两个顽童正拉弓射箭，要捉火鸟。四子上去制止，但为时已晚，火鸟中箭落地。四子非常难过，连忙把火鸟抱回家包扎伤口，并上山采药，为火鸟疗伤，直到火鸟伤口愈合，爷俩才把火鸟送回窝。

有一天，四子干活回来，忽听得树上的火鸟说："救命恩人，你喜欢我吗？"他心里一惊，顺口答道："火鸟，我当然喜欢你啦。"火鸟听后，便撷出一根果树枝儿丢给四子说："收下吧，它能结出又红又甜的果子！"四子虽然奇怪，但还是收下了。

第二天，四子下地干活，见地头那棵枣树不知叫谁砍去了头，又想起火鸟给他的树枝，想拿来嫁接上试试，于是回家去了。一进门，却见一位长相甜美的姑娘正在给父亲端饭。父亲告诉他，这个姑娘名叫火晶，是讨饭来到这里的，父亲见她可怜，便收留了她。其实这火晶姑娘，却是火鸟变了报恩的。

四子将火鸟给他的枝条嫁接到枣树上，三年后，那树竟然结出红彤彤如灯笼般的果子，软如膏，甜胜蜜。等到火晶姑娘和四子长成，两人成亲的那天，老汉将这果子分给邻里乡亲吃。大家吃到这么好吃的果子，都问它的名字，老汉就叫它火晶四子。老汉还让相邻都栽种这火晶四子，使得大家都不愁吃穿。时间一长，大家把"火晶四子"传成了"火晶柿子"。

稠酒，惹得贵妃醉

稠酒应该是酒界祖爷爷的前辈了，因为商同时期，西安人已经会制造稠酒。大概因为它由糯米发酵而成，色白如玉状绵如酥醇香可口，自而得"醪醴(láo lǐ)""玉浆"之名。由于它的酒精成分含量很少，在0.5%~2%左右，味道甜中带醉涎是稠酒的忠实粉丝。据说当年李白就是喝了稠酒才能斗酒诗百篇，让杨贵妃微醺的也是此酒。李白主要是真喝个五六十度的酒，估计来不及洗洗就耳根晕了，还怎么创作？杨贵妃若也是喝得五六十度的酒，准保不会要酒疯，画面也就不美了。

稠酒中当属黄桂稠酒最有名。这黄桂稠酒更与杨贵妃关系密切。传说有一年秋，唐玄宗专门带着杨贵妃到长乐坊饮酒，味美醇香的稠酒使得贵妃酒兴大发，饮酒时，贵妃将手中的桂花赠给了酿酒人。这人很有营销头脑，随即将桂花插在贮酒瓮中，待它生根开花，繁衍成林，酿酒人就将桂花摘下，用蜜腌制后兑入酒中，不但使酒更加清香，还引得众人纷纷买这种渊源的酒，黄桂稠酒便由此传开。

如果用古人的故事来说稠酒好不好喝还不太有说服力，那再来几个今人的事例。

1924年鲁迅到西安讲学，听说稠酒的美名后，几次要求痛饮；1956年郭沫若到西安，尝完稠酒后，连称"此物似酒非酒，胜似酒"；二十世纪七十年代，当时的朝鲜国家主席金日成访华尝完稠酒后对这个道味念念不忘，回国后经常托人到西安购买。可见北酒的确名不虚传。

稠酒，惹得贵妃醉

稠酒应该是酒界骨灰级的前辈了。因为商周时期，西安人已经会制造稠酒。大概因为它由糯米发酵而成，色白如玉，状绵如奶，醇香可口，因而得"醪醴（láolǐ）""玉浆"之名。由于它的酒精成分含量很少，在0.5%~1%左右，味道甜中带醉，深受众人喜爱。盛唐时期，天下粮仓丰盈，古长安长乐坊出美酒，从皇帝到百姓都是稠酒的忠实粉丝。据说当年李白就是喝了稠酒，才能斗酒诗百篇。让杨贵妃微醺的，也是此酒。李白要是真喝个五六十度的酒，估计来不及洗洗就直接睡了，还怎么创作？杨贵妃若也是喝得五六十度的酒，难保不会耍酒疯，画面也就不美了。

稠酒中当属黄桂稠酒最有名。这黄桂稠酒更与杨贵妃关系密切。传说有一年秋，唐玄宗专门带着杨贵妃到长乐坊饮酒，味美醇香的稠酒使得贵妃酒兴大发，饮酒时，贵妃将手中的桂花赠给了酿酒人。这人很有营销头脑，随即将桂花插在贮酒园中。待它生根开花，繁衍成林，酿酒人就将桂花摘下，用蜜腌制后兑入酒中，不但使酒更加清香，还引得众人纷纷买这与贵妃有渊源的酒。"黄桂稠酒"便由此传开。

如果用古人的故事来说稠酒好不好喝还不太有说服力，那再来几个今人的事例。1924年鲁迅到西安讲学，听说稠酒的美名后，几次要求痛饮；1956年，郭沫若到西安考察，尝完稠酒后，连称此物"似酒非酒胜似酒"；20世纪70年代，当时的朝鲜国家主席金日成访华尝完稠酒后，对这个味道念念不忘，回国后经常托人到西安购买。可见此酒的确名不虚传。

有种锅巴叫"太阳锅巴"

锅巴这种吃食，家家户户都能做，在起市货里巴也是最便宜的锅巴零食之一。但在二十世纪九十年代的西安，有种叫"太阳锅巴"的锅巴曾风靡一时。出生在那个年代的人可能还有记忆，当时一出小区门口就见到一整排小摊贩，提着麻袋里装的都是太阳锅巴，这种零食美味实惠，大家都抢着吃。

生产"太阳锅巴"的厂家曾是一家生产圆珠笔的国有企业，在计划经济转市场经济的体制转型中，工厂的负责人眼准了食品业的空白——锅巴产品。那个时代懂得做广告的企业不多，太阳锅巴却舍得花钱。太阳锅巴在创业仅两年，仍然亏损十八万的情况下，又拘出了十万块钱，在央视大平台做广告，广告词"不蒸不煮不捞"响彻大江南北，广告的效果慢慢显现出来。不知道一尝忘不掉的老百姓在家里看电视，手里都捧着一袋太阳锅巴慢慢嚼，这成为一时潮流。

不过随着品牌名气的扩大，太阳锅巴很快被人仿制，满大街都是盗版。厂家不得不推出防伪标识，从火烧包装袋检测到热敏感应显影的标识，太阳锅巴仅用四年时间就创下了2.8亿的销售额。

后来，锅巴市场渐渐被瓜分，太阳锅巴又作出了"阿香婆"辣酱品牌。广告词"哦……热了阿香婆"成了众多白领热夜加班时的口头禅，虽然大部分人都不知道这句话出自何处，却不妨碍阿香婆成为流行。1996年，阿香婆登陆央视广告之后，掀起了全国的酱美竞争，阿香婆凭借良好的口碑成为行业领导者。有人形容阿香婆的战绩说："老上辣酱，茶加工的珠算湖码峰"。

锅巴的来历

锅巴起源于安徽，当地人称锅巴，相传说过去闹饥荒，安徽皖南一带将锅巴和药混合，平时家里吃饭时不准吃锅巴，要储藏，等不时之需，灾难，饥荒之用。

有种锅巴叫"太阳锅巴"

锅巴这种吃食,家家户户都能做,在超市里也是最便宜的零食之一。但在20世纪90年代的西安,有种叫"太阳锅巴"的锅巴曾风靡一时。出生在那个年代的人可能还有记忆,当时一出小区门口就见到一整排小摊贩,提着的麻袋里装的都是太阳锅巴,这种零食美味实惠,大家都爱吃。

生产"太阳锅巴"的厂家曾是一家生产圆珠笔的国有企业,在计划经济转市场经济的体制转型中,工厂的负责人瞄准了食品业的空白——锅巴产品。那个时代懂得做广告的企业不多,大部分都是舍不得掏钱。太阳锅巴却敢"吃螃蟹",在创业仅两年,仍然亏损18万的情况下,又掏出了10万块钱,在各大平台做广告,广告词"不尝不知道,一尝忘不掉"响彻大江南北。广告的效果慢慢显现出来,那时候老百姓坐在家里看电视,手里都捧着一袋太阳锅巴慢慢嚼,这成为一时潮流。不过,随着品牌名气的扩大,太阳锅巴很快被人仿制,满大街都是盗版。厂家不得不推出了防伪标识,从火烧包装袋检测到热敏感应显现防伪标识,太阳锅巴仅用四年时间就创下了1.8亿的销售额。

后来,锅巴市场渐渐被瓜分,太阳锅巴又推出了"阿香婆"辣酱品牌。广告词"熬呀熬……熬成了阿香婆"成了众多白领熬夜加班时的口头禅,虽然大部分人都不知道这句话出自何处,却不妨碍阿香婆成为流行。1996年,阿香婆登陆央视广告后,掀起了全国的酱类竞争,阿香婆凭借良好的口碑成为行业领导者。有人形容阿香婆的战绩说:"走上了辣酱深加工的珠穆朗玛峰。"

西安人的冰峰汽水

冰峰的辉煌时期是在二十世纪八九十年代，那个时候，食品厂引进了德国先进生产设备开始大批量生产冰峰汽水，这个装在二百毫升玻璃瓶里的橘子味汽水进入了千家万户。从最初的九分钱到后来的两元钱，冰峰秉持着的一直都是最低的价格，价比"冰峰"还便宜五分。冰峰的市场份额很大，一度甚至挤跨了五十毫升的旅鸽瓶装可乐，只卖一元，而且进货就推出了二百五十毫升的旅鸽瓶装可乐。

前些年，国外的大品牌汽水进入西安，抢占饮料市场，比如可乐，但没有根基的外来饮料终究还是败在了西安人对冰峰的情感上。冠冕几年前，冰峰也曾着如一阵味道和服务将这些冰峰便便宜如终没有人觉得江龙挤跨了西安的，在西安人心里，冰峰就像西安这个老城一样，老而旧，但却是最美的。

峰水冰汽

"冰峰茶庄，肉夹馍"，这个三秦套餐的知名度直通牛羊肉泡馍，是西安本地人和来旅游的外地人都爱的美食。冰峰已就是冰峰汽水，这个品牌在南方的知名度不算高，但在西安却没人不知道冰峰汽水。

对西安人来说，冰峰不只是一个很漂亮的瓶子上都哥托了几代人的感情。冰峰始于一九四八年，一个姓李的老板从天津汽水厂买了一批生产设备准备运到新疆建厂，在经过西安的时候遇到大雪封路，无法前进，于是就留在了西安，建起了一座汽水厂。后来汽水厂合并到西安食品厂，成了汽水车间，生产的产品没有名字，乾州汽水凹。直到二十世纪六十年代才有了冰峰凹这个品牌。

堆满积雪的井口

西安人的冰峰汽水

"冰峰、凉皮、肉夹馍",这个"三秦套餐"的知名度直逼牛羊肉泡馍,是西安本地人和来旅游的外地人都爱的美食。"冰峰"就是"冰峰汽水",这个品牌在南方的知名度不算高,但在西安,没人不知道冰峰汽水。

对西安人来说,冰峰不只是一个本土的品牌,在每一个玻璃瓶上都寄托了几代人的感情。冰峰始于1948年,一个姓李的老板从天津汽水厂购买了一批生产设备准备运到新疆建厂,在经过西安的时候遇到大雪封路,无法前进,于是就停在了西安,建起了一座汽水厂,后来汽水厂合并到西安食品厂,成了"汽水车间",生产的产品没有名字,就叫"汽水"。直到20世纪60年代才有了"冰峰"这个品牌。

冰峰的辉煌时期是在二十世纪八九十年代,那个时候,食品厂引进了德国先进生产设备,开始大批量生产冰峰汽水,这个装在200毫升玻璃瓶里的橘子味汽水进入了千家万户。从最初的九分钱到后来的两元钱,冰峰秉持的一直都是最低的价格,最高的享受。西安人开始认同冰峰,喜爱冰峰,并自觉地保护和回收冰峰的瓶子。

前些年,国外的大品牌汽水进入西安,抢占饮料市场,比如可口可乐就推出了250毫升的玻璃瓶装可乐,只卖一元,而且进货价比"冰峰"还便宜5分,冰峰的市场份额被瓜分大半,一度接近停产。但没有根基的外来饮料终究还是败在了西安人对冰峰的感情上,短短几年的时间,冰峰便凭着始终如一的味道和服务将这些"过江龙"挤出了西安。

冰峰出现的半个多世纪,没有人说它不好喝,或者味道变化、质量下降的。在西安人心里,冰峰汽水就像西安这个老城一样,老而旧,但却是最美的。

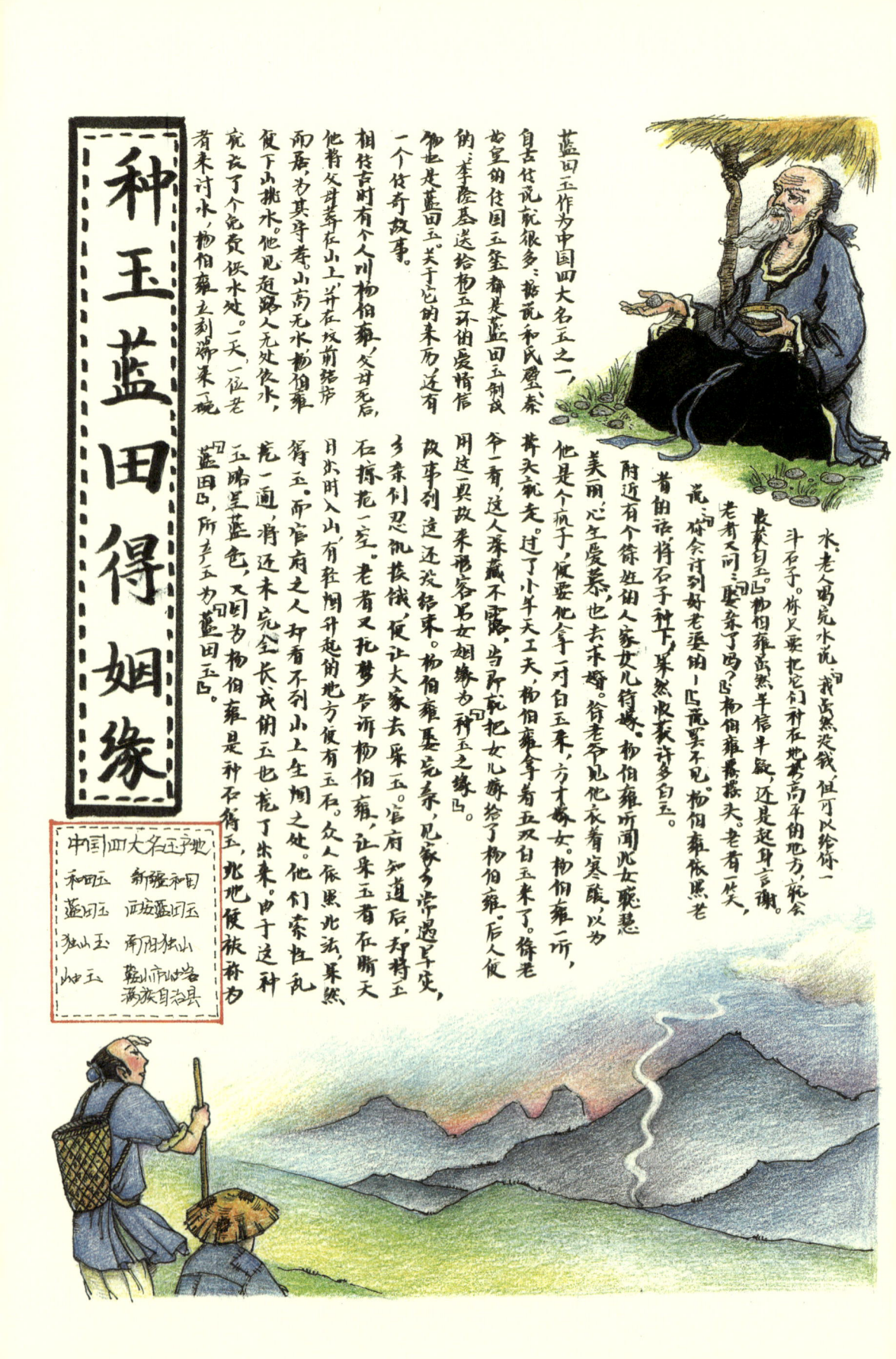

种玉蓝田得姻缘

蓝田玉作为中国四大名玉之一，自古佳话就很多，语说和氏璧秦始皇的传国玉玺都是蓝田玉制成的。李陵基送给杨玉环的爱情信物，都是蓝田玉。关于它的来历还有一个传奇故事。

相传古时有个人叫杨伯雍，父母亡后，他背父母葬在山上，并在坟前结庐而居，为其守孝。山高无水，杨伯雍便下山挑水。他见起路人无处饮水，就设了个免费供水处。一天，一位老者来讨水，杨伯雍立刻端来一碗水。老人喝完水说，"你救活我，但可以给你一斗石子。" 杨伯雍高然半信半疑，还是起身言谢。老者又问："娶亲了吗？" 杨伯雍羞涩不语。老者一笑：

"荒，你余讨好老婆的，忽然收获许多石首的话，将石子种下，某然结一匹骏马不见，杨伯雍依然老着寒酸，以为附近有个徐姓钿人家女儿行缘，杨伯雍听闻此女聪慧美丽，心生爱慕，也去求婚。徐老爷见他衣着寒酸，以为他是个疯子，便要他拿一斗白玉来，方才肯允。杨伯雍拿着五双白玉来了。徐爷得见，只得忍饥挨饿，便让大家去采玉。日光时入山，有柱烟升起的地方便有玉石。而官府之人，却看不到小上生烟之处。众人依照此法，某然得玉一满，将还未完全长成的玉也挖了出来，由于这种玉略呈蓝色，又到为杨伯雍是种石得玉，此地便被称为'蓝田'，所产玉为蓝田玉。"

他是个疯子，便要他拿一斗白玉来，过了小半天工夫，杨伯雍拿着五双白玉来了。徐爷得见许亲，杨伯雍娶妻完亲，见家乡常遇旱灾，多亲创忍饥挨饿，便让大家去采玉。石挑花一空。老者又托梦告诉杨伯雍。官府知道后，郑持玉石一看，果官府之人却看不到小上生烟之处。众人依照此法，某然得玉一满，将还未完全长成的玉也挖了出来，由于这种玉略呈蓝色，又到为杨伯雍是种石得玉，此地便被称为种，所产玉为蓝田玉。

中国四大名玉产地	
和田玉	新疆和田
蓝田玉	西安蓝田
独山玉	南阳独山
岫玉	辽宁岫岩满族自治县

种玉蓝田得姻缘

蓝田玉作为中国四大名玉之一，自古传说就很多：据说和氏璧、秦始皇的传国玉玺都是蓝田玉制成的；李隆基送给杨玉环的爱情信物也是蓝田玉。关于它的来历，还有一个传奇故事。

相传古时有个人叫杨伯雍，父母死后，他将父母葬在山上，并在坟前结庐而居，为其守孝。山高无水，杨伯雍便下山挑水。他见赶路人无处饮水，就设了个免费供水处。一天，一位老者来讨水，杨伯雍立刻端来一碗水。老人喝完水说："我虽没钱，但可以给你一斗石子。你只要把它们种在地势高平的地方，就会收获白玉。"杨伯雍虽然半信半疑，还是起身言谢。老者又问："娶亲了吗？"杨伯雍摇摇头。老者一笑，说："你会讨到好老婆的！"说罢不见。杨伯雍依照老者的话，将石子种下，果然收获许多白玉。

附近有个徐姓的人家女儿待嫁。杨伯雍听闻此女聪慧美丽，心生爱慕，也去求婚。徐老爷见他衣着寒酸，以为他是个疯子，便要他拿一对白玉来，方才嫁女。杨伯雍一听，掉头就走。过了小半天工夫，杨伯雍拿着五双白玉来了。徐老爷一看，这人深藏不露，当即就把女儿嫁给了杨伯雍。后人便用这一典故来形容男女姻缘为"种玉之缘"。

故事到这还没结束。杨伯雍娶完亲，见家乡常遇旱灾，乡亲们忍饥挨饿，便让大家去采玉。官府知道后，却将玉石掠抢一空。老者又托梦告诉杨伯雍，让采玉者在晴天日出时入山，有轻烟升起的地方便有玉石。众人依照此法，果然得玉。而官府之人却看不到山上生烟之处。他们索性乱挖一通，将还未完全长成的玉也挖了出来。由于这种玉略呈蓝色，又因为杨伯雍是种石得玉，此地便被称为"蓝田"，所产玉为"蓝田玉"。

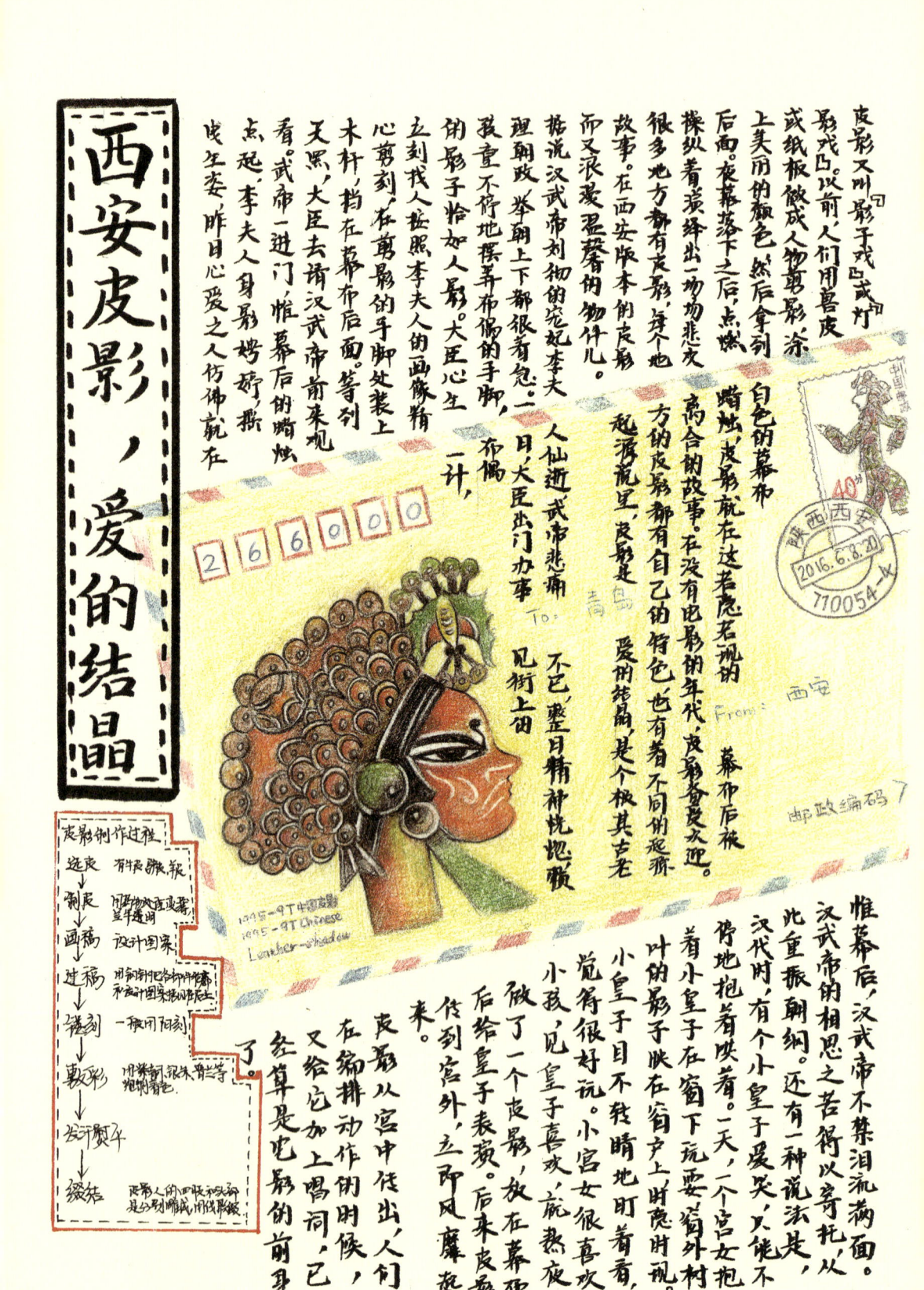

西安皮影，爱的结晶

皮影又叫影子戏或灯影戏。以前，人们用兽皮或纸板做成人物剪影并涂上美丽的颜色，然后拿到白色的幕布后面。夜幕降下之后，点燃蜡烛，皮影戏就在这苍茫而孤独的白色幕布后被搬弄着演绎出一幕幕悲欢离合的故事。在没有电影的年代，皮影曾经受到很多地方的民众的欢迎。在没有自己的特色，也有着不同的起源故事。在西安版本的皮影爱的结晶，是个极其古老而又浪漫温馨的物件儿。

据说汉武帝刻骨铭心的宠妃李夫人仙逝后武帝悲痛不已，整日精神恍惚颓唐，无心理朝政，朝堂上下都很着急。二日，大臣出门办事，见街上有人操纵着黄绢剪出一物悲戚很象着女。走近一看，是个闭影子恰如人影。大臣心生一计，立刻找人按照李夫人的画像精心剪刻，在篝影的手脚处装上木杆，挡在幕布后面，等到天黑，大臣去请汉武帝来观看，武帝一进门，帷幕后的蜡烛点起。李夫人身影婷婷，一时生姿，昨日心爱之人仿神就在眼前。

惟幕后，汉武帝不禁泪流满面。汉武帝的相思之苦得以寄托，从此重振朝纲。还有一种说法是，汉代时，有个小皇子爱哭，又不能不跨地抱有映着。一天，一个宫女抱着小皇子在窗下玩耍，窗外树叶的影子映在窗下时隐时现。小皇子目不转睛地盯着看，觉得很好玩。小宫女很热爱皮影，孩子，见皇子喜欢，就热爱皮影。放了一个小皮影，放在幕布后给皇子表演。后来皮影经过编排动作配用唱词，已经算是皮影戏的前身了。皮影从宫中传出人们又给它加上。

皮影制作过程：

- 选皮 → 有很厚纸板
- 制皮 → 用药物使皮展着显半透明
- 画稿 → 设计图案
- 过稿 → 用刻制的红白碳或钉合在图纸贴附在皮上
- 镂刻 → 一般用阳刻
- 敷彩 → 用紫铜、银朱等炮制着色
- 发汗熨平
- 缀结

西安人的回收及大部分是分别雕成、所以比较灵活。

西安皮影，爱的结晶

皮影又叫"影子戏"或"灯影戏"。以前，人们用兽皮或纸板做成人物剪影，涂上美丽的颜色，然后拿到白色幕布后面。夜幕落下之后，点燃蜡烛，皮影就在这若隐若现的幕布后被操纵着，演绎出一场场悲欢离合的故事。在没有电影的年代，皮影备受欢迎。很多地方都有皮影，每个地方的皮影都有自己的特色，也有着不同的起源故事。在西安版本的皮影起源说里，皮影是爱的结晶，是个极其古老而又浪漫温馨的物件儿。

据说汉武帝刘彻的宠妃李夫人仙逝，武帝悲痛不已，整日精神恍惚，懒理朝政，举朝上下都很着急。一日，一大臣出门办事，见街上的孩童手拿布偶玩耍。那孩童不停地摆弄布偶的手脚，布偶的影子恰如人影。大臣心生一计，立刻找人按照李夫人的画像精心剪刻，在剪影的手脚处装上木杆，挡在幕布后面。等到天黑，大臣去请汉武帝前来观看。武帝一进门，帷幕后的蜡烛点起，李夫人身影娉婷，摇曳生姿，昨日心爱之人仿佛就在帷幕后，汉武帝不禁泪流满面。汉武帝的相思之苦得以寄托，从此重振朝纲。还有一种说法是，汉代时，有个小皇子爱哭，只能不停地抱着哄着。一天，一个宫女抱着小皇子在窗下玩耍，窗外树叶的影子映在窗户上，时隐时现。小皇子目不转睛地盯着看，觉得很好玩。小宫女很喜欢小孩，见皇子喜欢，就熬夜做了一个皮影，放在幕布后给皇子表演。后来皮影传到宫外，立即风靡起来。

皮影从宫中传出，人们在编排动作的时候，又给它加上唱词，已经算是电影的前身了。

长安画派：时势造英雄

中国画历史悠久，从古至今享誉世界的艺术家很多，但被公认的绘画流派却屈指可数。长安画派，在二十世纪中叶以中国画坛上异军突起，曾引起国画格局的重新划分，而在画派创始人赵望云和石鲁的口中，长安画派并不是由一种画风相似的画家组成的，而是革命熔炉下时势造英雄的产物。

起望云曾被誉为"人民的画家"。生逢战乱，赵望云身居陕西，一路写生，却被战争时期黄土高原上人民的生活所震撼。赵望云慢慢忘记：传统国画里的花鸟鱼虫与锦绣河山已无法描绘他眼前看到的东西，那些生活在这片黄土地上的人民才是最鲜活的时势写照，于是，庄稼汉、钢铁工人、山间杂耍等便成了赵望云画笔之下的主角。立足于现实社会成为赵望云艺术的基底。

石鲁曾被誉为"革命的画家"，这似乎与身书香门第的艺术家毅然地奔赴陕北投身革命。石鲁的每一幅作品几乎都是一个革命斗争的故事，他还特地把这些画作绘制在洋片上再做成幻灯片，在西安等地为革命做宣传。那幅《毛主席转战陕北》的绘画巨作是石鲁的代表作品，画出了革命领袖的宏图大略，也画出了中华民族的英勇气概。

时势造英雄，也造就了长安画派。这一画派经历十几年才被美术界公认。而我们相信，那股红色的历史本身就是长安画派的摇篮。

长安画派代表

代表人物	作品
赵望云	《农村写生集》《黄河泛舟》
石鲁	《转战陕北》《东方欲晓》
康师尧	《英蓉》《秋葵图》
刘文西	《毛主席和牧羊人》《祖孙四代》

石鲁

石鲁作品

长安画派：时势造英雄

中国画历史悠久，从古至今享誉世界的艺术家很多，但被公认的绘画流派却屈指可数。长安画派，在20世纪中叶的中国画坛上异军突起，曾引起国画格局的重新划分。然而在画派创始人赵望云和石鲁的口中，长安画派并不是由一群画风相似的画家组成的，而是革命熔炉下"时势造英雄"的产物。

赵望云曾被誉为"人民的画家"。生逢战乱，赵望云身居陕西，本想一路写生，却被战争时期黄土高原上人民的生活所震撼。赵望云慢慢发现：传统国画里的"花鸟鱼虫"与"锦绣河山"无法描绘他眼前看到的东西，那些生活在这片黄土地上的人民，才是最鲜活的时势写照。于是，庄稼汉、钢铁工人、山间教师等变成了赵望云画笔之下的主角，立足于现实社会成为赵望云艺术的灵魂。

石鲁曾被誉为"革命的画家"。这位出身书香门第的艺术家，毅然地奔赴陕北投身革命。石鲁的每一幅作品几乎都是一个革命斗争的故事，他还将这些画作绘制在洋片上再做成幻灯片，在西安等地为革命作宣传。那幅《毛主席转战陕北》的绘画巨作是石鲁的代表作品，画出了革命领袖的宏图大略，也画出了中华民族的英勇气概。

时势造英雄，也造就了长安画派。这一画派历经十几年才被美术界公认，而我们相信，那段红色的历史本身就是长安画派的摇篮，十几年的打磨，只是为了让长安画派在今天的画坛上展现出更富魅力的光彩。

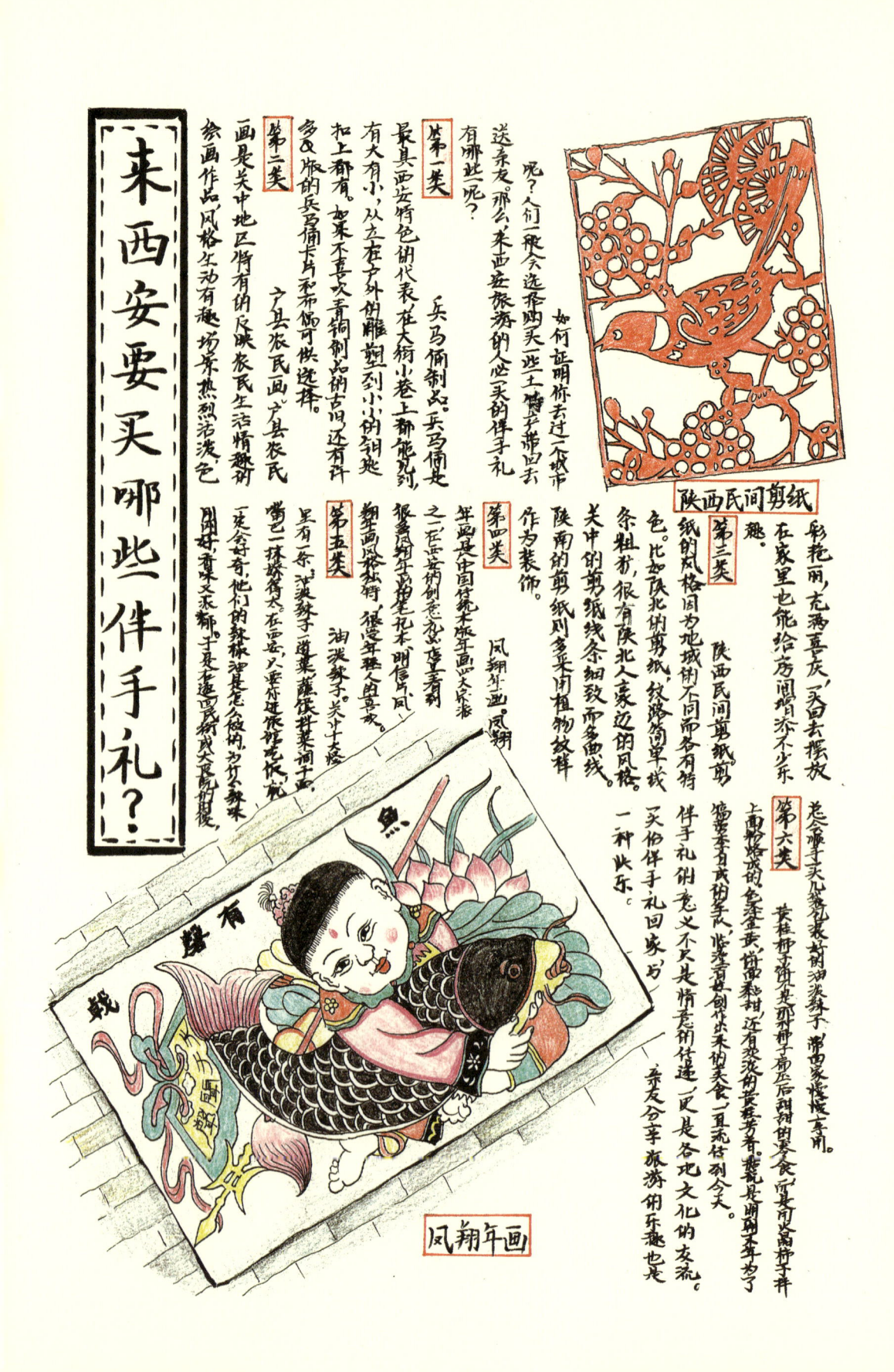

来西安要买哪些伴手礼？

如何证明你去过一个城市呢？人们一般会选择购买一些土特产带回去送亲友。那么，来西安旅游的人必买的伴手礼有哪些呢？

第一类

最具西安特色的代表：在大街小巷上都能见到，有大有小，从立在户外的雕塑到小的钥匙扣上都有。如来不喜欢青铜制钥匙扣还有件多复版的兵马俑卡片和冰箱可供选择。

兵马俑制品：兵马俑是广为人知的陕西特产之一，在西安的创意店很容易找到它的兄弟，像画着兵马俑的笔记本、塑画兵马俑的徽章和人的喜欢。

第二类

广县农民画：广县农民画是关中地区特有的反映农民生活情趣的绘画作品。风格生动有趣，场景热烈节凑色。

第三类

陕西民间剪纸：剪纸的风格因为地域的不同而各有特色。比如陕北的剪纸，线路简单线条粗犷，很有陕北人豪边的风格。关中的剪纸线条细致而多画，陕南的剪纸则多长门植物纹样。

陕西民间剪纸

第四类

凤翔年画：凤翔年画是中国传统木版年画大宗表之一，在西安的创意店铺有凤翔年画的笔记本、明信片。

第五类

吴裕泰子：波萝子，蕨菜蘘菜果闻子等一抹菜将其还东于以近展新文族竹复一定令奇，他们的发将泥是又袖纳为茶果，刚闭好。青菜文来称子又无退区民新文支助竹复。

第六类

柿柿如意：柿子是都柿子带去后到那时次柿子；涂上调料的色老是味。搭配泡桐麻辣各种味的美食方香。餐是咖啡年果了；伴手礼俩含义不买是情怀的传递，更是各地文化的交流。亲友分享旅游的乐趣也是彩艳用，充满喜庆，买回去摆放在家里也能给房间增添不少乐趣。

老金掷手天几颗沙枣制泗淡枣子带回家慢慢享用。

凤翔年画

来西安要买哪些伴手礼？

如何证明你去过一个城市呢？人们一般会选择购买一些土特产带回去送亲友。那么，来西安旅游的人必买的伴手礼有哪些呢？

第一类
兵马俑制品。兵马俑是最具西安特色的代表，在大街小巷上都能见到，有大有小，从立在户外的雕塑到小小的钥匙扣上都有。如果不喜欢青铜制品的古旧，还有许多Q版的兵马俑卡片和布偶可供选择。

第二类
户县农民画。户县农民画是关中地区特有的反映农民生活情趣的绘画作品，风格生动有趣，场景热烈活泼，色彩艳丽，充满喜庆，买回去摆放在家里也能给房间增添不少乐趣。

第三类
陕西民间剪纸。剪纸的风格因为地域的不同而各有特色。比如陕北的剪纸，纹路简单，线条粗犷，很有陕北人豪迈的风格。关中的剪纸线条细致而多曲线。陕南的剪纸则多采用植物纹样作为装饰。

第四类
凤翔年画。凤翔年画是中国传统木版年画四大宗派之一，在西安的创意礼品店里能看到很多凤翔年画的笔记本、明信片，凤翔年画风格独特，很受年轻人的喜欢。

第五类
油泼辣子。关中十大怪里有一条：油泼辣子一道菜，蘸馍拌菜调干面，嘴巴一抹嫽得太。在西安，只要你进饭馆吃饭，就一定会好奇，他们的辣椒油是怎么做的，为什么辣味刚刚好，香味又浓郁？于是在逛回民街或大皮院的时候，总会顺手买几袋包装好的油泼辣子，带回家慢慢享用。

第六类
黄桂柿子饼。西安的柿子饼不是那种柿子压扁后甜甜的零食，而是用火晶柿子拌上面粉烙成的。色泽金黄，饼面黏甜，还有淡淡的黄桂芳香。据说是明朝末年为了犒劳李自成的军队，临潼百姓创作出来的美食，一直流传到今天。

伴手礼的意义不只是情意的传递，更是各地文化的交流。买份伴手礼回家，与亲友分享旅游的乐趣也是一种快乐。

第五章

西安情趣

泾渭分明：泾水清还是渭水清？

泾渭分明是一个成语，说的是黄河的最大支流渭水和渭水的最大支流泾水在古城西安北郊交汇时由于含沙量不同，呈一清一浊的景象，并且这两条河汇成一条河时互不相融，后人就借用这一奇特景观来比喻界限清楚。是非分明。或者人品的清、浊。然而奇怪的是，古人说渭水清而泾水浊，现在我们看到的，却是泾水清而渭水浊。难道是古人搞错了吗？

原来，渭水自甘肃流经陕西入黄河，这一路流经的多是关中平原，而泾水发源于宁夏，从宁夏出来后流经的是黄土高原。黄土高原土质疏松，水土流失严重，泾水从黄土高原下来后，必定携带大量泥沙。所以古时候是渭水清而泾水浊。不过，所谓沧海桑田风水轮流转，随着时间的流逝，两者却调换了角色。原来，泾河在历史长河中逐渐演变成了"下切河凸"，也就是说，泾水从黄土高原流下来，但它不断下切，早已切到了黄土下的基

岩上，河床变成了石头，所以泾河大部分河段是清的，只有雨季和汛期之时，河水才会掺入大量泥沙。而渭河在冲积平原上一直不断地冲刷，两岸获取泥沙，再加上渭河流域人类活动频繁，环境破坏严重，水土流失也日益严重，渭水泥沙更多。恰巧渭河流经地区土壤所含的矿物成分，能让渭河含泥沙量达到每立方米十公斤时就呈赤黄色，所以这样下来，反比例是渭水水色床于泾水了。所以沉渭水清并泾浊令人说泾水清也并不是我们说瞎话，而是环境变了。

泾渭分明：泾水清还是渭水清？

泾渭分明是一个成语，说的是黄河的最大支流渭水和渭水的最大支流泾水在古城西安北郊交汇时，由于含沙量不同，呈一清一浊的景象，并且这一清一浊的两条河汇成一条河时互不相融。后人就借用这一奇特景观来比喻界限清楚、是非分明，或者人品的清浊。然而奇怪的是，古人说渭水清而泾水浊，现在我们看到的却是泾水清而渭水浊。难道是古人搞错了吗？

原来，渭水自甘肃流经陕西入黄河，这一路流经的多是关中平原。而泾水发源于宁夏，从宁夏出来后流经的是黄土高原。黄土高原土质疏松，水土流失严重，泾水从黄土高原下来后，必定携带大量泥沙。所以古时候是渭水清而泾水浊。不过，所谓沧海桑田，风水轮流转，随着时间的流逝，两者却调换了角色。泾河在历史长河中逐渐演变成一条"下切河"，也就是说，泾水虽从黄土高原流下来，但它不断下切，早已切到了黄土下的基岩上，河床变成了石头，所以泾河大部分河段是清的，只有雨季和汛期之时，河水才会掺入大量泥沙。而渭河在冲积平原上，一直不断地冲刷两岸，淤积泥沙。再加上渭河流域人类活动频繁，环境破坏严重，水土流失也日益严重，渭水泥沙更多。恰巧渭河流经地区土壤所含的矿物成分，能让渭河含泥沙量在达到每立方米10公斤时就呈赤黄色，所以这样下来，反倒是渭水水色深于泾水了。所以古人说渭水清并没有错，今人说泾水清也对，不是我们说瞎话，而是环境变了。

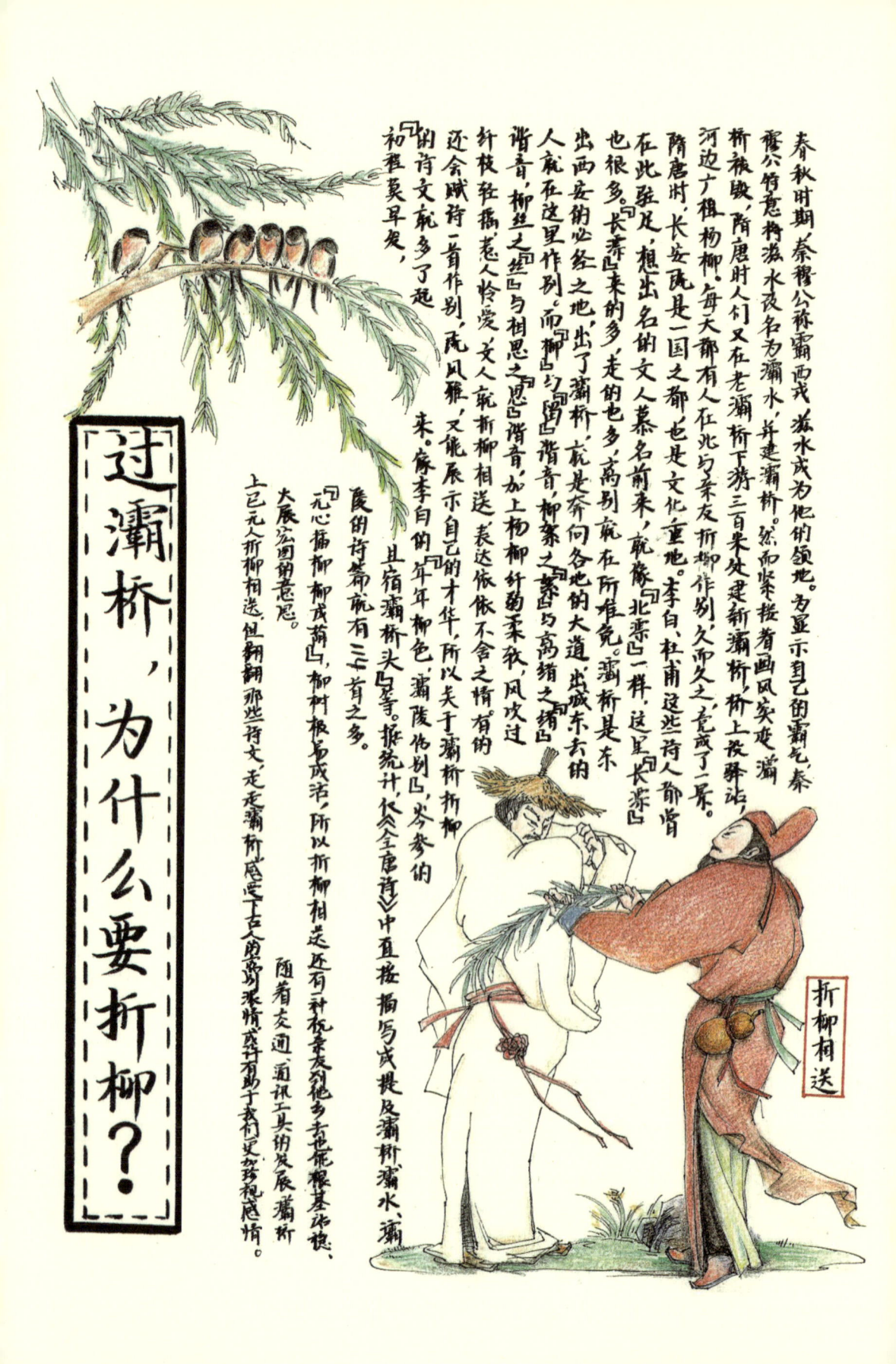

过灞桥，为什么要折柳？

春秋时期，秦穆公称霸西戎，滋水成为他的领地。为显示自己的霸气，秦穆公将滋水改名为灞水，并建灞桥。然而紧挨着"画风突变灞桥"被毁，隋唐时人们又在老灞桥下游三百米处建新灞桥，桥上设驿站，河边广植杨柳。每天都有人在此与亲友折柳作别，久而久之，竟成了一景。

隋唐时，长安既是一国之都也是文化重地。李白、杜甫这些诗人爷爷在此驻足，想出名的文人慕名前来，就像"北漂"一样，这是"长漂"也很多。"长漂"来的多，走的也多，离别就在所难免。灞桥是东出西安的必经之地，"出了灞桥，就是奔向各地的大道，出城东去的人就在这里作别，而"柳"与"留"谐音，"柳条"之"条"与"情思"之"思"谐音，"柳丝"之"丝"与"相思"之"思"谐音，加上杨柳纤劲柔软，风吹过折枝轻揉老人怜爱，文人就折柳相送，表达依依不舍之情，有的还会赋诗一首作别，既风雅，又能展示自己的才华，所以关于灞桥折柳的诗文就多了起来。像李白的"年年柳色，灞陵伤别"岑参的"初程莫早发，且宿灞桥头"等。据统计，《全唐诗》中直接描写或提及灞桥灞水、灞陵的诗篇就有三百首之多。

"心摧攀柳戏成辞"，柳树报晨成活，所以折柳相送还有祝枝条在友人他乡也能扎根生活，大展宏图的意思。

随着交通、通讯工具的发展，灞桥上已无人折柳相送，但翻翻那些诗文，走走灞桥，感受下古人的那些浓情或许有助于我们舒缓疲惫的感情。

折柳相送

过灞桥，为什么要折柳？

春秋时期，秦穆公称霸西戎，滋水成为他的领地。为显示自己的霸气，秦穆公特意将滋水改名为灞水，并建灞桥。然而紧接着画风突变，灞桥被毁，隋唐时人们又在老灞桥下游300米处建新灞桥，桥上设驿站，河边广植杨柳。每天都有人在此与亲友折柳作别，久而久之，竟成了一景。

隋唐时，长安既是一国之都，也是文化重地。李白、杜甫这些诗人都曾在此驻足，想出名的文人慕名前来，就像"北漂"一样，这里"长漂"也很多。"长漂"来的多，走的也多，离别就在所难免。灞桥是东出西安的必经之地，出了灞桥，就是奔向各地的大道，出城东去的人就在这里作别。而"柳"与"留"谐音，柳絮之"絮"与离绪之"绪"谐音，柳丝之"丝"与相思之"思"谐音，加上杨柳纤弱柔软，风吹过纤枝轻摇，惹人怜爱，文人就折柳相送，表达依依不舍之情。有的还会赋诗一首作别，既风雅，又能展示自己的才华，所以关于灞桥折柳的诗文就多了起来。像李白的"年年柳色，灞陵伤别"，岑参的"初程莫早发，且宿灞桥头"等。据统计，仅《全唐诗》中直接描写或提及灞桥、灞水、灞陵的诗篇就有114首之多。

"无心插柳柳成荫"，柳树极易成活，所以折柳相送还有一种祝亲友到他乡去也能根基站稳、大展宏图的意思。

随着交通、通讯工具的发展，灞桥上已无人折柳相送，但翻翻那些诗文，走走灞桥，感受下古人的离别浓情，或许有助于我们更加珍视感情。

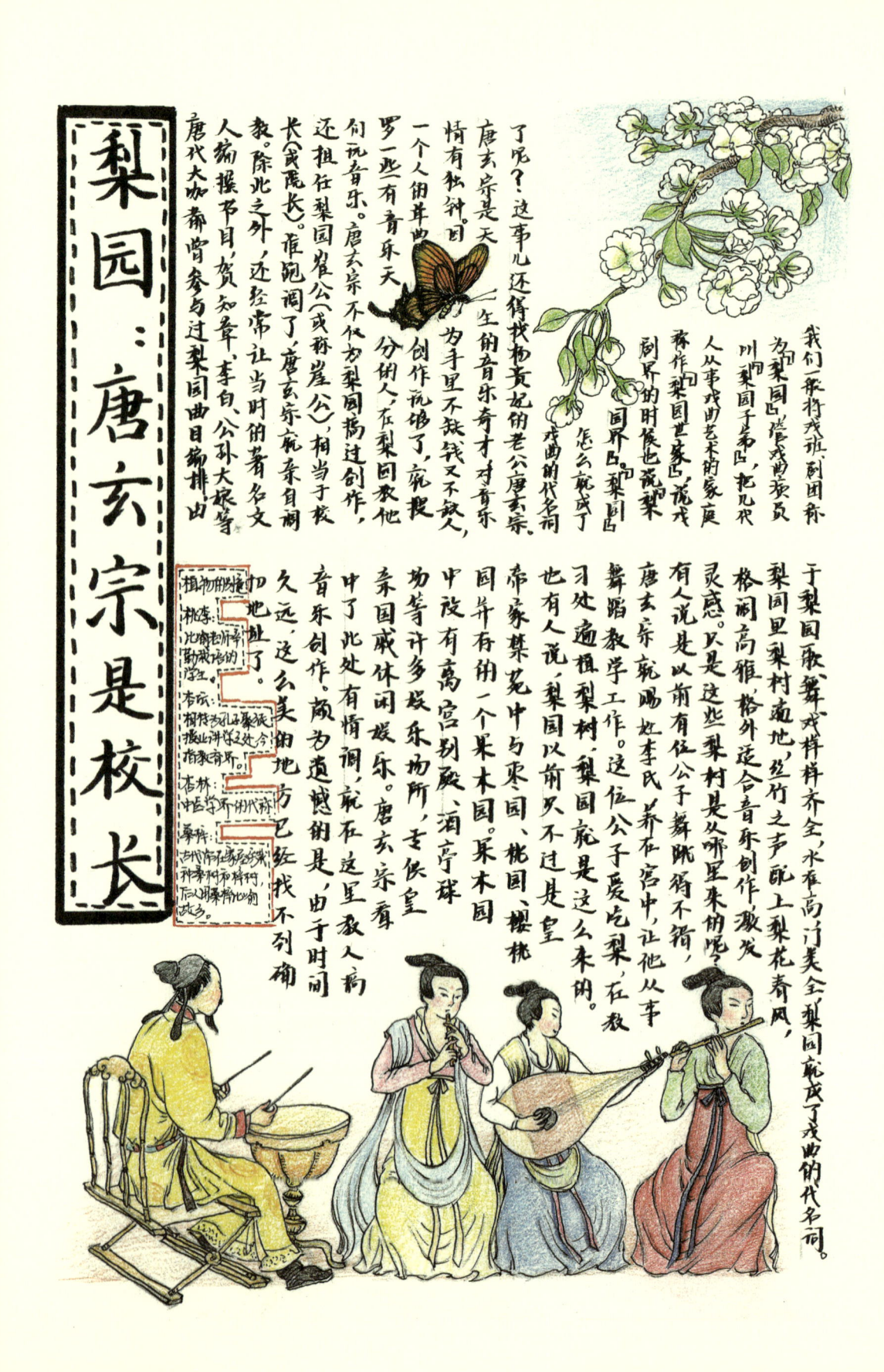

梨园：唐玄宗是校长

我们一般称戏班、剧团都为"梨园"，称戏曲演员为"梨园弟子"，把几代人从事戏曲艺术的家庭称作"梨园世家"，疏戏剧界的时候也说梨园界。戏曲的代名词怎么就成了梨园？

这事儿还得找杨贵妃的老公唐玄宗。唐玄宗是天生的音乐奇才，才音乐一生的音乐奇才，又有情有独钟。他不仅自己为手里不缺钱又不缺人，创作玩够了，就拉罗一些有音乐细胞的人，在梨园分头，他们玩音乐。唐玄宗不但为梨园搞过创作，还担任梨园崔公（或称崔公），相当于校长（或院长）。崔跑调了，唐玄宗就亲自调教。除此之外，还经常让当时的著名文人骚操刀节目。贺知章、李白、公孙大娘等唐代大咖都曾参与过梨园曲目编排出了呢？

唐玄宗赐处李氏，养在宫中，让他从事舞蹈教学工作。这位公子爱吃梨，在教习之处遍植梨树。梨园以前只不过是皇帝象棋花中与枣园、桃园、樱桃园并存的一个朵木园。某木园中设有许多娱乐场所、宴飨皇亲国戚休闲娱乐。唐玄宗看中了此处有情调，就在这里教人高了音乐创作，颇为遗憾的是，由于时间久远，这么美的地方已经找不到确加地址了。

于梨园歌舞、戏样料齐全，水准高、汗美全，梨园里梨树遍地，丝竹之声配上梨花春风，格调高雅，格外适合音乐创作激发灵感。只是这些梨树是从哪里来的呢？有人说是以前有位公子爱吃梨，有人说，梨树、梨园以前就是这么来的。

于梨园就成了戏曲的代名词。

植物的肉类桃源：指庸老师勤戒的学生。
杏林：指医生或者大夫，故为谋生之处合指医家专家。
苔林：中医药界的代称。
漆林：古代的衣冠乡士名流和诗人聚集的比喻故乡。

梨园：唐玄宗是校长

我们一般将戏班、剧团称为"梨园"，管戏曲演员叫"梨园子弟"，把几代人从事戏曲艺术的家庭称作"梨园世家"，说戏剧界的时候也说"梨园界"。"梨园"怎么就成了戏曲的代名词了呢？这事儿还得找杨贵妃的老公唐玄宗。

唐玄宗是天生的音乐奇才，对音乐情有独钟。因为手里不缺钱又不缺人，一个人的单曲创作玩够了，就搜罗了一些有音乐天分的人，在梨园教他们玩音乐。唐玄宗不仅为梨园搞过创作，还担任梨园崔公（或称崖公），相当于校长（或院长）。谁跑调了，唐传宗就亲自调教。除此之外，他还经常让当时的著名文人编节目，贺知章、李白、公孙大娘等唐代"大咖"都曾参与过梨园曲目编排。由于梨园歌、舞、戏样样齐全，水准高，门类全，梨园就成了戏曲的代名词。

梨园里梨树遍地，丝竹之声配上梨花春风，格调高雅，格外适合音乐创作，激发灵感。只是这些梨树是从哪里来的呢？有人说是以前有位公子舞跳得不错，唐玄宗就赐姓李氏，养在宫中，让他从事舞蹈教学工作。这位公子爱吃梨，在教习处遍植梨树，梨园就是这么来的。也有人说，梨园以前只不过是皇家禁苑中与枣园、桃园、樱桃园并存的一个果木园。果木园中设有离宫别殿、酒亭球场等许多娱乐场所，专供皇亲国戚休闲娱乐。唐玄宗看中了此处有情调，就在这里教人搞音乐创作。颇为遗憾的是，由于时间久远，这么美的地方已经找不到确切位置了。

钟馗：做进士不成，去做捉鬼大仙

在中国民间传说中，钟馗是负责捉鬼驱邪的神。尽管他长得铁面虬髯，相貌狰狞，但这些年不易向他致我众多粉丝。过春节的时候，大家将他的画像贴在门上以求平安，端午的时候又视他为祈五毒的天师，平日里还把他当成万能的神仙，想要福气财气，都喜欢在他面前求上一番。不过这个大丑男是怎么成仙的呢？

相传，唐玄宗有次外出巡游，回来后患上了重病，怎么治都治不好。急坏了宫中上下。一天晚上，玄宗失眠，刚觉迷迷糊糊睡下，就梦见一个穿着红色衣裳的小鬼偷他的珍宝。唐玄宗还忘不得，只能气得哑骂。这时忽见一个戴着破帽子，打扮很狼狈的大丑男跳出来，一把捉住小鬼，张口吞了。玄宗好奇，就问他姓名，大丑男说，向臣钟馗，原本考中了终南山进士，谁想高祖皇帝嫌我长得丑，就发愁做了我，我所不忿，一气之下就撞死在宫殿的台所上。死后觉得进士没做成，但好事还是可以继续做的，岛然我丑，但我力气足，胆子大，于是专门捉鬼，让大家平安些。"

玄宗醒后，唐玄宗的病竟然好了。玄宗大喜，立刻命令当时最有名的画家吴道子把梦中钟馗的形象画下来。由于唐玄宗本身是道教信徒，于是就将钟馗说成是道家里的捉鬼大仙。

且不说这故事真假，就花中进士就撞死了也算当时改事真很，且不花这故事真很，但起码人家生前是个爱学习的钟馗，虽然相貌丑陋，发中进士就撞死了也算是个爱社会爱和平的好神仙，难怪受到那么多人喜欢。

钟馗

钟馗：做进士不成，去做捉鬼大仙

在中国民间传说中，钟馗是负责捉鬼驱邪的神。尽管他长得铁面虬髯，相貌狰狞，但这并不影响他收获众多粉丝。过春节的时候，大家将他的画像贴在门上保平安，端午的时候又视他为斩五毒的天师，平日里还把他当万能的神仙，想要福气财气，都喜欢在他面前求上一番。不过这个大丑男是怎么成仙的呢？

相传，唐玄宗有次外出巡游，回来后患上了重病，怎么治都治不好，急坏了宫中上下。一天晚上，玄宗头沉，刚熄灯睡下，就梦见一个穿着红色衣服的小鬼偷他的珍宝，唐玄宗追它不得，只能气急唾骂。这时，忽见一个戴着破帽子、打扮很非主流的大丑男跳出来，一把捉住小鬼，张口吞了。玄宗好奇，就问他姓名，大丑男说："臣钟馗，原本考中了终南山进士，谁想高祖皇帝嫌我长得丑，就没录取我。我听了难过，一气之下就撞死在宫殿的台阶上。死后觉得进士没做成，但好事还是可以继续做的，虽然我丑，但我力气足，胆子大，于是专门捉鬼，让大家平安些。"梦醒后，唐玄宗的病竟然好了。玄宗大喜，立刻命令当时最有名的画家吴道子把梦中钟馗的形象画下来。由于唐玄宗本身是道教信徒，于是就将钟馗说成是道教里的捉鬼大仙。

且不论故事真假，就说这故事中的钟馗，虽然相貌丑陋，没中进士就撞死了也算鲁莽，但起码人家生前是个爱学习知上进的好青年，死后也是个爱社会爱和平的好神仙，难怪受到那么多人喜欢。

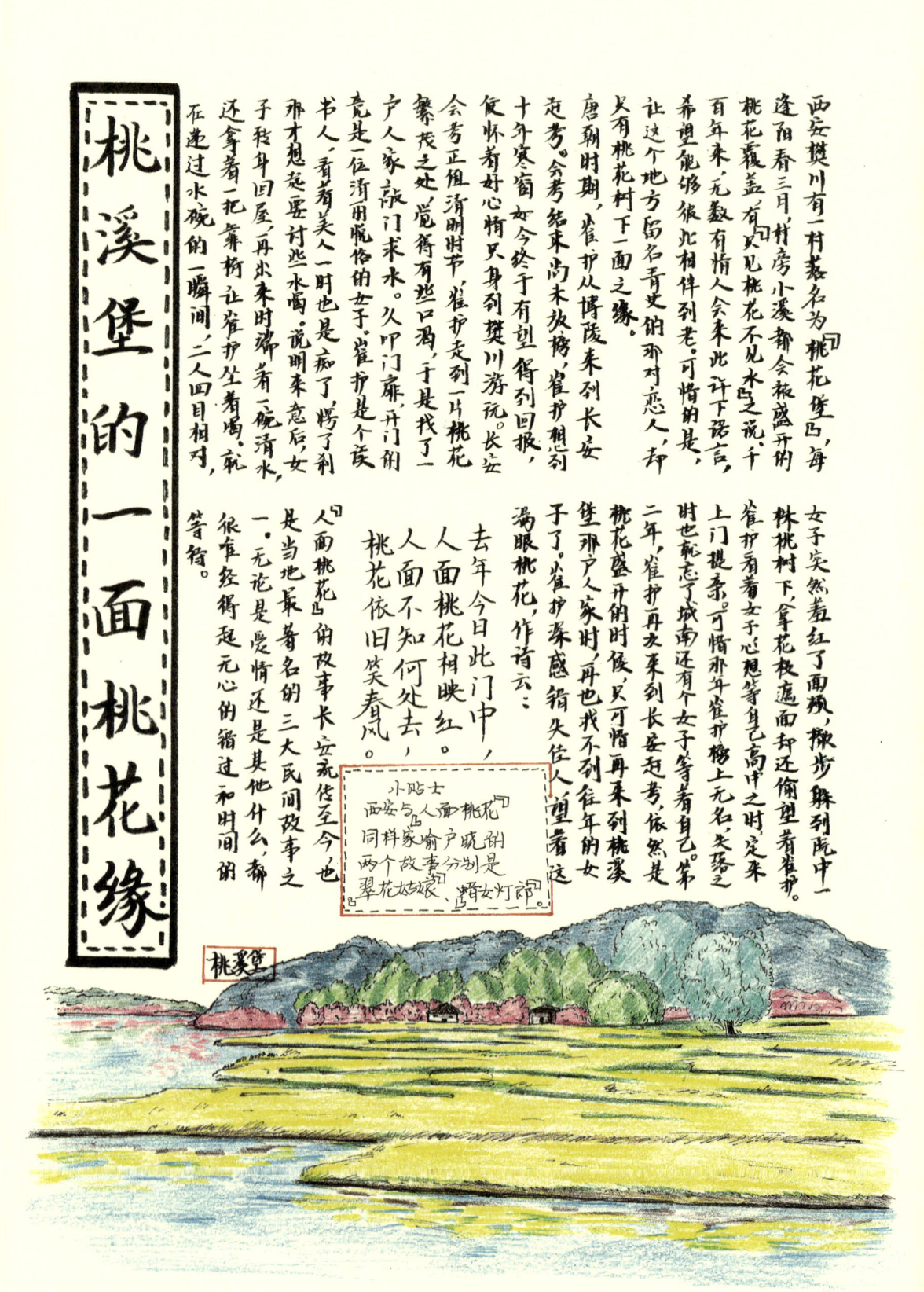

桃溪堡的一面桃花缘

西安樊川有一村落名为"桃花堡"，每逢阳春三月，村旁小溪都会被盛开的桃花覆盖，有以为水之说，千百年来，无数有情人会来此许下誓言，希望能够很久相伴到老。可惜的是，让这个地方闻名九州的那对恋人，却只有桃花树下一面之缘。

唐朝时期，崔护从博陵来到长安起芳，会考名落孙山未及榜，崔护想到十年寒窗如今终于有望得到回报，怀着好心情只身到樊川游玩。长安城南桃花盛开的时候，崔护走到一片桃花繁茂之处，觉得有些口渴，于是找了一户人家叩门求水。久叩门扉，开门的竟是一位清丽脱俗的女子。崔护是个读书人，看着美人一时也是痴了犯了那才想起要讨些水喝。说明来意后，女子转身回屋，再次来时端着一碗清水，还拿着一把靠椅让崔护坐着喝，很专注得起元心的箱过和时间的。在透过水碗的一瞬间，二人四目相对，等待。

女子突然羞红了面颊，撇步躲到院中一棵桃花树下，拿花枝遍面却还偷望着崔护。崔护看着女子心里等自己高中之时定来上门提亲，可惜那年崔护榜上无名，失落之时也就忘了城南还有个女子等着自己第二年，崔护再来到长安起芳，依然是桃花盛开的时候，可惜再来到桃溪堡那户人家时，再也找不到往年的女子了。崔护深感失怅人望着这满眼桃花，作诗去：

去年今日此门中，
人面桃花相映红。
人面不知何处去，
桃花依旧笑春风。

"人面桃花"的故事长安就传至今也是当地最著名的三大民间故事之一。无论是悲情还是其他什么，都很值得....

小贴士
西安与"人面桃花"同料家喻户晓的两个故事分别是《翠花姑娘》、《婚女灯节》

桃溪堡

桃溪堡的一面桃花缘

西安樊川有一村落名为"桃溪堡",每逢阳春三月,村旁小溪都会被盛开的桃花覆盖,有"只见桃花不见水"之说。千百年来,无数有情人会来此许下诺言,希望能够彼此相伴到老。可惜的是,让这个地方留名青史的那对恋人,却只有桃花树下一面之缘。

唐朝时期,崔护从博陵来到长安赶考。会考结束尚未放榜,崔护想到十年寒窗如今终于有望得到回报,便怀着好心情只身到樊川游玩。长安会考正值清明时节,崔护走到一片桃花繁茂之处,觉得有些口渴,于是找了一户人家敲门求水。久叩门扉,开门的竟是一位清丽脱俗的女子。崔护是个读书人,看着美人一时也是痴了,愣了刹那才想起要讨些水喝。说明来意后,女子转身回屋,再出来时端着一碗清水,还拿着一把靠椅让崔护坐着喝。就在递过水碗的一瞬间,二人四目相对,女子突然羞红了面颊,撒步躲到院中一株桃树下,拿花枝遮面却还偷望着崔护。崔护看着女子,心想等自己高中之时,定来上门提亲。可惜那年崔护榜上无名,失落之时也就忘了城南还有个女子等着自己。第二年,崔护再次来到长安赶考,依然是桃花盛开的时候,只可惜再来到桃溪堡那户人家时,再也找不到往年的女子了。崔护深感错失佳人,望着这满眼桃花,作诗云:

去年今日此门中,
人面桃花相映红。
人面不知何处去,
桃花依旧笑春风。

"人面桃花"的故事在长安流传至今,也是当地最著名的三大民间故事之一。无论是爱情还是其他什么,都很难经得起无心的错过和时间的等待。

酒壮凡人胆，醉打金枝

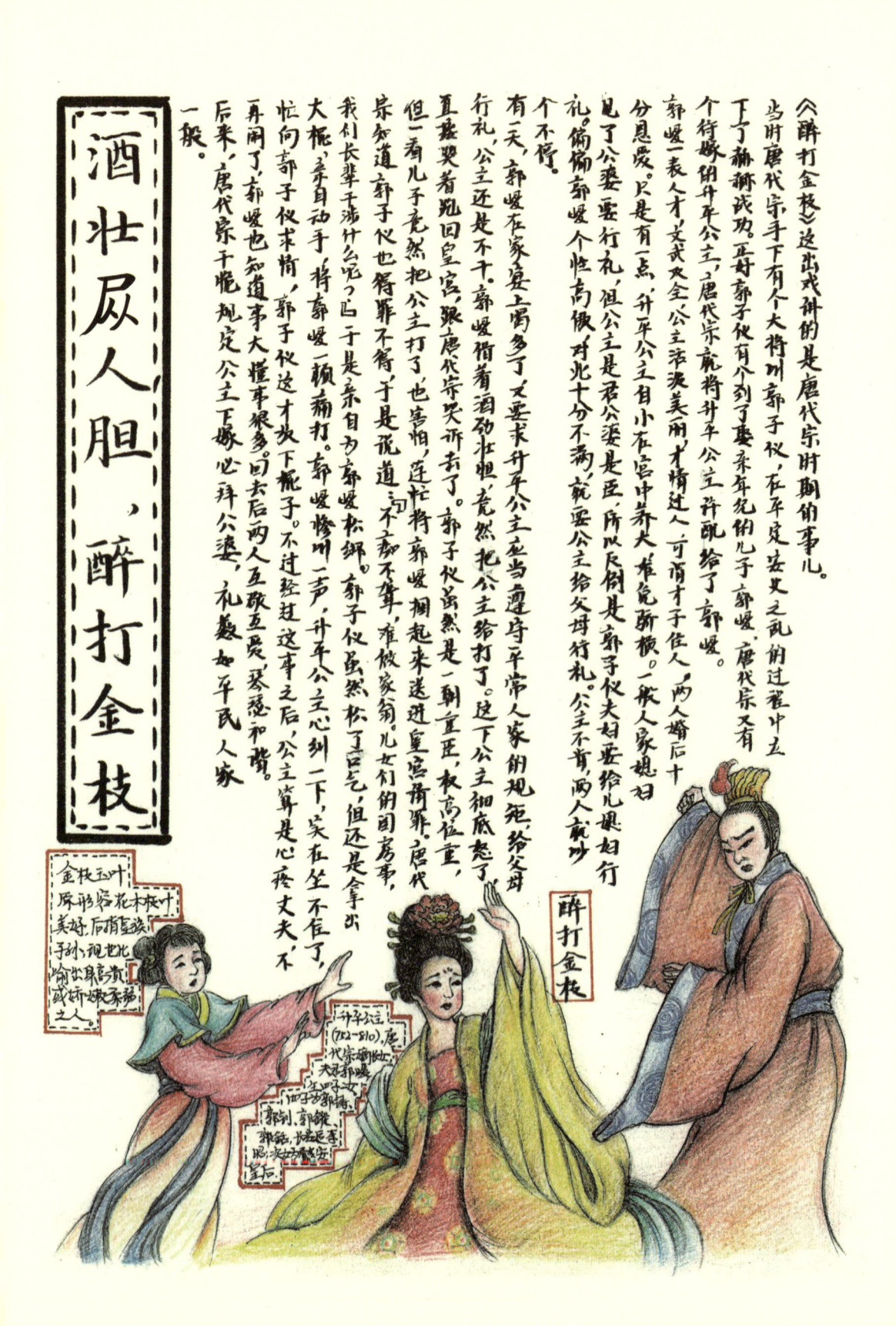

《醉打金枝》这出戏讲的是唐代时期的事儿。

当时唐代宗手下有个大将叫郭子仪，在平定安史之乱的过程中立下了赫赫战功。正好郭子仪有个六儿叫郭暧，唐代宗又有个行将成年的升平公主，唐代宗就将升平公主许配给了郭暧。

郭暧一表人才，文武双全，公主活泼美丽，才情过人，可谓才子佳人，两人婚后十分恩爱。只是有一点，升平公主自小在宫中养大，娇生惯养，一般人家娶媳妇见了公婆要行礼，但公主是君公主是君公主，所以反倒是郭子仪夫妇要给儿媳妇行礼。偏偏郭暧个性高傲，对此十分不满，就要公主给父母行礼。公主不肯，两人就吵一架。

有一天，郭暧在家宴上喝多了，丈夫要求升平公主要遵守平常人家的规矩，给父母行礼，公主还是不干。郭暧借着酒劲壮壮胆，竟然把公主打了。这下公主恼怒了，直接哭着跑回皇宫，跟唐代宗告状了。郭子仪虽然是一朝重臣，权高位重，但一看儿子竟然把公主打了，也害怕，连忙将郭暧捆起来送进皇宫请罪。唐代宗知道郭子仪也惧罪不肯，于是就道：词不知郭暧不肯，做家翁，儿女们的闺房事，我们长辈干涉什么呢？于是花道郭子仪慢慢了口气，但还是拿出大棍，亲自动手，将郭暧惨打了一顿。郭暧惨叫一声，升平公主听到了一下，实在坐不住了，忙向郭子仪求情，郭子仪这才饮下龙子。不过经过这事之后，公主算是心疼丈夫，不再闹了，郭暧也知道事大谨慎很多。回去后，两人互敬互爱，琴瑟和谐。

后来，唐代宗干脆规定公主下嫁必拜公婆，礼数如平民人家一般。

金枝玉叶
原形容花木枝叶
美好，后指皇族
子孙，现也比
喻出身高贵
或娇嫩柔弱
之人。

升平公主，唐
(752-810)，唐
代宗和崔妃
之女子，驸马郭
暧，所生四子
郭钊、郭鏦、
郭铦，长女唐宪
宗懿安皇后。

醉打金枝

酒壮尻人胆，醉打金枝

《醉打金枝》这出戏讲的是唐代宗时期的事。

当时唐代宗手下有个大将叫郭子仪，在平定安史之乱的过程中立下了赫赫战功。正好郭子仪有个到了娶亲年纪的儿子郭暧，唐代宗又有个待嫁的升平公主，唐代宗就将升平公主许配给了郭暧。

郭暧一表人才，文武双全，公主活泼美丽，才情过人，可谓才子佳人，两人婚后十分恩爱。只是有一点，升平公主自小在宫中养大，难免骄横。一般人家媳妇见了公婆要行礼，但公主是君公婆是臣，所以反倒是郭子仪夫妇要给儿媳妇行礼。偏偏郭暧个性高傲，对此十分不满，就要公主给父母行礼。公主不肯，两人就吵个不停。

有一天，郭暧在家宴上喝多了，又要求升平公主应当遵守平常人家的规矩，给父母行礼，公主还是不干。郭暧借着酒劲壮胆，竟然把公主给打了。这下公主彻底怒了，直接哭着跑回皇宫，跟唐代宗哭诉去了。郭子仪虽然是一朝重臣，权高位重，但一看儿子竟然把公主打了，也害怕，连忙将郭暧捆起来送进皇宫请罪。唐代宗知道郭子仪也得罪不得，于是说道："不痴不聋，难做家翁。儿女们的闺房事，我们长辈干涉什么呢？"于是亲自为郭暧松绑。郭子仪虽然松了一口气，但还是拿出大棍，亲自动手，将郭暧一顿痛打。郭暧惨叫一声，升平公主心纠一下，实在坐不住了，忙向郭子仪求情，郭子仪这才放下棍子。不过经过这事之后，公主算是心疼丈夫，不再闹了，郭暧也知道事大，懂事很多。回去后两人互敬互爱，琴瑟和谐。

后来，唐代宗干脆规定公主下嫁必拜公婆，礼数如平民人家一般。

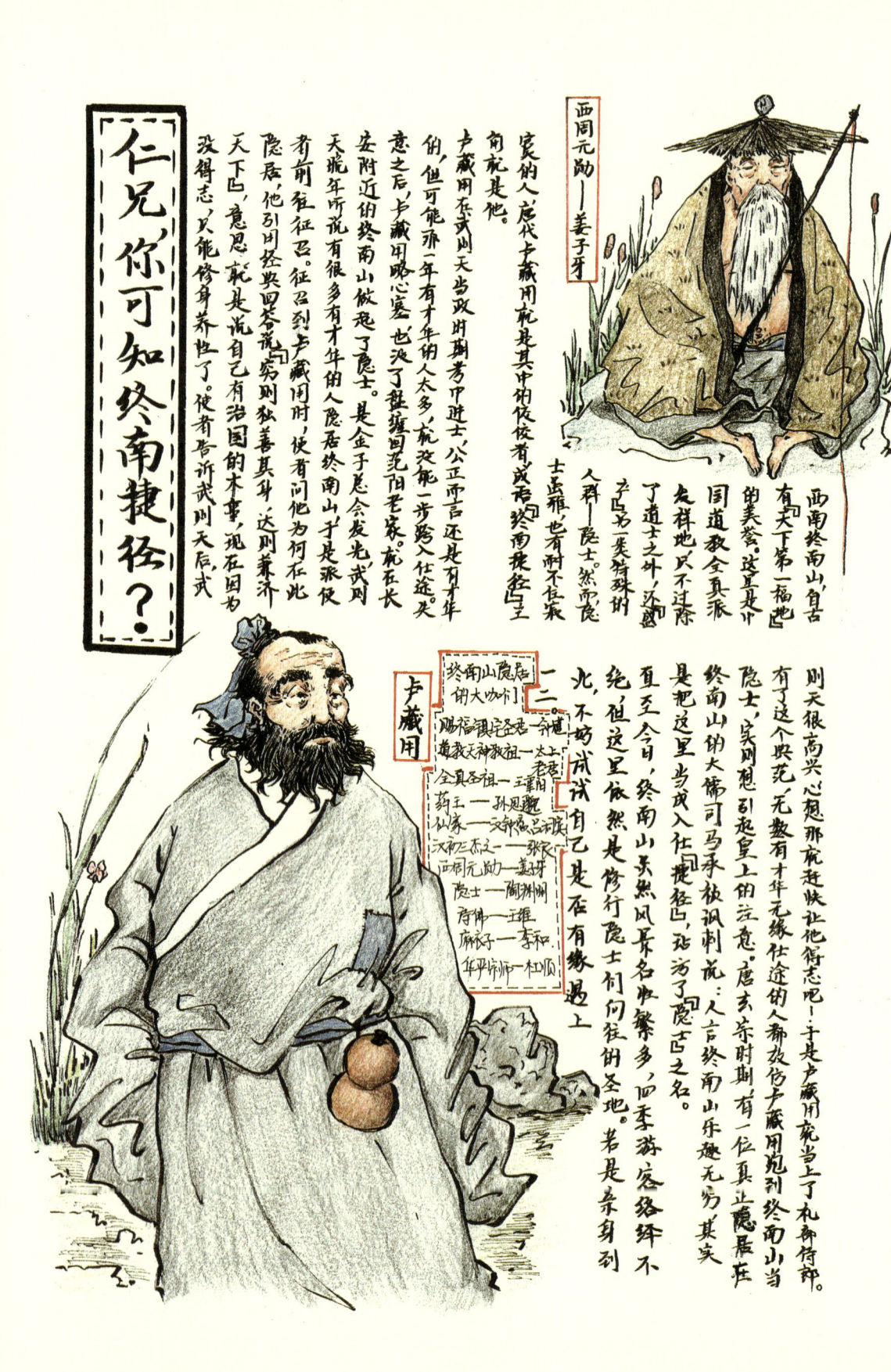

仁兄你可知终南捷径？

西南终南山，自古有"天下第一福地"的美誉。这里是个地道的道教全真派同道教全真派的大本营，实则想到起皇上的注意。唐玄宗时期，有一位真卢藏用就被讥讽说："人言终南山乐趣无穷，其实是把这里当成入仕'捷径'，玷污了隐居之名。"

直至今日，终南山依然风景如画，四季游客络绎不绝。但这里依然是修行隐士们向往的圣地，若是亲身到此，不妨试试自己是在有缘遇上了道士之外，还能产凡，一笑特殊的人群——隐士。然而隐士就是那种不慕名利、退隐的人。

宾的人，唐代卢藏用就是其中的佼佼者成为终南捷径的。向就是他。

卢藏用在武则天当政时期考中进士，公正而还是列十年，的，但可能求官的人太多，就没能一步跨入仕途，失意之后，卢藏用晚心灰，也动了隐逸出老家，就在长安附近的终南山做起了隐士。是金子总会发光武则天后年所说有很多有才华的人隐居于终南山于是派使者前往征召。征召到卢藏用时，使者问他为何在此隐居，他引用典故回答说："穷则独善其身，达则兼济天下。"意思就是说自己有治国的本事，现在因为没得志只能修身养性了。使者告诉武则天后，武

西周元勋——姜子牙

卢藏用
- 终南山隐居的大咖们
- 赐福镇宅圣君——钟馗
- 道教天神教祖——太上老君
- 全真圣祖——王重阳
- 药王——孙思邈
- 仙家——吕洞宾
- 汉初三杰之———张良
- 西周元勋——姜子牙
- 隐士——陶渊明
- 诗佛——王维
- 麻衣子——李和
- 华严祖师——杜顺

仁兄，你可知终南捷径？

西安终南山，自古有"天下第一福地"的美誉。这里是中国道教全真派的发祥地，只不过除了道士之外，还"盛产"另一类特殊的人群——隐士。然而，隐士虽雅，也有耐不住寂寞的人，唐代卢藏用就是其中的佼佼者，成语"终南捷径"主角就是他。

卢藏用在武则天当政时期考中进士，公正而言还是有才华的，但可能那一年有才华的人太多，就没能一步跨入仕途。失意之后，卢藏用略微心寒，也没了盘缠回范阳老家，就在长安附近的终南山做起了隐士。是金子总会发光，武则天晚年听说有很多有才华的人隐居终南山，于是派使者前往征召。征召到卢藏用时，使者问他为何在此隐居，他引用经典回答说"穷则独善其身，达则兼济天下"，意思是自己有治国的本事，现在因为没得志，只能修身养性了。使者告诉武则天后，武则天很高兴，心想那就赶快让他得志吧！于是卢藏用就当上了礼部侍郎。有了这个典范，无数有才华而无缘仕途的人都效仿卢藏用跑到终南山当隐士，实则是想引起皇上的注意。唐玄宗时期，有一位真正隐居在终南山的大儒司马承祯讽刺说：人言终南山乐趣无穷，其实是把这里当成入仕"捷径"，玷污了"隐士"之名。

直至今日，终南山虽然风景名胜繁多，四季游客络绎不绝，但这里依然是修行隐士们向往的圣地。若是亲身到此，不妨试试自己是否有缘遇上一二。

大小学习巷：超越千年的统治智慧

唐代宗这招"文化统治"的智慧，就来藏在中国第一古巷"大小学习巷"里。

小贴士：中国第一老胡同：北京砖塔胡同。

大学习巷

城中建筑之间有道路，宽为街，窄为巷。两条古巷建于唐代宗时期，而且恰是"安史之乱"之后，也许唐代宗是从"安史之乱"中受到启发，这两条古巷的改名，强令着超越千年的统治智慧。

话说安史之乱后，郭子仪从泾川回到长安，还有回纥、大食等有军功的胡将士。唐代宗接见后，看到这些胡人后裔滑于唐代宗不乱教对胡人也很疼爱，后来回去就反了，眼前这些人看起来也不靠谱。想：当年小安和小史对朕南呼父将胡人都温柔又成了"让安史之乱"让老婆带孩子热炕头，日子长了，胡人想家就派人接来老婆带孩子，可这只是代宗的臆测，留在长安老婆孩子热炕头，当然心甘情愿。看到胡人们上钩了，代宗就让所有胡人学习汉佛文化。首先是语言，在长安成里大多数情况还是要和汉人交流，一口少数民族的小语言肯定不行，然后是佛礼节，进门脱鞋上炕实在混不下去了，之后是恩想教育，君子动口不动手，从此，胡人居住的这两条巷子也视作了热火朝天的汉文化学习热，被命名为"大小学习巷"。

唐代宗接见胡人

大小学习巷：超越千年的统治智慧

城中建筑之间有道路，宽为街，窄为巷。中国最古老的街无从考证，但最古老的巷子当属西安的"大小学习巷"。两条古巷成名于唐代宗时期，而且恰恰是"安史之乱"之后。也许唐代宗是从安史之乱中受到启发，这两条古巷的设立，蕴含着超越千年的统治智慧。

平定安史之乱后，郭子仪从泾川回到长安，而与他一起回到长安的还有回纥、大食等有军功的胡人将士。唐代宗接见完这些胡人后就想：当年小安和小史对玄宗也很敬畏，后来回去就反了，眼前这些人看起来也不靠谱。于是，代宗不敢放胡人回老家，就以"留下享福"的名义将胡人都留在长安，安住在相隔不远的两条巷子里。日子长了胡人想家，代宗就用"温柔乡"战术，让内官给胡人找老婆，直接把家安在长安，老家有婆娘的就派人接过来。胡人过去在草原风餐露宿，现在留在长安老婆孩子热炕头，当然心甘情愿。可这只是代宗的鱼饵，看到胡人们上钩了，代宗就让所有胡人学习汉儒文化。首先是语言，在长安城里大多情况还是和汉人交流，一口少数民族的小语种肯定不行；然后是服饰礼节，进门脱鞋上炕实在混不下去；之后是思想教育，君子动口不动手。从此，胡人居住的这两条巷子出现了热火朝天的"汉文化学习"热，被命名为"大小学习巷"。

唐代宗这招"汉化统治"的智慧，就浓缩在中国第一古巷"大小学习巷"里。

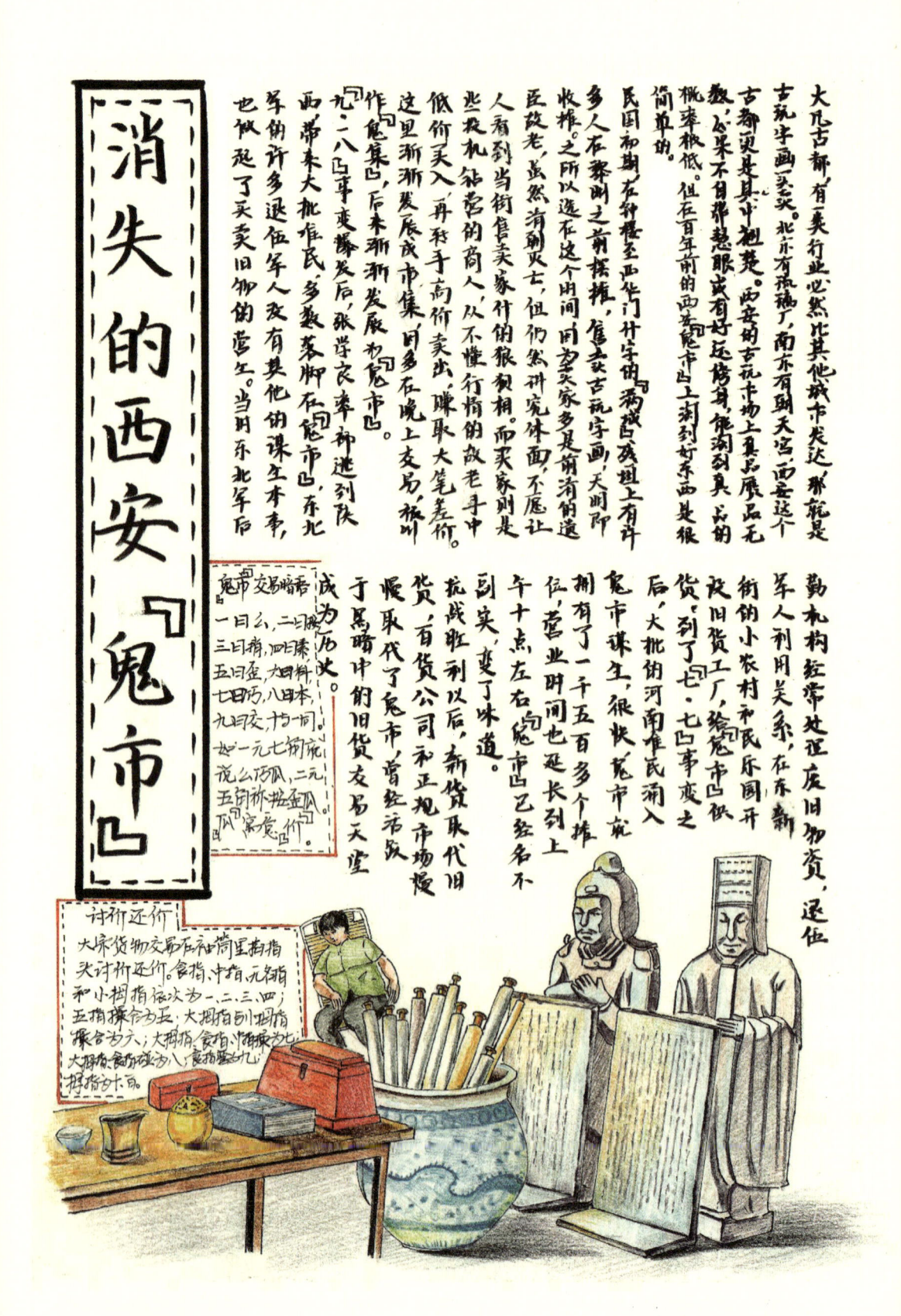

消失的西安"鬼市"

大凡古都,有一类行业必然比其他城市发达,那就是古玩字画买卖。北京有琉璃厂,南京有朝天宫,而西安这个古都无疑是其中翘楚。西安的古玩市场上真品展品无数,仿冒那些慈眉或有好运傍身,能淘到真、品的概率极低。但在百年前的西安鬼市上,淘到好东西是很简单的。

民国初期,在钟楼至正化门什字间的"菊花园"或组上有许多人在黎明之前摆摊,售卖古玩字画,天明即收摊。之所以选在这个时间同窗买家多是前清的遗臣改老,虽然消灭古,但仍然讲究体面,不愿让人看到当街贩卖家什的狼狈相。而买家则是些投机钻营的商人,从不懂行情的故老手中低价买入,再转手高价卖出,赚取大笔差价。这里渐渐发展成市集,因多在晚上交易,被称作"鬼集",后来渐渐发展为"鬼市"。

"九·二八"事变爆发后,张学良率部退到陕西带来大批难民,多数落脚在"鬼市",东北军的许多退伍军人又有其他的谋生本事,也做起了买卖旧物的营生。当时东北军的勤杂机构经常处置庞旧物资,退伍军人利用关系,在东新街的小农村和民乐园开设旧货工厂,徐鬼市场就改叫"旧货",到了七·七事变之后,大批的河南难民涌入鬼市谋生,很快鬼市就拥有了一千五百多个摊位,营业时间也延长到上午十点左右,鬼市已经名不副实,变了味道。

抗战胜利以后,新货取代旧货,百货公司和正规市场慢慢取代了鬼市,曾经济荣于马路暗中的旧货交易天堂成为历史。

<small>**鬼市交易暗语**
一曰么,二曰腰,三曰响,四曰素,五曰金,六曰料,七曰拐,八曰本,九曰交,十曰同,如一元七角底说么仿拐,二元五角就是腰金仿,宝爱价。</small>

<small>**讨价还价**
大宗货物交易在袖筒里捏指头讨价还价。食指、中指、无名指和小拇指依次为一、二、三、四、五捏操合为长。大拇指自到为六,食指伸曲为七,大拇指食指均曲为八,食指曲为九,拇指伸为十,合为百。</small>

消失的西安"鬼市"

大凡古都，有一类行业必然比其他城市发达，那就是古玩字画买卖。北京有琉璃厂，南京有朝天宫，西安这个古都更是其中翘楚。西安的古玩市场上真品赝品无数，如果不自带慧眼或有好运傍身，能淘到真品的概率极低。但在百年前的西安"鬼市"上，淘到好东西是很简单的。

民国初期，在钟楼至西华门什字的"满城"残垣上有许多人在黎明之前摆摊，售卖古玩字画，天明即收摊。之所以选在这个时间，是因为卖家多是前清的遗臣故老，虽然清朝灭亡，但仍然讲究体面，不愿让人看到当街售卖家什的狼狈相。而买家则是些投机钻营的商人，从不懂行情的故老手中低价买入，再转手高价卖出，赚取大笔差价。这里渐渐发展成市集，因多在晚上交易，被叫作"鬼集"，后来渐渐发展为"鬼市"。

"九·一八"事变爆发后，张学良率部逃到陕西，带来大批难民，多数落脚在"鬼市"，东北军的许多退伍军人没有其他的谋生本事，也做起了买卖旧物的营生。当时东北军后勤机构经常处理废旧物资，退伍军人利用关系，在东新街的小农村和民乐园开设旧货工厂，给"鬼市"供货。到了"七·七"事变之后，大批河南难民涌入鬼市谋生，很快，鬼市就拥有了1500多个摊位，营业时间也延长到上午10点左右，"鬼市"已经名不副实，变了味道。

抗战胜利以后，新货取代旧货，百货公司和正规市场慢慢取代了鬼市，曾经活跃于黑暗中的旧货交易天堂成为历史。

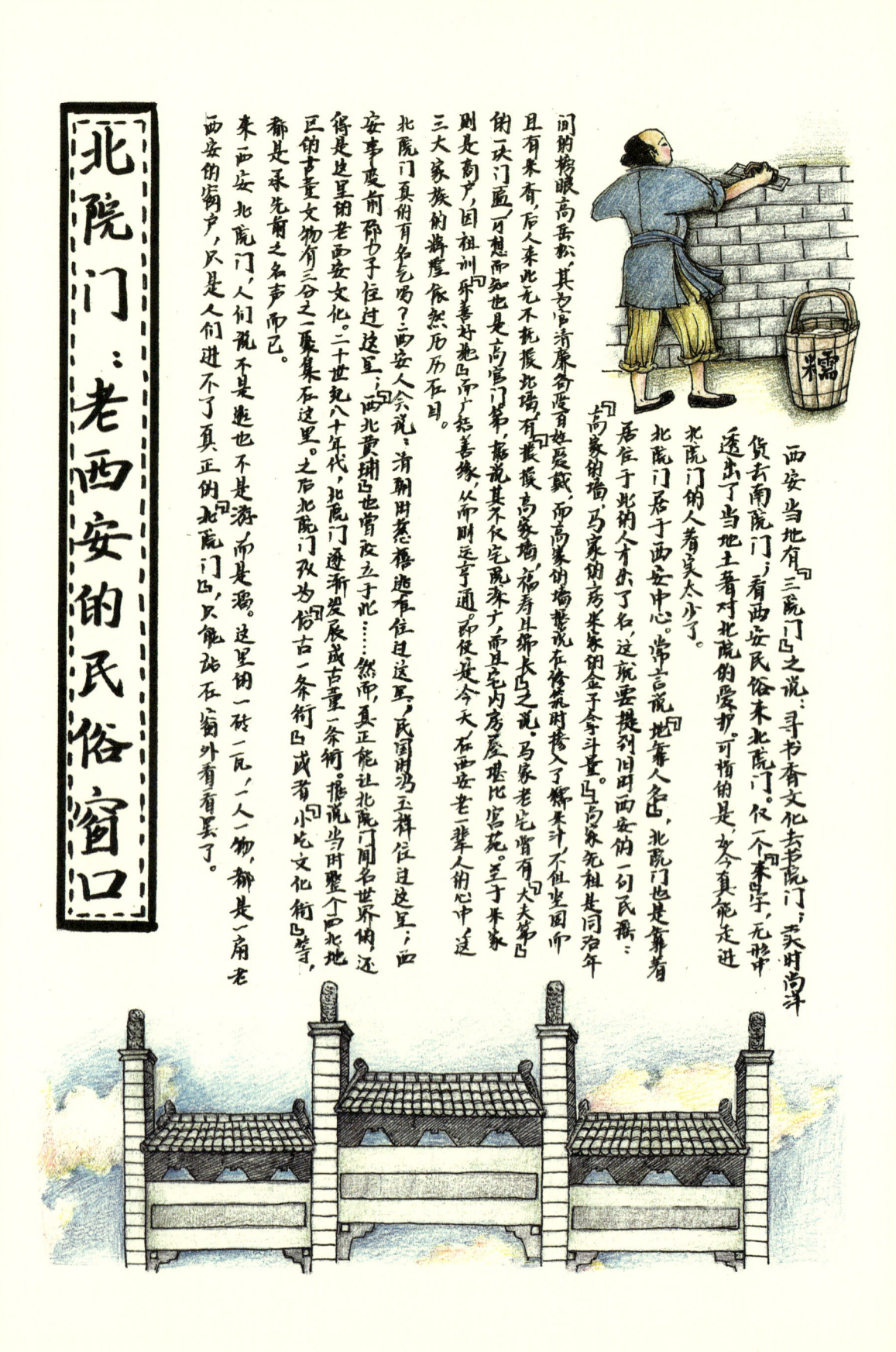

北院门：老西安的民俗窗口

西安当地有"三院门"之说：寻书香文化去书院门，买时尚洋货去南院门，看西安民俗来北院门。仅一个苯字，无形中透出了当地土著对北院的爱护，可惜的是，如今真能走进北院门的人着实太少了。

北院门居于西安中心，常言说"地高人名高"，北院门也是靠着"高家的墙，马家的房，米家的金子今斗量"的一句民谣居于此的人才出了名，这就要提到旧时西安的三大家族的辉煌历历在目。

北院门真的有名气吗？西安人会说：清朝时慈禧逃难住过这里，民国时冯玉祥住过这里，西安事变前邵力子住过这里；西北贾培琳也曾住于此……然而，真正能让北院门闻名世界的还得是这里的老西安文化。二十世纪八十年代，北院门遂新发展成古董一条街。据说当时整个西北地区的古董文物有三分之二聚集在这里。之后北院门改为仿古一条街，或者"小吃文化街"等，都是承先前之名声而已。

来西安北院门，人们说不是逛也不是游，而是蹓。这里的一砖一瓦，一人一物，都是一扇老西安的窗户，只是人们进不了真正的"北院门"，只能站在窗外看看罢了。

门的楹眼高岳松，其为官清廉命匮有妾庇，而且有来头，后人来此无不瞻仰北墙；有"最懊高家商"福寿比南长"之说。高家的这一院门匾，可想而知也是高官门第，据说其不长宅院子孙内房虚耽比皇苑。至于米家则是商户，因祖训"乐善好施广结善缘"从而运亨通，即使是今天在西安老三辈人的心中这都是承先前之名声而已。

北院门：老西安的民俗窗口

西安当地有"三院门"之说：寻书香文化去书院门；买时尚洋货去南院门；看西安民俗来北院门。仅一个"来"字，无形之中就透出了当地土著对"北院门"的爱护。可惜的是，如今真能走进北院门的人着实太少了。

北院门居于西安中心。常言说"地靠人名"，北院门也是靠着居住于此的人才出了名，这就要提到旧时西安的一句民谣："高家的墙，马家的房，米家的金子拿斗量。"高家先祖是同治年间的榜眼高岳崧，其为官清廉备受百姓爱戴，而高家的墙据说在修筑时掺入了糯米汁，不但坚固而且有米香，后人来此无不抚摸此墙，有"摸摸高家墙，福寿且绵长"之说。马家老宅曾有"大夫第"的一块门匾，可想而知也是高官门第，据说其不仅宅院深广，而且宅内房屋华美堪比宫苑。至于米家则是商户，因祖训"乐善好施"而广结善缘，从而财运亨通。即使是今天，在西安老一辈人的心中，这三大家族的辉煌依然历历在目。

北院门真的有名气吗？西安人会说：清朝时慈禧逃难住过这里；民国时冯玉祥住过这里；西安事变前邵力子住过这里；"西北黄埔"也曾设立于此……然而，真正能让北院门闻名世界的，还得是这里的老西安文化。20世纪80年代，北院门逐渐发展成古董一条街。据说当时整个西北地区的古董文物有三分之一聚集在这里。之后北院门改为"仿古一条街"或者"小吃文化街"等，都是承先前之名声而已。

来西安北院门，人们说不是逛也不是游，而是遛。这里的一砖一瓦，一人一物，都是一扇老西安的窗户，只是人们进不了真正的"北院门"，只能站在窗外看看罢了。

八十岁的西安火车站

凡是坐火车来西安旅游的人，见到的第一个景点一定是西安火车站，然后第二个是火车站对面巍峨的古城墙。来到这里会有一句感叹：不愧是千年古都，真老！当然，这里的老，不是贬义词，而是对西安能保持原汁原味的古旧的一种肯定。

西安火车站建于二十世纪三十年代，距今已经八十多年了。1936年，西安火车站建成不久，《西行漫记》的作者埃加·斯诺拿着相机不停地拍，还差点被站内警察扣留。斯诺从北平经陇海铁路来到西安，前下车，斯诺说：《西安站内部的雕塑、彩绘很引人瞩目。西安站采用的是"歇山式"建筑，处处透出孤独的大气风范。于是斯诺又是一顿猛拍快门，到北平后，斯诺马上在燕京大学将他的照片以幻灯片的形式放映出来，看到的人无不为西安站的风范折服。后来，斯诺还把这些照片寄回美国发表，西安火车站也因此被外国人认识。

不过，过去曾经辉煌，今天看来，这个八十多岁的老火车站占地面积小，建筑风格不够时尚，接待人流量也有限，为什么还在运营中而不重建呢？也许有人说，西安不是在建成国际化大都市吗？即使占地面积发达的大学站应该建成地下两层、地上三层，有大片落地窗的大火车站，这才是现在西安的风范。但西安火车站的确存在对西安人来说是种记忆。西安人习惯了逢年过节大包小包奔赴火车站的那种拥挤，习惯了站前宽阔的广场上热烈送别的气氛，更习惯了走出火车站第一眼看到古朴厚重的古城墙的那种安心感。即便没有那么多光环，没有富丽堂皇的装修，西安火车站仍然是与众不同的。

八十岁的西安火车站

凡是坐火车来西安旅游的人，见到的第一个景点一定是西安火车站，然后第二个是火车站对面巍峨的古城墙。来到这里会有一句感叹：不愧是千年古都，真老！当然，这里的"老"不是贬义词，而是对西安能够保持原汁原味的古旧的一种肯定。

西安火车站始建于20世纪30年代，距今已经八十多年了。1936年，西安火车站建成不久，《西行漫记》的作者埃加德·斯诺就从北平经陇海铁路来到西安。甫一下车，斯诺就被西安站内部的雕塑彩绘吸引，拿着相机不停地拍，还差点被站内警察扣下。出了火车站，从外面看更加惊艳。西安站采用的是"歇山式"建筑，处处透出孤独的大气风范，于是斯诺又是一顿猛按快门。回到北平后，斯诺马上在燕京大学将他的照片以幻灯片的形式放出来，看到的人无不为西安站的风采折服。后来，斯诺还把这些照片寄回美国发表，西安火车站也因此被外国人认识。

不过，过去曾经辉煌，今天看来，这个八十多岁的老火车站占地面积小，建筑风格不够时尚，接待人流量也有限，为什么还在运营中而不重建呢？也许有人说，西安不是在建设国际化大都市吗？即使占地面积没法改，这个老火车站也应该建成那种地下两层、地上三层、有大片落地窗的大火车站，这才是西安的风范。但西安火车站的存在，对西安人来说是种记忆。西安人习惯了逢年过节大包小包奔赴火车站的拥挤，习惯了站前宽阔的广场上热烈送别的气氛，更习惯了走出火车站第一眼看到古朴厚重的古城墙的那种安心感。即使没有那么多光环，没有富丽堂皇的装修，西安火车站仍然是与众不同的。

灵感来自半坡的北京奥运五福娃

欢迎来到"人面鱼纹盆"的五个福娃各有特色。将中国传统意象融入其中，不过却少有人知道五福娃的设计灵感来源于西安半坡村出土的"人面鱼纹盆"。二十世纪八十年代，五福娃的设计者清华大学教授吴冠英看到这件新石器时代的作品时，便为里面所蕴含的人与自然的和谐意象所吸引，进而还用到自己的设计中，以金、木、水、火、土五为依据，设计出了一组"五行娃娃"，中间的火娃"彤彤"就代表奥运圣火。后来，北京奥组委向全世界征集奥运会吉祥物修改后成了等无中国奥运精神的象征，并有了各自的名字。

2008年，北京奥运会吉祥物五福娃一亮相就大受好评，代表"北京欢迎你"的五福娃分别成功与各国直接发生联系，能在顺利展开时此现代社会巨大奥运吉祥物的战争。

现代的各大国际国内盛会都喜爱做一些吉祥物，一方面便于宣传、方面创造商业价值，比如上海世博会的"海宝"、北京奥运会的"五福娃"。吉祥物的成功与否直接关系到活动能否顺利展开因此现代社会巨大迎来二场吉祥物的战争。

虽然五福娃荐获成功，但也有些吉祥物的设计进入了误区，比如2025年米兰世博会的吉祥物"福祖"一个由水果蔬菜拼麦而成的大头了时尚文静的面子。还有2016年猴年春晚推出的吉祥物"康康"，目为形象不符合大众审美，一经推出便被网友戏称为"猴腮雷"，还被修改成各种表情包，以至于春晚播出时，康康同学蓋叁有上场。

一个好的吉祥物不只是宜付的载体，更是一个民族、国家内涵底蕴的体现，这种"文化比赛"免不能赢。

全球最丑吉祥物
1. 金斯利（英格兰弗利伍德镇）
2. King Cake Baby（新奥尔良飓风队）
3. 榆福树
4. A Big Red
5. 兽米虾（坏夜吸歌队）
6. 修道士（圣地亚哥教士）
7. 康康（猴年春晚）
8. 福牛
9. 流流（2014索契冬奥会）
10. 死死（2014索契冬奥会）

人面鱼纹盆

灵感来自半坡的北京奥运五福娃

现代的各类国际国内盛会都喜欢做一些吉祥物，一方面便于宣传，一方面创造商业价值，比如上海世博会的"海宝"、北京奥运会的"五福娃"。吉祥物的成功与否直接关系到活动能否顺利展开，因此，现代社会已经迎来一场吉祥物的战争。

2008年，北京奥运会吉祥物五福娃一亮相就大受好评，代表"北京欢迎你"的五个娃娃各有特色，将中国传统意象融汇其中。不过却少有人知道五福娃的设计灵感来源于西安半坡村出土的"人面鱼纹盆"。20世纪80年代，五福娃的设计者清华大学教授吴冠英看到这件新石器时代的作品时，便为里面所蕴含的人与自然的和谐意象所吸引，进而运用到自己的设计中，以"金、木、水、火、土"为依据，设计出了一组"五行娃娃"，中间的"火娃"就代表奥运圣火。后来，北京奥组委向全世界征集奥运会吉祥物设计方案，这组"五行娃娃"经过专家组的修改后成了寄托中国奥运精神的象征，并有了各自的名字。

虽然五福娃获得了成功，但也有些吉祥物的设计进入了误区。比如2015年米兰世博会的吉祥物"福蒂"，虽然主题是农业、食品，但一个由水果蔬菜拼凑而成的吉祥物既无美感又没内涵，大大丢了时尚之都的面子。还有2016年猴年春晚推出的吉祥物"康康"，因为形象不符合大众审美，一经推出便被调侃为"猴赛雷"，还被做成了各种表情包，以至于春晚播出时，"康康"因害羞全程没有上场。

好的吉祥物不只是宣传的载体，更是一个民族、国家内涵底蕴的体现，这种"文化比赛"绝不能输。

老行当中不外传的同行隐语

媒婆的红包大头钱

典当行的指甲印

典当行的一到十
1 趟子 2 眼镜 3 炉腿 4 叉子 5 一捧十
6 羊角 7 辗子 8 扒沟 9 钩子 10 拳头

西安这样的古都,一个行当能够伴随城市兴衰生存下来,除了当地百姓的需求之外,同行之间的扶持也非常重要。都说"同行是冤家",其实同行也是基于"难此困已能已"的原则,在竞争中互相扶持。至于扶扶持的,都隐藏在同行之间的隐语之中。

媒婆的红色大头钱

旧时候我媒婆是最先成了媒婆的。男方要先给媒婆定钱,这定钱用红纸包着,若是媒婆愿意成可以退。然而媒婆拿定钱我的第一件事,就是在面袋大的一枚成钱,我上拿上红印,就是自己留隐藏着。这红色的印,就知之前有同行找过了,就是媒婆的隐语之中的红色大头钱。

典当行的指甲印

看过《大宅门》的都有印象,其实旧时候钱家、蒙兆云三家铺所作的钱,那几平常不是通好的,都没信。据说旧时候看物如钱余在上面留下指甲印,就能告知下一个典当行,这货主开价钱不满意,无论是要到别的典当行还是过几天再来,只要有指甲印那会开价。这看指甲印就是典当行的直白的隐语。

泥瓦匠的笑脸朝南

老西安的泥瓦匠不给房东做活,往往做了我后也不一定能,完全干砖,房东来笑,到时做完指下印。做空了就容易返渗脱皮,当房东找我第二个泥瓦匠来修补的时候,泥瓦匠就知道是前有给自己留了名。小刺钩算失,大到栽花种豆,老行当之间的隐语在这过去也成了趣纳息,做空,把整个屋子的西南角算是徒此之间的二种扶持。当然,如今这些隐语都成了老一种行当依靠的除了真材实料,更是在顾客之夜每一种行当靠的信誉。

老行当中不外传的同行隐语

西安这样的古都,一个行当能够伴随城市兴衰生存下来,除了当地百姓的需求之外,同行彼此之间的呵护也非常重要。都说"同行是冤家",其实同行也是"亲人",尤其是民国时候的西安,老行当之间都是本着"彼此留口饭吃"的原则在竞争中互相保护。至于保护措施,都埋藏在同行之间的隐语之中。

媒婆的红色大头钱

旧时候找媒婆说媒,男方要先给媒婆定钱,这定钱用红纸包着,若是媒婆没说成可以退。然而,媒婆拿到定钱的第一件事,就是在里面最大的一枚或者一张钱上染上红指印,就像是拿过红纸再碰钱留下的一样。若是真没说成,退钱之后男方再找下一个媒婆,若还是用这包定钱,媒婆一看钱上有红色指印,就知道之前有同行栽了,自己得悠着点。"红色大头钱"就是媒婆之间的隐语。

典当行的指甲印

看过《大宅门》的都有印象,白景琦在济南拿着皮袄去了三家当铺,所估价钱一家比一家低,说不是串通好的都没人信。据说旧时候在西安,典当行看物品时都会在上面留下指甲印,只要货主对价钱不满意,无论是拿到下一个典当行还是过几天再来,只要看到指甲印典当行都会拼命压价。这"指甲印"就是典当行里的隐语。

泥瓦匠的空墙角

老西安泥瓦匠在给房东做活的时候,把整个屋子的西南角故意做空,这个位置最避阳光,往往收了钱后也不一定能完全干掉,房东最容易忽略。做空了就容易返潮脱皮,当房东找第二个泥瓦匠来修补的时候,泥瓦匠就知道是前者给自己留了活。

小到掏耳朵,大到祭祀神灵,老行当之间的隐语在过去也算是彼此之间的一种保护。当然,如今这些隐语都成了趣谈,每一种行当靠的除了真材实料,更是在顾客之间良好的信誉。

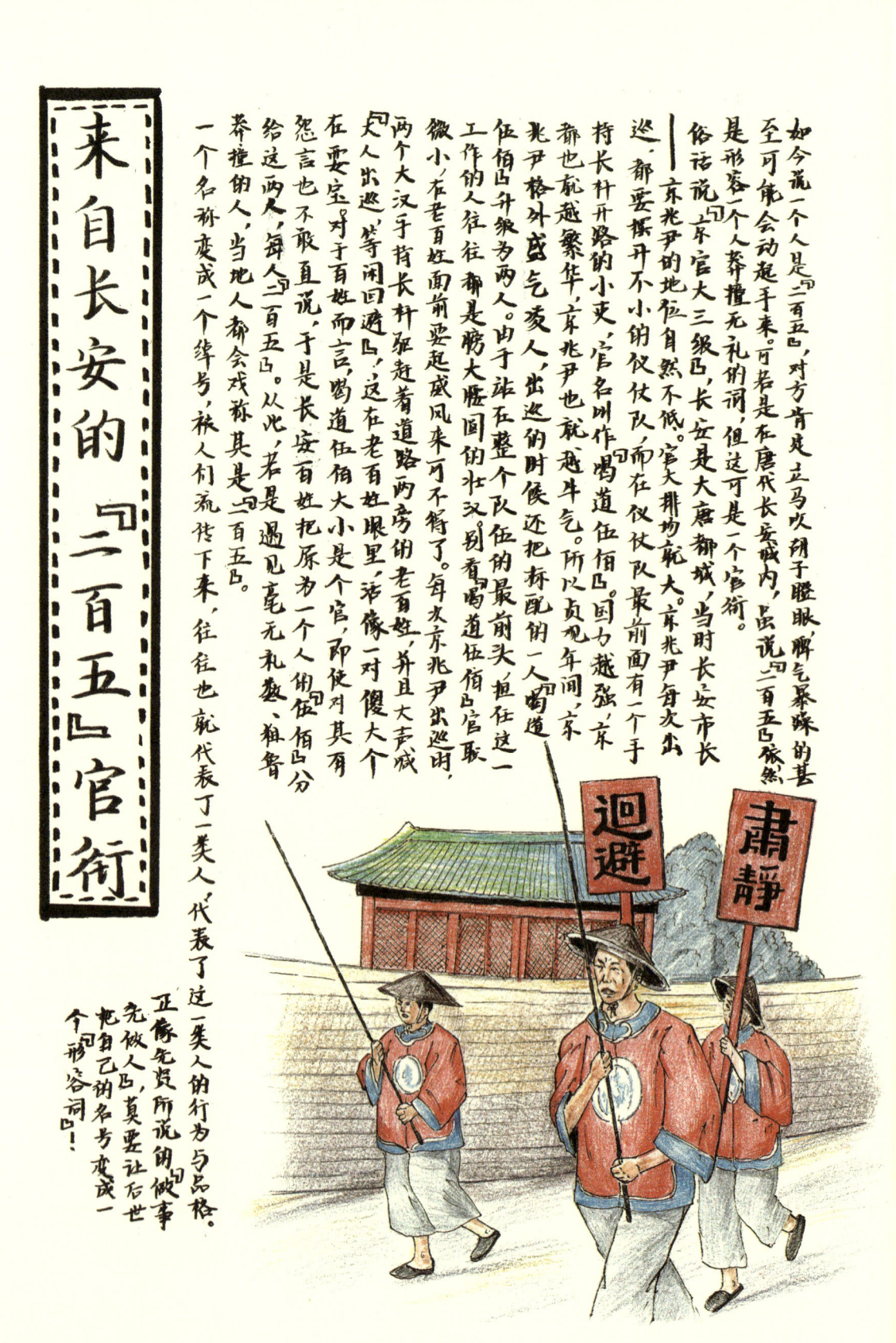

来自长安的"二百五"官衔

如今说一个人是"二百五",对方肯定是立马火冒三丈瞪眼、脾气暴躁的甚至可能会动起手来。可若是在唐代长安城内,虽说叫"二百五"依然是形容一个人莽撞无礼的词,但这可是一个官衔。

俗话说"京官大三级",长安是大唐都城,京兆尹也就越牛气。所以贞观年间,京兆尹的地位自然不低。官大排场就大,京兆尹每次出巡,都要摆出不小的仪仗队,而在仪仗队最前面有一个手持长杆开路的小吏,官名叫作"喝道伍佰"。国力越强,京兆尹格外威气凌人,出巡的时候还把桥配销一人"喝道伍佰"从升级为两人。由于站在整个队伍的最前头,担任这一工作的人往往都是膀大腰圆的壮汉,别看喝道伍佰的官职微小,在老百姓面前要起威风来可不得了。每次京兆尹出巡时,两个大汉手持长杆驱赶着道路两旁的老百姓,并且大声喊"大人出巡"、"闲人回避"!这在老百姓眼里,活像一对傻大个在耍宝,对于百姓而言,喝道伍佰大小是个官,即使对其有怨言也不敢直说,于是长安百姓把原为一个人的伍佰分给这两人,每人二百五凹。从此,若是遇见毫无礼数、粗暴莽撞的人,当地人都会戏称其是"二百五"。

一个名称变成一个绰号,被人们流传下来,往往也就代表了一类人,代表了这一类人的行为与品格。正像老贤所说的"做事先做人",莫要让后世把自己的名号变成一个"形容词"!

来自长安的"二百五"官衔

如今说一个人是"二百五",对方肯定立马吹胡子瞪眼,脾气暴躁的甚至可能动起手来。可若是在唐代长安城内,虽说"二百五"依然是形容一个人莽撞无礼的词,但这可是一个官衔。

俗话说"京官大三级",长安是大唐都城,当时长安市长——京兆尹的地位自然不低。官大,排场就大。京兆尹每次出巡,都要摆开不小的仪仗队,而在仪仗队最前面有一个手持长杆开路的小吏,官名叫作"喝道伍佰"。国力越强,京都也就越繁华,京兆尹也就越牛气。所以贞观年间,京兆尹格外盛气凌人,出巡的时候还把标配的一人"喝道伍佰"升级为两人。由于站在整个队伍的最前头,担任这一工作的人往往都是膀大腰圆的壮汉。别看"喝道伍佰"官职微小,在老百姓面前耍起威风来可不得了。每次京兆尹出巡时,两个大汉手持长杆驱赶着道路两旁的老百姓,并且大声喊"大人出巡,等闲回避",这在老百姓的眼里,活像一对傻大个在耍宝。对于百姓而言,"喝道伍佰"大小是个官,即使对其有怨言也不敢直接说,于是长安百姓把原为一个人的"伍佰"分给这两人,每人"二百五"。从此,若是遇见毫无礼数、粗鲁莽撞的人,当地人都会戏称其是"二百五"。

一个名称变为一个绰号,被人们流传下来,往往也就代表了一类人,代表了这一类人的行为与品格。正像先贤所说的"做事先做人",莫要让后世把自己的名号变成一个不太雅观的"形容词"!

土气但好听的陕西方言

根据网友总结的中国十大最难懂的方言,陕西话排第九。虽然排名靠后,但陕西话的难懂程度绝对不低。

西话的难懂程度绝对不低。外来在南方待惯的人初到陕西,不过陕西普通话却很好听。不过陕西普通话却头疼,一定是又土气的陕西话,一听就不懂。听得云里雾里从一句句话里听出热情敦厚都来了。

最有意思的是过去西安老街比如泼凉开水以前,家家院子里都有人把桶背进井里,栓绳有人把桶背进井里,提水把桶挎上来。

那是陕西话的精髓所在。

里的人家会大笑着打开门,出去帮他把桶挎上来。女人没话说女来看:"谁家把升提帮哩呀?"那家把升掉井里去呀!"那家把升掉井里——"有人走街串巷卖花元宵的,卖货郎哦,"卖花元宵,我下了我下了"孩子们,那孩子,"你们就哈(下)了?"与此货郎总会很喜欢龙火,驱赶孩子们,孩子们人家说就什么挎子倒啊,你斛俚句子

陕西方言笑话
树上各娃有两双巧
一只乘巧一只哈巧
哈巧可乘西衬
你朝过挪一哈
乘巧社,挪哉
再哪衣哉就乘哉
哈巧社:哈不四戴
哈末哉,推开你
乘巧唐摊社
哈哉

上的痒子对例,能列热(气)的狠!去去!"还有卖醪糟的,叫"醪糟酷!加水煮开场买!卖来加进去炒糖,就成了二碗为蛋醪糟酱酱的东西。"醪糟酷比较难卖,当地有儿歌"醪糟酷、卖到黑,卖不出,叫他婆,他婆给他个大订锅凸,订凸"

陕西话的一个特点就是尾音厚重,一脱以西话的气息。陕西话的一个特点就是尾音厚重,听惯了会发觉语言里面有种生活气息,所以,陕西话虽土气,听起来却是非常好听的,话里面有人情味儿。

陕西话表达陕西人强烈的感情和自我意识,比如"对得很"就是怀山的音,有种孤倔的意味,表达陕西人强烈的感情和自我意识

土气但好听的陕西方言

根据网友总结的中国十大最难懂方言，陕西话排第九，虽然排名靠后，但陕西话的难懂程度绝对不低。如果在南方待惯的人偶然听到鼻音重又土气的陕西话，一定是丈二和尚摸不着头脑。不过陕西话虽土气却很好听，陕西人的朴实好客、热情敦厚都从一句句话语间表现出来了。

最有意思的是过去西安老街巷里的吆喝，那是陕西话的精髓所在。比如没通自来水以前，家家院子里都有井，经常有人把桶掉进井里，于是就有了专门捞桶的人。捞桶人很风趣，他发现井里有桶后，第一遍会吆喝："捞桶来！谁家把桶掉井里咧？"如果没有人出来看，第二遍就吆喝："捞井来，谁家把井掉桶里去咧！"听到声音的人家会大笑着打开门，出去帮他把桶捞上来。

以前有走街串巷卖桂花元宵的，卖货郎喊："桂花元宵，跪下（哈）挨刀！"熊孩子们觉得好玩，就跟着摊子捣乱："来啊，来啊，谁买跪下（哈）挨刀？"卖货郎总会假装发火，驱赶孩子们："娃子们，人家说城门楼子倒咧，你们说勾子上的瘊子好咧，能胡然（说）的很！去去！"

还有卖醪糟的，一勺醪糟醅，加水煮开，鸡蛋打成絮絮加进去，放糖，就成了一碗鸡蛋醪糟，直到现在都是西安人最爱喝的东西。醪糟醅比较难卖，当地有儿歌"醪醅醅，卖到黑，卖不过，叫他婆，他婆给娃个大钉锅"，"钉锅"是指用手指敲脑门。

陕西话很接地气，听惯了会发现语言里面有种生活的气息。陕西话的一个特点就是尾音厚重，一般以"四声"结尾，比如"好得很"的"很"就发"恨"的音，有种强调的意味，表达了陕西人强烈的感情和自我意识。所以，陕西话虽难懂，却是非常好听的，话里面有人情味儿。

第六章 风云人物

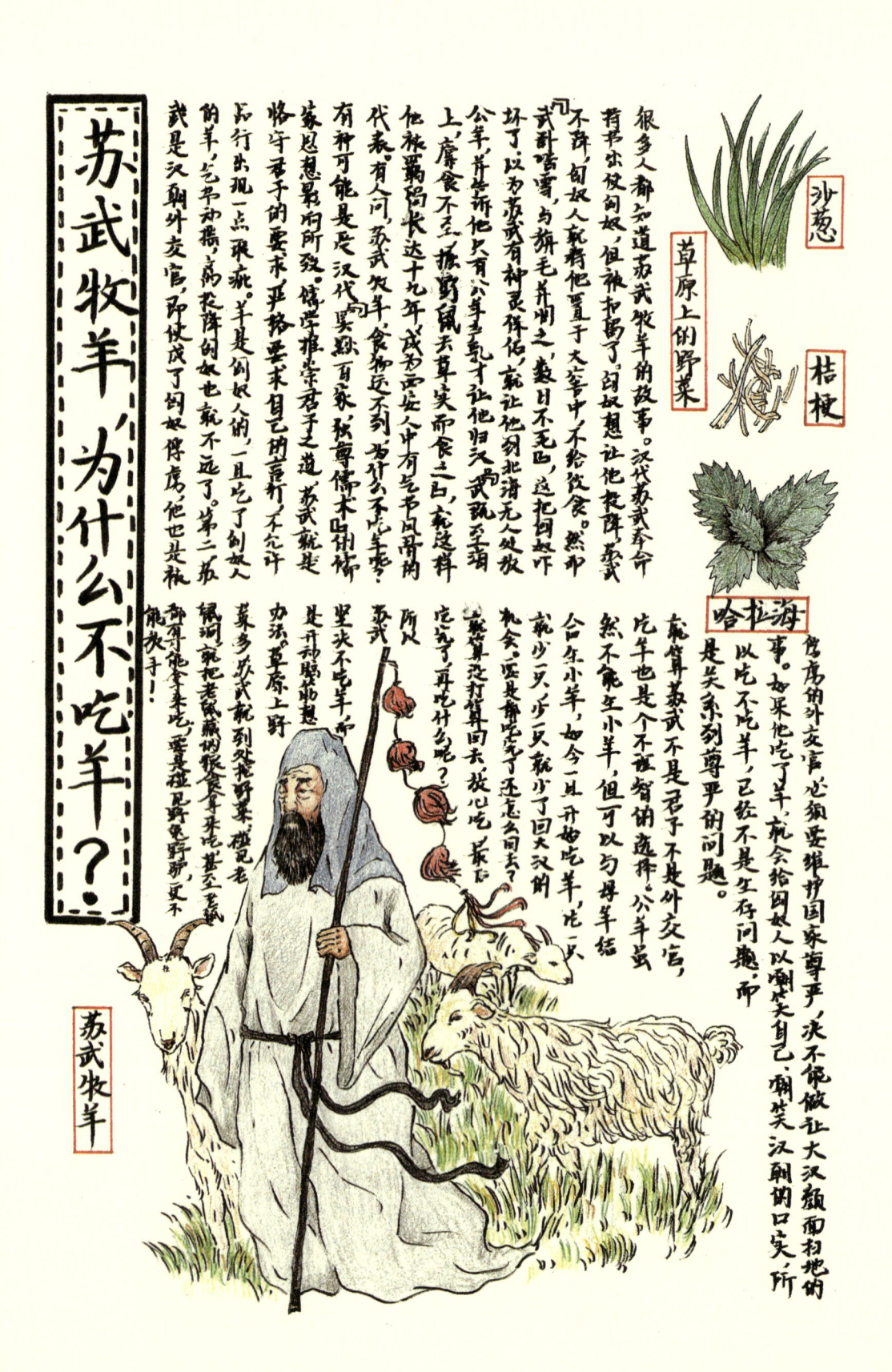

苏武牧羊，为什么不吃羊？

很多人都知道苏武牧羊的故事。汉代苏武奉命带书出使匈奴，但被扣押了。匈奴想让他投降，苏武不肯，匈奴人就将他拘禁，并让他剃毛并刑之，数日他不无凶，这把匈奴吓坏了，以为苏武有神灵保佑，就让他到北海无人处放公羊，并告诉他只有公羊生气了才让他归汉。苏武就在上。糜食不至，振野鼠去草实而食之，就这样他被羁留长达十九年才回到西安。有人问，苏武牧羊，食物还不多，为什么不吃羊呢？

他被可能是：汉代对栖守君子之道，苏武就是格守君子的要求。降奴的奴也就不远了。第二苏武是汉朝外交官，所使成了匈奴的羊，气节不振，离投降的奴也就不远了。

第二苏武是汉朝外交官，所使成了匈奴的羊，他也是被的奴了！

尽管苏武不是个不识智的选择。公羊是不能生小羊的，但可以为母羊结合。东小羊，如今一只，开始吃羊，龙一只，就少了一只。但是就少了回汉的机会。还是留着吧，放心吃草原上的野莱。

所以苏武就决定不吃羊了，再吃什么呢？

草原上莫多，苏武就到处挖野莱，榴老鼠洞，就把老鼠挖出振贮存着食拿来吃，甚至连朝都有可能会去挖，真难见异黑野鼠，又不能教子！

沙葱

桔梗

草原上的野菜

哈拉海

苏武牧羊

馆房的外交官，必须要维护国家尊严，决不能做让大汉颜面扫地的事。如果他吃了羊，就会给匈奴人以嘲笑自己，嘲笑汉朝的口实。所以，不吃羊，已经不是生存问题，而是关系到尊严的问题。

苏武牧羊，为什么不吃羊？

很多人都知道苏武牧羊的故事。汉代苏武奉命持节出使匈奴，但被扣留了。匈奴想让他投降，苏武不降，匈奴人就将他置于大窖中，不给饮食。然而"武卧啮雪，与旃毛并咽之，数日不死"，这把匈奴吓坏了，以为苏武有神灵保佑，就让他到北海无人处放公羊，并告诉他只有公羊产乳才让他归汉。"武既至海上，廪食不至，掘野鼠去草实而食之"，就这样他被羁留长达十九年，成为西安人中有气节风骨的代表。有人问，苏武牧羊，食物运不到，为什么不吃羊呢？

有种可能是受汉代"罢黜百家，独尊儒术"的儒家思想影响所致。儒学推崇君子之道，苏武就是恪守君子的道德规范，严格要求自己的言行，不允许品行出现一点瑕疵。羊是匈奴人的，一旦吃了匈奴人的羊，气节动摇，离投降匈奴也就不远了。第二，苏武是汉朝的外交官，即使成了匈奴俘虏，他也是被俘的外交官，必须要维护国家尊严，决不能做让大汉颜面扫地的事。如果他吃了羊，就会给匈奴人以嘲笑自己、嘲笑汉朝的口实，所以吃不吃羊，已经不是生存问题，而是关系到尊严的问题。

就算苏武不是君子不是外交官，吃羊也是个不理智的选择。公羊虽然不能生小羊，但可以与母羊结合生小羊，如今一旦开始吃羊，吃一只就少一只，少一只就少了回大汉的机会。要是都吃完了还怎么回去？就算没打算回去，放心吃，最后吃完了，再吃什么呢？

所以苏武坚决不吃羊，而是开动脑筋想办法。草原上野菜多，苏武就到处挖野菜；碰见老鼠洞，就把老鼠藏的粮食拿来吃，甚至老鼠都有可能拿来吃；要是碰见野兔野驴什么的，更不能放手了！

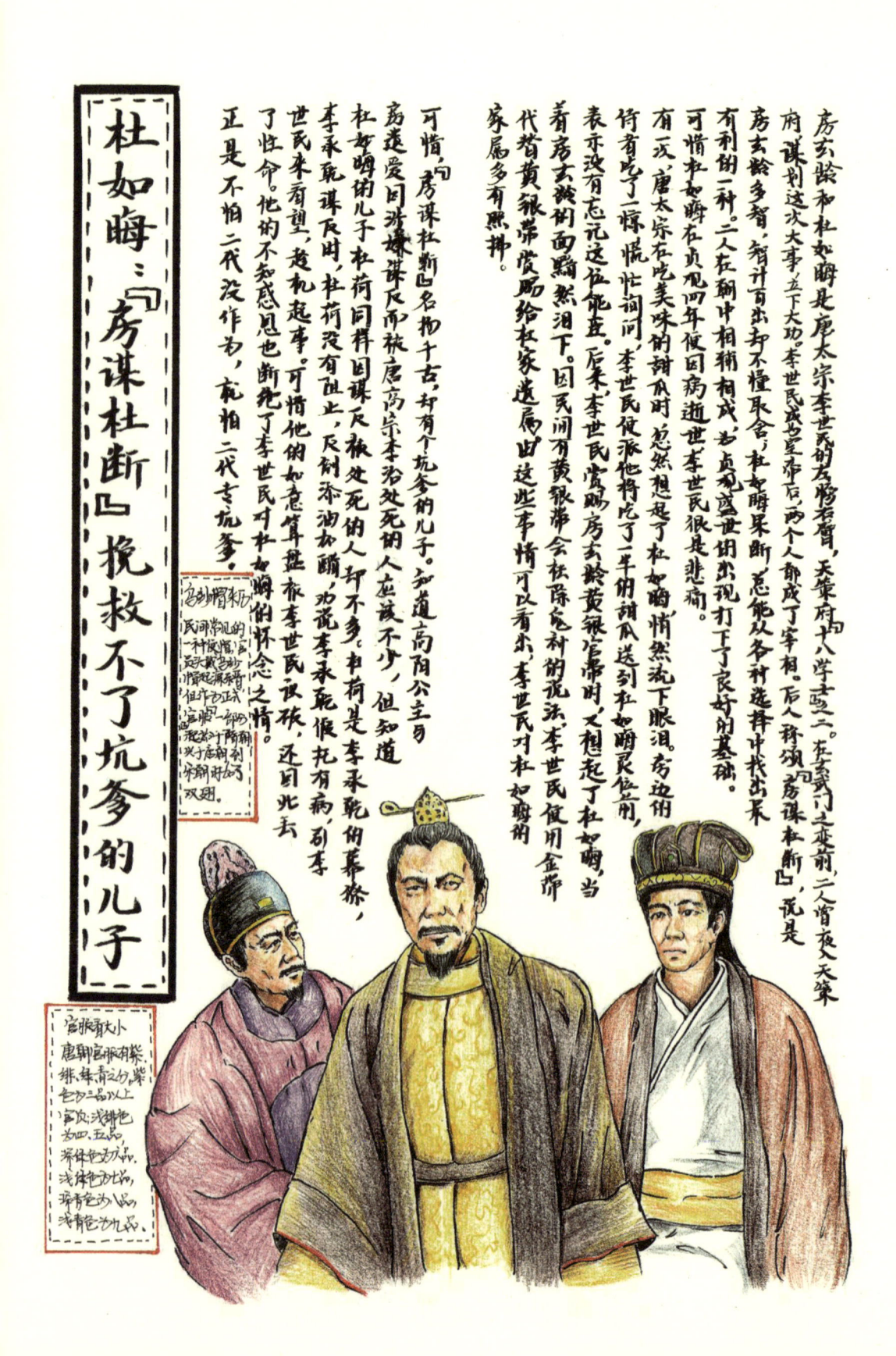

杜如晦：「房谋杜断」挽救不了坑爹的儿子

房玄龄和杜如晦是唐太宗李世民的左膀右臂，天策府十八学士之二。在玄武门之变前，二人宵夜入天策府，谋划这次大事，立下大功。李世民成为皇帝后，两个人都成了宰相。后人称颂「房谋杜断」，说是房玄龄多智，智计百出却不懂取舍，杜如晦果断，意能从各种选择中代出来有利的一种。二人在朝中相辅相成，为贞观盛世奠定了良好的基础。

可惜，唐太宗在贞观四年便因病逝世，李世民很是悲痛。杜如晦在吃美味的甜瓜时，忽然想起了杜如晦，情然流下眼泪。房玄龄的待者似乎没有志元这位能臣。后来，李世民赏赐房玄龄黄银带给杜家，临危命，又想起了杜如晦，当有一次，李世民将吃了一半的甜瓜送到杜如晦灵位前，表示没有忘记这位能臣。后来，李世民赏赐房玄龄黄银带的说法，李世民便用金饼代替黄银带赏赐给杜家遗属，这些事情，可以看出，李世民对杜如晦家属多有照抚。

可惜，「房谋杜新」名扬千古，却有个坑爹的儿子。杜荷同样因谋反而被唐高宗李治处死的人虽减不少，但知道杜荷的人却不多。杜荷是李承乾的幕僚，李承乾谋反时，杜荷没有劝止，反劝李承乾起兵，劝瓦李承乾很有疯有病，刻李世民来看望，趁机起事。可惜他们的如意算盘还在李世民发觉，还因此丢了性命。他的不知感恩也断送了李世民对杜如晦的怀念之情。

正是不怕二代没作为，就怕二代去坑爹。

```
唐张衣大小
唐朝官服有紫
排，绿，青之分，紫
色为三品以上
一官员，浅排色
如四，五品，
深绿色为六品，
浅绿色为七品，
深青色为八品，
浅青色为九品。
```

```
唐朝帽类似
民间常见的
一种民帽，
是黄色纱
帽起源源自
但许了正式
官帽一部
龙外底朝形成
双翅。
```

杜如晦："房谋杜断"挽救不了坑爹的儿子

房玄龄和杜如晦是唐太宗李世民的左膀右臂，天策府"十八学士"之二。在玄武门之变前，二人曾夜入天策府，谋划这次大事，立下大功。李世民成为皇帝后，两个人都成了宰相。后人称颂"房谋杜断"，说的是房玄龄多智，智计百出却不懂取舍；杜如晦果断，总能从各种选择中找出最有利的一种。二人在朝中相辅相成，为"贞观盛世"的出现打下了良好的基础。

可惜，杜如晦在贞观四年便因病逝世，李世民很是悲痛。

有一次，唐太宗在吃美味的甜瓜时，忽然想起了杜如晦，悄然流下眼泪。旁边的侍者吃了一惊，慌忙询问，李世民便派他将吃了一半的甜瓜送到杜如晦灵位前，表示没有忘记这位能臣。后来，李世民赏赐房玄龄黄银官带时，又想起了杜如晦，当着房玄龄的面黯然泪下。因民间有黄银带会祛除鬼神的说法，李世民便用金带代替黄银带赏赐给杜家遗属。由这些事情可以看出，李世民对杜如晦的家属多有照拂。

可惜，"房谋杜断"名扬千古，却都有个坑爹的儿子。知道高阳公主与房遗爱因涉嫌谋反而被唐高宗李治处死的人应该不少，但知道杜如晦的儿子杜荷同样因谋反被处死的人却不多。杜荷是李承乾的幕僚，李承乾谋反时，杜荷没有阻止，反倒添油加醋，劝说李承乾假托有病，引李世民来看望，趁机起事。可惜他的如意算盘被李世民识破，还因此丢了性命。他的不知感恩也断绝了李世民对杜如晦的怀念之情。

正是不怕二代没作为，就怕二代专坑爹。

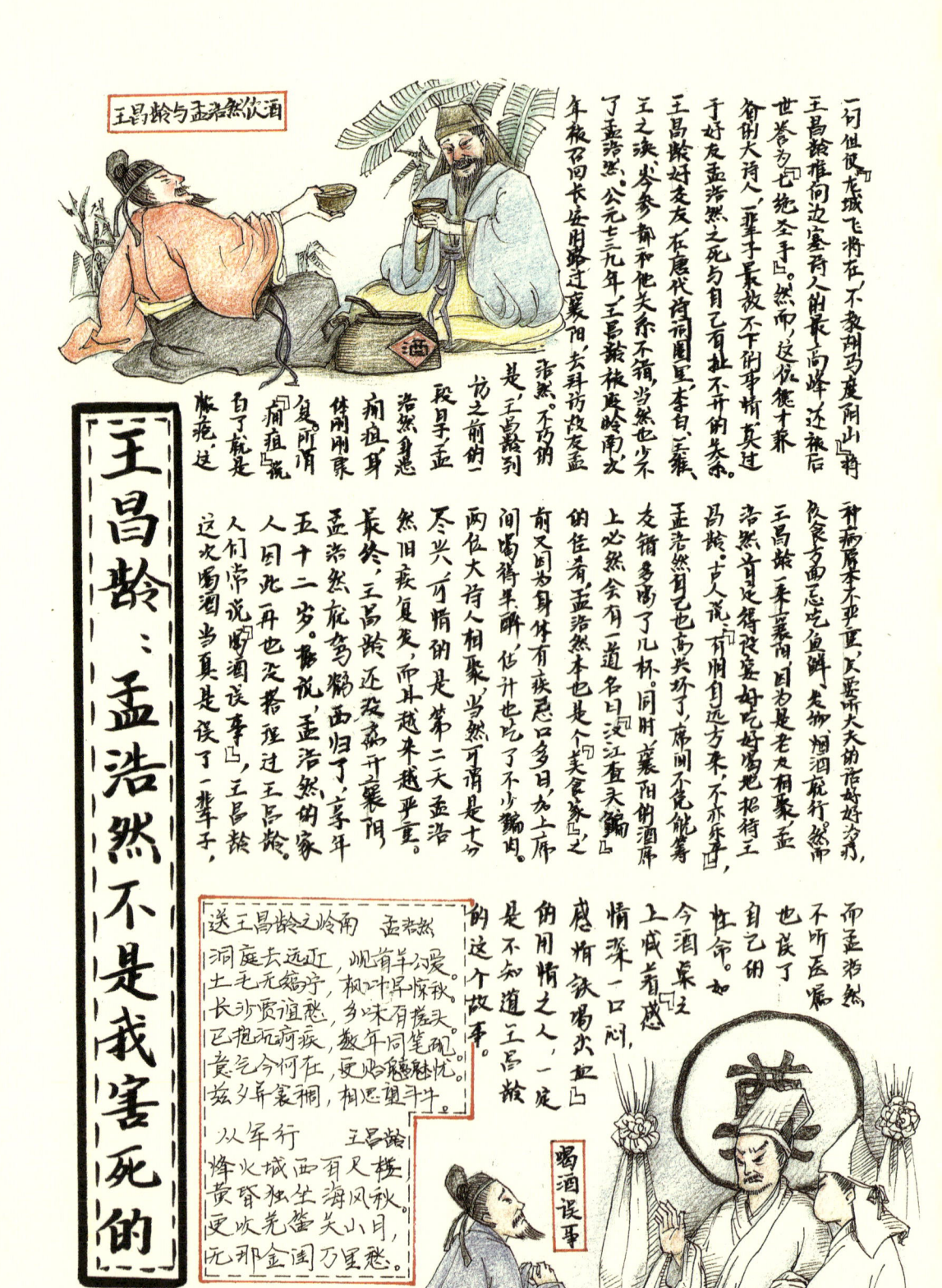

王昌龄：孟浩然不是我害死的

一句"但使龙城飞将在，不教胡马度阴山"将王昌龄推向边塞诗人的最高峰，还被后世誉为"七绝圣手"。然而这位性情中人，一辈子最放不下的事情莫过于好友孟浩然之死与自己有扯不开的关系。

王昌龄好交友，在唐代诗词圈里，李白、王之涣、岑参，都和他关系不错，当然也少不了孟浩然。公元739年，王昌龄被贬岭南次年被召回长安时路过襄阳，去拜访改友孟浩然，不巧的是，王昌龄到访之前的一段日子孟浩然身体又犯疾病。两位大诗人相聚，当然可谓是尽兴可情的。是第二天孟浩然旧疾复发，而且越来越严重，最终，王昌龄还没离开襄阳孟浩然就驾鹤西归了。享年五十二岁。都说"喝酒误事"，王昌龄的这次蜀酒当真是误了一辈子，他们都说是"喝酒误事"，王昌龄叹了口气，这"喝酒误事"也得分人，让蛐蜘。

种病原本不要紧，又要听大夫的话好好休养，不听医嘱，不忌口多日，尤其忌吃鱼、海鲜、烟酒、狗肉。而正孟浩然也犯了医嘱，也破了自己的戒律。如王昌龄一来襄阳，目为是老友相聚，孟浩然自己定得设法好地招待王昌龄，古人说："有朋自远方来，不亦乐乎！"孟浩然自己也高兴坏了，席间不觉能筹。同时，襄阳的酒肆上必然会有一道名曰"汉江查头鳊"的佳肴，孟浩然本也是个"美食家"之前又即为身体有疾忌口多日，见上席间喝得半醉，估计也吃了不少鳊肉。

复一所谓"厨瘟疾，白了就是破疮。这人们常说的"喝酒误事"，王昌龄这次蜀酒当真是误了一辈子。

王昌龄与孟浩然饮酒

送王昌龄之岭南 孟浩然

洞庭去远近 岘首羊公爱
土毛无籍征 枫叶早惊秋
长沙贾谊愁 有梦追庞笔砚
已抱玩疴疾 莫叹罢中忧
竟气今何在 相思魂梦杜
兹夕异乡裯

从军行 王昌龄

烽火城西百尺楼 青海长云暗雪山
黄昏独坐海风秋 孤城遥望玉门关
更吹羌笛关山月 黄沙百战穿金甲
无那金闺万里愁 不破楼兰终不还

喝酒误事

王昌龄：孟浩然不是我害死的

一句"但使龙城飞将在，不教胡马度阴山"将王昌龄推向边塞诗人的最高峰，还被后世之人誉为"七绝圣手"。然而，这位德才兼备的大诗人，一辈子最放不下的事情，莫过于好友孟浩然之死与自己有扯不开的关系。

王昌龄好交朋友，在唐代诗词圈里，李白、王维、王之涣、岑参都和他关系不错，当然也少不了孟浩然。公元739年，王昌龄被贬岭南，次年被召回长安时路过襄阳，去拜访故友孟浩然。不巧的是，王昌龄到访之前的一段日子，孟浩然身患痈疽，身体刚刚康复。所谓"痈疽"说白了就是脓疮，这种病原本不严重，只要听大夫的话好好治疗，饮食方面忌吃鱼鲜、发物、烟酒就行。然而王昌龄一来襄阳，因为是老友相聚，孟浩然肯定得设宴好吃好喝地招待王昌龄。古人说"有朋自远方来，不亦乐乎"，孟浩然自己也高兴坏了，席间不免觥筹交错多喝了几杯。同时，襄阳的酒席上必然会有一道名曰"汉江查头鳊"的佳肴，孟浩然本也是个"美食家"，之前又因为身体有疾忌口多日，加上席间喝得半醉，估计也吃了不少鳊肉。两位大诗人相聚，当晚可谓是十分尽兴，可惜的是第二天孟浩然旧疾复发，而且越来越严重。最终，王昌龄还没离开襄阳，孟浩然就驾鹤西归了，享年五十二岁。据说，孟浩然的家人因此再也没搭理过王昌龄。

人们常说"喝酒误事"，王昌龄这次喝酒当真是误了一辈子，而孟浩然不听医嘱也误了自己的性命。如今酒桌之上喊着"感情深一口闷，感情铁喝出血"的用情之人，一定是不知道王昌龄的这个故事。

颜真卿 一句话证明我来过

唐朝大书法家颜真卿，后世以"颜筋柳骨"赞他与柳公权并称。颜真卿的字雄秀端庄，内有筋骨锋芒，正如其人刚正不阿、宁折不变的坚毅品质。

在西安都城隍庙的背阴处有一座牌匾，上面有"你来了么"四个大字，据说是颜真卿所题。在城隍庙的级别中，都城隍庙最高，其次是府州城隍庙。全国只有北京、南京和西安有都城隍庙。

在这种建筑中出现这种莫名其妙的匾额，很多人颇为疑惑，到底颜真卿想表达什么呢？颜真卿"你来了么"的下联是"快回去莫要害人"，意思是说来见我"，下联是"快回去莫要害人"，意思是说来到这里的人，坦然前来参拜城隍令，而颜真卿正是这种人，祝说在城隍庙的偏僻处有颜真卿题写的"我来过了"的字样不足为真假。

颜真卿一生刚正，从不低头。这一点从他的书法中就能看出，他有两篇名帖：《争座位帖》是为反抗当朝末臣包朝思的专横傲慢而作，为后世的名篇《祭侄文》则是为纪念在安史之乱中惨死于安禄山之手的堂兄颜果卿一家而写。

颜真卿七十余岁的时候，被唐德宗派去当说客，劝乱的李希烈。满朝官员都知道此去九死一生，可他以年老体弱为由推辞，颜真卿却声名很大，催促使臣硬要他陪他走。他以利却被颜真卿知其伪身为火难，李希烈眼见元帅颜真卿，于是先行尊他。见几年的软磨硬泡仍然不能使颜真卿折服，李希烈下令将颜真卿要背他饶死。颜真卿知李希烈无毒却坚决不从，李希烈恼羞成怒最后大骂颜真卿不识抬举，下令放火焚烧颜真卿。

由张某，颜真卿扑向火堆，李希烈惊恐万分命部下夹拽颜真卿，遂令人勒死了颜真卿。颜真卿所撰碑文为大家熟悉并世代传承留存于后世。

颜真卿扑向火堆

颜真卿：一句话证明我来过

唐朝大书法家颜真卿，后世以"颜筋柳骨"将他与柳公权并称。颜真卿的字雄秀端庄，内有筋骨锋芒，正如其人刚正不阿、宁折不弯的坚毅品质。

在西安都城隍庙背阴处有一座牌匾，上面有"你来了么"四个大字，据说是颜真卿所题。在城隍庙的级别中，都城隍庙最高，其次是府、州城隍庙。全国只有北京、南京和西安有都城隍庙。在这种建筑中出现这种莫名其妙的匾额，很多人颇为疑惑，到底颜真卿想表达什么呢？城隍庙里有一副对联给出了答案，上联是"好大胆敢来见我"，下联是"快回去莫要害人"。意思是只有胸怀坦荡的人才有资格前来参拜城隍爷。而颜真卿正是这样的人。据说在城隍庙的偏僻处有颜真卿题写的"我来过了"的字样，不知真假。

颜真卿一生刚直，从不低头。这一点从他的书法中就能看出，他有两篇名帖：一篇《争座位帖》是为反抗当朝权臣鱼朝恩的专横跋扈而与他争座位后写下的，另一篇《祭侄稿》则是为纪念在安史之乱中惨死于安禄山之手的堂兄颜杲卿一家而写。

颜真卿七十余岁的时候，被唐德宗派去做说客，说服叛乱的节度使李希烈。满朝官员都知道此去九死一生，劝他以年老体弱为由推辞，颜真卿却坚决要去。李希烈知道颜真卿名声极好，便软硬兼施，想将他留下来加以利用，却被颜真卿严词拒绝，恼羞成怒后又威胁颜真卿要将他烧死，颜真卿却真的纵身扑向火堆。李希烈眼见无法降服颜真卿，只好先软禁他，几年的软磨硬泡后仍然不能使颜真卿折腰，最终李希烈叫人勒死了颜真卿。一代书法大家就此辞世，只留下"颜筋"传于后世。

许巍——没有什么能够阻挡

"没有什么能够阻挡，我对自由的向往……"无论在什么地方，每当许巍的这首《蓝莲花》响起，都能让很多人驻足听上一会。仿佛许巍的歌声里的人生惆怅在那些埋在心底里的人一次次被唤醒。许巍自己曾一度被抑郁症所困扰，最春的时候他甚至都排斥音乐，幸而最终还是在音乐中找回了自己。

2000年的夏天，是许巍抑郁症最严重的时候，据说是前两张专辑打击了他做音乐的信心，一种莫名的感觉让许巍恐慌了，想念西安的黄土地。于是，他把当年的一次摇滚乐大型演出当成了自己完美的告别，回到西安的许巍其实不知道，他走红后一度成为北京音乐圈子里的话题，认识他的人都很想念他，甚至知道他如今不宽裕的人还打电话想要接济一下他。正在这个时候好友栾树在青岛结婚，邀请的许巍翻遍了身上所有的口袋和屋里的抽屉，居然连一张西安到青岛的机票钱都凑不起来。还好在这关键时刻有一个用友又许巍介绍了一个长春演出的话，这一场演出许巍心无旁鹜做得非常认真，回去他当时只有一个念头：去青岛参加婚礼的钱有了。后来许巍到了青岛，据说栾树愣是把许巍回西安的机票退了，顶着新婚燕尔不能通归的过错，陪着许巍在青岛玩了好一阵子再次回到西安的许巍不一样了，也是这一次为了帮朋友改稿了一回音乐，之后许巍承极面对生活和自己，签约了上滚艺风。2002年《时光·漫步》面世的时候，许巍的名字再也没有人能代替。

许巍的歌，有述凶低谷的时候，创的时候，人一辈子一个人，一段经历，一个故事，一首歌都能让你走过来。有许巍歌手的地方，是如此清澈高远，感于青末不同零、蓝莲花
怎有述凶低谷的感受：

唱的是走出灰河的感受。

[印章：许山巍]

许巍——没有什么能够阻挡

"没有什么能够阻挡,我对自由的向往……"无论在什么地方,每当许巍的这首《蓝莲花》响起,都能让很多人驻足听上一会。仿佛是看见了最真实的自己,又像是那些埋在心底里的人生憧憬再次被唤醒。许巍自己曾一度被抑郁症所困扰,最难的时候他甚至都排斥音乐,幸而最终还是在音乐中找回了自己。

2000年的夏天,是许巍抑郁症最严重的时候,据说是前两张专辑打击了他做音乐的信心。一种孤独感让许巍想家了,想念西安的黄土地。于是,他把当年的一次摇滚乐大型演出当成了自己完美的告别。回到西安的许巍并不知道,他走红后一度成为北京音乐圈子里的话题,认识他的人都很想念他,甚至知道他如今不宽裕的人还打电话想要接济一下他。正在这个时候,好友栾树在青岛结婚,受到邀请的许巍翻遍了身上所有的口袋和屋里的抽屉,居然连一张从西安到青岛的机票钱都凑不起来。还好在这关键时刻,另一个朋友给许巍介绍了一个长春演出的活,这一场演出许巍心无旁骛做得非常认真,因为他当时只有一个念头:去青岛参加婚礼的钱有了。后来许巍到了青岛,据说栾树愣是把许巍回西安的机票退了,顶着新婚燕尔不陪媳妇的过错,带着许巍在青岛玩了好一阵子。再次回到西安的许巍不一样了,也许是这一次为了朋友又搞了一回音乐,让他明白自己本就属于音乐。之后许巍积极面对生活和抑郁症,签约了上海艺风。2002年《时光·漫步》面世的时候,许巍的名字再也没有人能代替。

许巍的歌,唱的是走出坎坷的感受:人一辈子总有迷惘低谷的时候,也许一个人、一段经历、一个故事,一首歌都能让你走过来。有许巍歌声的地方,是如此清澈高远,盛开着永不凋零,蓝莲花……

图书在版编目（CIP）数据

西安城事绘 / 马达著. —青岛：青岛出版社，2017.5
ISBN 978-7-5552-5397-6

Ⅰ.①西… Ⅱ.①马… Ⅲ.①旅游指南—西安 Ⅳ.①K928.941.1

中国版本图书馆CIP数据核字(2017)第081869号

XI'AN CHENG SHI HUI

书　　名	西安城事绘
作　　者	马 达
绘　　图	许德龙　孙 聪　韩晔君　田霄霄　王平胜
出版发行	青岛出版社（青岛市崂山区海尔路182号）
本社网址	http://www.qdpub.com
邮购电话	18613853563
策　　划	马克刚　张 晓
责任编辑	刘 坤　祁聪颖
特约编辑	高文方　曹雪贞　蒋云飞
装帧设计	蒋 晴　王文艳　张 晴
印　　刷	天津联城印刷有限公司
出版日期	2017年11月第1版 2023年5月第3次印刷
开　　本	16开（787mm×1092mm）
印　　张	12.5
字　　数	200千
书　　号	ISBN 978-7-5552-5397-6
定　　价	48.00元

编校印装质量、盗版监督服务电话 4006532017　0532-68068050